Sigurd Hebenstreit

Johann Heinrich Pestalozzi

Sigurd Hebenstreit

Johann Heinrich Pestalozzi

Leben und Schriften

Herder Freiburg · Basel · Wien

Gedruckt auf umweltfreundlichem,
chlorfrei gebleichtem Papier

Herstellung: Freiburger Graphische Betriebe 1996
ISBN 3-451-23985-X

DER BAUM

Jung geschützt, jung gestützt,
wachst er grad vom Boden auf
dem Himel an.

Jung gedrückt, jung gebükt,
wachst er krum vom Himel ab
zum Boden hin.

Jung gezogen, alt verbogen,
ist so wahr als jung gebogen
wohl gezogen.

Jung verzogen, alt verkrüppelt,
ist mehr wahr als jung gebogen,
wohl gezogen.

Jung geschützt, jung gestützt,
wachst er grad vom Boden auf
zum Himmel an.

Jung gedrükt, jung gebükt,
wachst er krum vom Himel ab
zum Boden hin.

Johann Heinrich Pestalozzi

Inhalt

Einleitung

Warum Beschäftigung mit der Geschichte?

Ein Mensch wächst heran: Fest eingebunden in die Liebe seiner Eltern, der Verwandten und Freunde kann der junge Erdenbürger Sicherheit erleben; er wird dann als Kind zunehmend kräftigere und weitausholendere Schritte in die weite Welt unternehmen; als Jugendlicher wird er den ganzen Kram der Alten über Bord werfen, er wird als Heranwachsender sich eine neue, bessere Zukunft aufbauen wollen und keinem über dreißig trauen. Doch dann wird er selbst dreißig, trägt zunehmende Verantwortung für die eigene Familie und im Beruf. Er wird erleben, daß Brücken einreißen die eine, notwendige Seite ist, daß andererseits jedoch diese Brücken gleichzeitig ein Teil von ihm selbst sind. Der Erwachsene hat jetzt die Aufgabe, seine Vergangenheit zu integrieren, sie weder zu glorifizieren noch zu verteufeln, sondern als Wurzel zu begreifen, die ihm hilft, kraftvoll in die Zukunft hinein zu leben. „Alles hat seine Zeit" – sagt die Bibel –, und dies gilt auch hier: Die Vergangenheit hinter sich zu lassen, sie zu ignorieren hat seine Zeit; die eigene Geschichte zu entdecken, sie zu verstehen hat ebenfalls seine Zeit.

Wie im individuellen Leben, so gilt dies auch im gesellschaftlichen: Es gibt Phasen der Verdrängung des Alterns – Brücken sind abzureißen, damit eine bessere, gerechtere Welt aufgebaut werden kann. Doch dann holt die Vergangenheit uns ein – die Gegenwart haftet zäher an ihr als erwartet, und weder persönlich noch politisch läßt sich so einfach über ihren Schatten springen. Die Beschäftigung mit der Geschichte wird notwendig, wir müssen wissen, warum und wie etwas geworden ist, gerade, wenn wir einen Schritt in eine bessere Zukunft wagen wollen.

In der Pädagogengeneration der 70er und 80er Jahre hat man gemeint – und die meisten der heutigen Ausbildungen im sozial- und schulpädagogischen Bereich haften an diesen Vorstellungen –, diese ganze Beschäftigung mit den Klassikern der Pädagogik über Bord werfen zu können. Ein wenig Sozialgeschichte der Erziehung, viele empirische Untersuchungen und die Anlehnung an die sozialwissenschaftliche Theoriebildung in Psychologie und Soziologie standen im Vordergrund, denn man war es leid, sich dem Geschwätz langatmiger philosophischer Erörterungen hinzugeben, die spekulativ schwadronierten, nur nicht auf den harten Kern der Tatsachen zu sprechen kamen. Die Geschichte der Pädagogik wurde zu einem

Kuriositätenkabinett „Schwarzer Pädagogik“ – und in den Schriften der vordem so hoch angesehenen Klassiker fanden sich die passenden Stellen, die sie als wahre Kinderschänder denunzierten.

Doch die Versprechungen des neuen, geschichtslosen Programms mögen nicht recht überzeugen: Sind die Lernfabriken der Weisheit letzter Schluß? Geht die zunehmende Differenzierung immer spezialisierterer Einrichtungen des Sozialwesens nicht an den „ganzheitlichen“ Bedürfnissen der Betroffenen vorbei? Verbirgt sich hinter dem Stichwort der „Professionalisierung“ nicht auch ein Abwehrmechanismus, die Probleme nicht an sich herankommen zu lassen? Es bleibt ein schaler Beigeschmack: Die meisten empirischen Studien liefern Banalitäten, die der aufmerksame Beobachter auch schon vorher wußte; und viele sozialwissenschaftliche Theorien bleiben bei aller Begriffsakrobatik, was die Tiefe ihrer Aussagen über den Menschen betrifft, hinter klassischen Texten zurück. Eine Korrektur wird notwendig, die das Gute der „realistischen Wende“ der Erziehungswissenschaft nicht aufgibt, aber gleichzeitig die Klassiker der Pädagogikgeschichte neu entdeckt. Auch als Erzieher leben wir aus den Wurzeln heraus, und in einer Zeit, die so perspektivlos wie die unsrige erscheint, wird das Bedürfnis nach ihrer Freilegung stärker werden.

Noch eine weitere Überlegung sei hier vorangestellt: Der Kreis pädagogischer Themen ist relativ eng begrenzt: Die Frage nach dem Menschen, nach den unwandelbaren kindlichen Grundbedürfnissen und Entwicklungspotentialen, nach dem durch die jeweilige Gesellschaft bestimmten Verhältnis der Kinder zu den Erwachsenen, nach dem Erziehungsbegriff in seinen individuellen und sozialen Dimensionen. Jede Erziehergeneration muß aufs neue diese Fragen stellen und aus ihrer sozialen Situation heraus Antworten versuchen. Beschäftigen wir uns mit den Klassikern der Pädagogik, so können wir auf die Problemkreise gestoßen werden, die wirkliche Relevanz für erzieherisches Handeln besitzen, und wir können uns an ihren Antworten reiben. Indem wir uns mit ihren Thesen auseinandersetzen, indem wir sie buchstabieren und kritisch beleuchten, indem wir sie einfach zu verstehen versuchen und indem wir sie auf unsere heutigen Verhältnisse übertragen, können wir eine Perspektive für unser Erziehungshandeln gewinnen. Interessant sind dabei weniger ihre Antworten, denn viel Zeitgebundenes findet sich dort, als ihre Fragen. Von ihnen können wir lernen. Wir können uns aus den Kleinlichkeiten befreien, in die Diskussionen, die ausschließlich an der Aktualität der Gegenwart orientiert sind, oft hineingeraten, um aus der Geschichte heraus einen Fingerzeig für eine bessere Zukunft zu gewinnen.

Warum Johann Heinrich Pestalozzi?

Zweihundertundfünfzig Jahre Johann Heinrich Pestalozzi – der runde Geburtstag ist Anlaß, nicht Grund, sich mit dieser wohl bekanntesten, größten Erziehergestalt des deutschsprachigen Raumes zu beschäftigen. Im Verlaufe seines einundachtzigjährigen Lebens hat er uns ein umfangreiches Schrifttum überlassen – 28 dicke Bände umfassen seine „Sämtlichen Werke", hinzukommen noch 13 Bände der von ihm verfassten Briefe –, und die Literatur über Pestalozzi ist im Verlaufe der Jahrhunderte zu einem Berg angewachsen, der kaum noch zu überblicken ist. Wie ein riesiger Felsbrocken steht sein Werk in der Landschaft der Geschichte der Pädagogik, und es lohnt sich auch heute noch, sich an diesem die Hörner abzustoßen. Wie Johann Wolfgang von Goethe, mit dem Pestalozzi sich nicht verstanden hat und der ihn nicht verstand, für die Literatur, so ist Johann Heinrich Pestalozzi „der" Klassiker der Pädagogik, an dem kein Weg vorbeiführt. Alle großen pädagogischen Themen finden wir bei ihm wieder: die Frage nach dem Menschen, die Ausdifferenzierung des Verhältnisses von kindlicher Selbstentwicklung und Notwendigkeit des erzieherischen Eingreifens, die Bestimmung der Beziehung von Erziehung und Politik, die Erarbeitung eines differenzierten Erziehungsbegriffs, der nach den Zielen und Methoden pädagogischer Beeinflussung fragt.

Ist er auch ein Klassiker, vergleichbar mit der Gestalt Goethes, so ist doch gleichzeitig auf eine wichtige Differenz hinzuweisen. War Goethe dem aristokratischen Prinzip verpflichtet, an der „Höhe" des einzelnen Menschen orientiert, so watet Johann Heinrich Pestalozzi durch den „Kot" der Welt. Gerade der arme Mensch, der entfremdete, unterdrückte interessiert ihn. Kann Erziehung zu dessen Freiheit und Selbstbestimmung etwas beitragen? Pestalozzi wird so zu einem Begründer sozialpädagogischen Denkens in der Pädagogik, der die Schule nicht von ihren sozialen Aufgaben trennt, sondern auch dem ABC-Lernen seine politische und soziale Funktion zuweist.

Und noch ein Unterschied zu Goethe drängt sich auf. Dieser war ein Genie, mit einem leichten Federstrich traf er mitten ins Schwarze, er spielte mit Worten, die dem Leser voll Bewunderung tiefen Sinn vermitteln. Anders Johann Heinrich Pestalozzi. Er wirft seine Gedanken nicht locker dahin, sondern erarbeitet sie sich in mühseligem Prozeß. Er rackert, schuftet, um das zu Papier zu bringen, was seinen Kopf bewegt. Goethe ist Künstler, Johann Heinrich Arbeiter. Jener kann ironisch über dem Leben stehen, dieser steckt mitten in den Schwierigkeiten des Lebens. Sein Schreiben ist ein

Versuch, den Berg von Problemen Schritt für Schritt abzuarbeiten. Mancher Schritt erweist sich dabei als Fehlgriff, er muß erneut ansetzen – die Anstrengung ist dabei an vielen Stellen auch heute noch spürbar –, um millimeterweise vorwärts zu kommen. Langsam gräbt er sich einen Tunnel durch den Berg. Das Lesen seiner Schriften ist so kein leichtes Vergnügen; es ist nur erfolgreich, wenn man die Anstrengungen des Autors mitträgt, wenn man sich mit ihm gemeinsam durchgräbt, bereit ist, Durststrecken zu ertragen, um späterhin das Licht jenseits des Tunnels zu sehen. Es lohnt sich.

Auch die Beschäftigung mit der Biographie Johann Heinrich Pestalozzis ist eine lohnende Sache. In der Geschichte der Pädagogik ist er des öfteren zu einem Heiligen stilisiert worden, doch es ist schlimm, aus Menschen Götter zu machen. Sie stürzen allzu schnell. Johann Heinrich ist ein Mensch, den nicht das Heilige, sondern das Menschliche auszeichnet. Es macht keinen Sinn, ihn göttlich zu distanzieren, sondern gerade in seiner Menschlichkeit kann er uns nahe sein. Wie jeder oder jede von uns hat er gehofft und gefürchtet, geliebt und gehaßt, gekämpft und resigniert, ist über sich hinausgewachsen und in sich zusammengefallen, er hat Großes geschaffen und ist von Eitelkeit nicht frei. Gerade die Widersprüchlichkeiten seiner Persönlichkeit machen ihn uns vertraut: Wir können ihn wiederfinden in unseren Enttäuschungen und unseren Hoffnungen, und vielleicht können wir in ihm unsere eigenen Enttäuschungen und Hoffnungen besser verstehen. Denn das zeichnet ihn aus: sein Leben mit den Schattenseiten und den Höhepunkten existenziell durchgehalten zu haben.

Mag uns Pestalozzi so nahe kommen, so lohnt die Beschäftigung mit ihm gleichermaßen aus dem gegenteiligen Interesse heraus, nämlich, um Distanz zu dem eigenen Augenblick zu bekommen. Er hat nichts gewußt von BAT-Eingruppierung des Erziehers, er kannte das Wort „Professionalisierung“ nicht, seine Welt war noch nicht die der rechtlichen Normierung, „Qualitätssicherung“ stand noch nicht in seinem Wörterbuch. Und dies ist gut so. Unser Blick mag so frei werden für das, was menschlich wirklich wichtig ist. Nicht das hartnäckige Verhandeln um Prozentpunkte während des Tarifpokers, nicht der Gebrauch von Wörtern, die wichtig wirken und doch nur unsere Nacktheit ummänteln, nicht eine künstliche Sprache, die vorgibt, etwas auszusagen und doch nur leere Luft ist. Wenn wir uns mit Erziehung beschäftigen, geht es um die menschliche Beziehung von uns Erwachsenen zu unseren Kindern, und dies erfordert, den eigenen Lebensaugenblick und den des Kindes als einmalige, nie wiederholbare Momente ernstzunehmen und existenziell zu empfinden. Und so paradox es scheinen mag, die Tiefe dieses Erlebnisses gelingt oft besser, wenn wir uns von der Aktualität der Ereigniskette zu distanzieren vermögen.

Warum dieses Buch?

Es gibt hunderte von Büchern über Pestalozzi. Warum also ein weiteres? Die weit über zehntausend Seiten der Originalliteratur Pestalozzis sind, wie jede andere Literatur, totes, bedrucktes Papier, dazu geeignet, irgendwann im Bücherregal abgestellt zu werden. Es bedarf in jeder Erziehergeneration aufs neue Menschen, die sie aus dem Schrank holen, um sie durch ihr Lesen in ihren Köpfen lebendig zu machen. Dieses Lesen ist kein passiver Akt, Schriftzeichen über die Augen in das Gehirn transportieren zu lassen, sondern es bedarf der jeweils eigenen Aktivität. Auf dem Hintergrund der persönlichen Erziehererfahrungen und der Ideen des lesenden Kopfes werden die Zeichen verstanden, es kommt zu einer Beziehung zwischen den Gedanken des Autors und den Vorstellungen des Lesers, Es wird ausgewählt, aussortiert, akzentuiert, einiges wird – im Sinne Pestalozzis – falsch verstanden, anderes vielleicht tiefer, als er es im Kopf hatte, als er die Feder führte. Das Lesen eines solchen Klassikers wie Johann Heinrich Pestalozzi ist ein Arbeitsprozeß und nur durch unsere Arbeit wird das tote Papier lebendig. Dabei muß jede Erziehergeneration diesen Prozeß neu durchlaufen. Es gibt kein endgültiges und richtiges Verständnis, das sich zwischen Buchdeckeln gepackt festhalten ließe. Immer wieder neu muß die Aneignung geschehen, soll das Material nicht ungenutzt und unbeachtet bleiben. In dem hier vorgelegten Buch wird das Ergebnis eines solchen Aneignungsprozesses beschrieben. Es soll dazu beitragen, den Felsbrocken „Pestalozzi“ in lebendiges Baumaterial zu verwandeln, das für unsere heutige Erziehungsaufgabe Perspektiven zu erschließen vermag.

Der Aneignung der Schriften Pestalozzis steht ein großes Hindernis im Wege, denn es erwartet uns nicht gerade eine eingängige Schreibweise. Im Gegenteil: oft unendlich lange Sätze, an deren Ende angekommen man vergessen hat, wie sie begannen; umfangreiche Texte ohne erkennbare Gliederung, und auch die innere Systematik ist oft nur bei mehrfachem Lesen zu erkennen; teilweise ermüdende Wiederholungen, die nichts Neues auszusagen scheinen; der Gebrauch einiger zentraler Wörter in nicht eindeutiger, manchmal widersprüchlicher Weise. Weder ansprechende Lyrik noch systematische Klarheit kommen auf uns zu, obwohl: hat man sich mit dem Sprachstil ein wenig angefreundet, so bemerkt man plastische Bilder, die in einer kraftvollen Sprache ausgedrückt sind, kostbare Perlen – doch leider oft umhüllt von einer Menge Schlamm, die es freizulegen gilt. Mit diesem Buch soll ein Stück Übersetzungsarbeit geleistet werden, um die Ideen Pestalozzis für heutige Erzieher und Pädagogen zu erschließen.

In der Literatur über Pestalozzi wird häufig Klage geführt, daß sein Name und einige Schlagworte zwar allgemeines Bildungsgut seien, doch niemand mehr die Schriften selbst lesen würde. Johann Heinrich Pestalozzi wird so zu einer Zierde pädagogischer Festvorträge, man beweist den Schein seiner Belesenheit, ohne auch nur irgend etwas zu wissen: „Der große Menschenfreund", „Erziehung von Kopf, Herz und Hand", „die armen Waisenkinder", „die Volksschule" – wie wir ja alle wissen ... Mit diesem Buch soll eine Hilfe angeboten werden, einen eigenen Zugang zu den Originaltexten zu finden. Deshalb steht die Vorstellung der zentralen Schriften Pestalozzis im Mittelpunkt (Kapitel zwei bis elf). Dabei werden zunächst Problemsituationen unserer Zeit aufgezeigt, die die Aktualität des Pestalozzischen Textes andeuten sollen, bevor die Hauptaussagen der jeweiligen Schrift referiert werden. Es folgt für jedes Kapitel ein knapper Auszug aus dem jeweiligen Text, der das Lesen der Gesamtschrift nicht ersetzen kann, sondern als Probe dienen soll, die einigen Mut macht und Interesse weckt, weiterzulesen. Zitiert wird dabei nach der im Literaturverzeichnis aufgeführten Ausgabe der „Sämtlichen Werke", die weitgehend die Originalschreibweise beibehalten hat. Diese läßt für uns teilweise Fremdheit aufkommen, sie vermittelt allerdings auch ein Stück weit größere Lebendigkeit. Die zehn in diesem Buch abgehandelten Schriften stellen die wichtigsten Dokumente von Pestalozzis Schaffen dar. Sie geben in ihrer chronologischen Reihenfolge einen Überblick über die Entwicklung seiner Gedanken, und sie heben jeweils einen inhaltlichen Aspekt hervor, deren Summe die Breite seines Schaffens andeutet.

Umrahmt wird die Vorstellung des schriftstellerischen Werkes Johann Heinrich Pestalozzis von einem Eingangs- und einem Schlußteil. In dem ersten wird ein Überblick über seine Biographie gegeben, wobei eine Glorifizierung seines Lebens ebenso vermieden werden soll wie die kritizistische Entmythologisierung (Johann Heinrich ist es häufig so wie manchen heutigen Sport- oder Showidolen in den Massenmedien gegangen: erst werden sie in den Himmel gelobt und dann ins Bodenlose fallengelassen). Auch im Biographieteil sind Originalzitate eingestreut. Sie stammen aus dem Lebensrückblick, den Pestalozzi im „Schwanengesang", seinem letzten großen Hauptwerk, gegeben hat. Das abschließende Kapitel schließlich versucht die Bedeutung zu beleuchten, die diese größte Erziehergestalt für uns heute haben kann. Diese Aufgabe wäre ein eigenes Buch wert, wenn es systematisch die diesbezüglichen Perspektiven entfalten würde. Hingegen soll an dieser Stelle mehr essayistisch der Scheinwerfer auf einige Bereiche gelenkt werden, so daß unsere gegenwärtige Erziehungspraxis in verfremdetem Licht erscheint. Die Auswahl der aufgeführten Aspekte ist dabei von der momentanen, subjektiven Sichtweise des Autors geprägt.

„Was der Menschheit in allen Verhältnissen
zu dienen geeignet seyn soll,
muß aus allen Verhältnissen der
Menschheit selber hervorgehen."
(XXVIII/254)

1. Lebensbeschreibung: „der Kontrast dessen, was ich wollte, mit dem, was ich tat und mit dem, was ich konnte" – Biographische Daten

Ein Held?

Johann Heinrich Pestalozzi ist ein Held. Er ist wohl einer der in der ganzen Welt bekanntesten Schweizer, so sehr mit der Schweiz verbunden, daß es uns nicht mehr bewußt wird, daß sein Name italienischer Herkunft ist (Muschg; in: Stadler, Bd. 2, S. 583) – seine Vorfahren wanderten erst zwei Jahrhunderte vor seiner Geburt von Oberitalien nach Zürich aus. Er ist wohl der berühmteste Name in der Geschichte der Pädagogik, so sehr popularisiert, daß jederman ihn in seinem Gedächtnis hat. Warum aber ausgerechnet Johann Heinrich Pestalozzi? Warum ein Mann, der so gar nichts Heldenhaftes an sich hat, dessen Geschichte sich vielmehr eher als die Geschichte eines Scheiterns erzählen läßt?

Schon äußerlich wird er uns als häßlich beschrieben: eine viel zu große Nase, ein durch Narben und Pocken entstelltes Gesicht, unordentlich und nachlässig gekleidet, oft unrasiert und schmutzig. Sein Gang soll stolpernd gewesen sein, manchmal tölpelig sein Auftreten, mit den Armen in der Gegend herumfuchtelnd. Seine Sprache war stotternd und schlecht. Was er anpackte, geriet zumeist schnell daneben: die akademische Ausbildung bricht er ab, die landwirtschaftliche Lehre ebenfalls. In der Erziehung seines einzigen Sohnes begeht er schwerwiegende Fehler, in dem er zwischen Vernachlässigung und Überforderung schwankt. Darüber macht er sich zeitlebens große Gewissensbisse, ebenso darüber, daß er seine Ehefrau oft unglücklich hinterläßt, auch, weil er ihr Vermögen durchbringt. Seine erste berufliche Stellung als selbständiger Bauer endet ebenso in einer Pleite wie sein Versuch, durch eine Armenerziehungsanstalt das Überleben des Hofes zu sichern. Hat er späterhin einige Male Ruhm gewonnen, so zerschlägt er dieses Porzellan in kürze. Sein Leben endet er im Streit: das große Erziehungswerk zerbricht und Freunde, auf die er setzte, verletzen ihn. Warum also ausgerechnet Johann Heinrich Pestalozzi als der Held der Pädagogikgeschichte?

Johann Heinrich Pestalozzi muß schöne Augen gehabt haben, Augen, die Lebendigkeit und warme Menschlichkeit ausstrahlten. Mochte auch einiges schiefgehen, was er sich vornahm, wie soll man von einem Menschen nicht eingenommen sein, der Wohlwollen vermittelte und bedingungsloses Wohlwollen bei allen anderen voraussetzte? „Liebe" ist in seinen Schriften ein Hauptwort, das nicht verkitscht klingt, weil man bis heute spürt, daß er jemand ist, der Liebe gibt und Liebe sucht. Pestalozzi hat sein Leben intensiv gelebt, nicht die Tage, Monate und Jahre „abgerissen", sondern das Erlebte, die geplanten und die zufälligen Ereignisse, tief auf sich wirken lassen und es mit dem konfrontiert, was er dem Leben geben wollte. Bei aller Wechselhaftigkeit seines äußeren Schicksals sind es wenige Ideen, die er in sich fühlt, die den Kern seiner Persönlichkeit ausmachen und an denen er unverrückbar festhält: der Glaube an das Gute im Menschen, die Suche nach den geeigneten Hilfsmöglichkeiten, um den armen Menschen zu einem sinnerfüllten, selbständigen Leben zu verhelfen, das Hochhalten der großen Bedeutung der Mutter und des Vaters für das Lebensschicksal des Kindes, das politische Engagement für eine bessere Welt, die Bedeutung der Erziehung für den Menschen. Läßt sich die Geschichte Johann Heinrich Pestalozzis als Geschichte eines Scheiterns erzählen, so muß sie eigentlich als die Geschichte eines Mannes erzählt werden, der von seinem Scheitern existentiell betroffen wird, diese Betroffenheit aber aufnimmt, das Scheitern reflektiert, um einen Schritt vorwärts zu gehen. Seine Einsichten und Gefühle gleiten deshalb nicht zurück, er verheddert sich nicht im Selbstbedauern, sondern gerade auch die negativen Schicksalsschläge treiben ihn nach vorne, vertiefen seine Gedanken.

Wenn man von einem Helden etwas Strahlendes, immer Gelingendes, allzeit Beliebtes, etwas Widerspruchsfreies erwartet, dann eignet sich Johann Heinrich Pestalozzi zu nichts weniger als zu einem Helden. Er hat Macken und Kanten – und gerade sie machen ihn liebenswürdig. Er hat die Spur seines Lebens gesucht, wurde aus dem Gleis geworfen und hat Ausschau gehalten, seinen Weg wiederzufinden. Er hat für die Sache einer besseren, gerechteren Welt gekämpft, Niederlagen einstecken müssen und sich Blessuren zugefügt, und er ist aufgestanden, hat weitergekämpft, um sein Ziel und das Ziel der Menschlichkeit nicht aus dem Auge zu verlieren.

Johann Heinrich Pestalozzi – ein Held? Die Geschichtsschreibung der Pädagogik hat das ihre dazu beigetragen, aus ihm einen Heiligen zu machen, der dem irdischen Leben entrückt ist. Johann Heinrich Pestalozzi – ein Held! Doch nicht in seiner Unantastbarkeit, sondern in seiner Menschlichkeit liegt seine Größe, und das Menschliche ist nicht glatt, sondern voll von Widersprüchlichkeiten. Menschliche Größe zeigt sich nicht darin, diese zuzukleistern, um im äußeren Schein eines glücklichen Lebens zu erscheinen, sondern in der Aufnahme der Konflikte, in der Konfrontation der Widrigkeiten des menschlichen Lebens mit seinen vorgestellten besseren Möglichkeiten. Das Leben mag dann manchmal weniger glücklich erscheinen; die existentiell durchlebte Erfahrung, das „Sich-nicht-unterkriegen-lassen", das Festhalten an den Idealen und Zukunftsvorstellungen führt aber zu einem tieferen Glücklichsein.

Johann Heinrich Pestalozzi ist ein Mann voller Widersprüche. Das beginnt schon mit der sozialen Stellung während seiner Kindheit: Die Familie gehörte zu der Bürgerschaft der damals blühenden Stadt Zürich, aber nach dem frühen Tod des Vaters drohte der Abstieg in die arme Unterschicht. Pestalozzi behält das Züricher Bürgerrecht, auch als er auf dem Land als Bauer lebt. Er wird berühmt als Romanschriftsteller des ersten Teils von „Lienhard und Gertrud", aber er kann und will diese Popularität als Volksschriftsteller nicht festhalten, so daß die weiteren Teile des Romans sich als Flop erweisen. Er will politisch wirken und hat zeitweise auch politischen Einfluß, wobei er in der Stoßrichtung schwankt: mal setzt er auf den aufgeklärten Absolutismus, dann auf die Befreiung durch die Revolution. Er will vor allem eine Erziehungsanstalt für die armen Kinder begründen, wird dann aber europaweit berühmt durch ein Institut, das Kinder bessergestellter Familien aufnimmt. Er schreibt philosophische Bücher und hat zu einigen Größen des damaligen Geisteslebens (u.a. Fichte und Herder) Kontakt, doch die Anerkennung durch Johann Wolfgang von Goethe bleibt ihm versagt. Er ist ein tief religiöser Mensch, doch die Verdächtigungen, seine Erziehungsmethode sei unchristlich, wird er nicht los, weil er nicht in der Sprache kirchenorthodoxer Frömmigkeitsformeln redet. Er schreibt in seinem Leben ständig und so viel, daß seine „Sämtliche Werke" heute 28 dicke Bände ausmachen, doch zeitlebens beherrscht er Grammatik, Interpunktion und Rechtschreibung nur sehr unvollkommen. Fassen wir die Chronologie seines Lebens zusammen.

Kindheit und Jugend

„Ich war von der Wiege an zart und schwächlich, und zeichnete mich durch viele Lebendigkeit in der Entfaltung einiger meiner Kräfte und Neigungen sehr frühe aus; aber so wie ich an einigen einzelnen Gegenständen und Gesichtspunkten warmes Interesse nahm, zeigte ich mich eben so frühe und in eben dem Grad auf alles, was nicht mit meinen Augenblickslieblingsgegenständen auf irgend eine Art belebt zusammenhing, äußerst unaufmerksam und gleichgültig. Was mein Gefühl ansprach, dafür war ich in jedem Fall schnell und warm belebt. ... alles, was mein Herz ansprach, schwächte den Eindruck dessen, was meinen Kopf erheitern und in bildender Thätigkeit beleben sollte, sehr oft und schnell. Meine Imagination drückte sich bald vorherrschend in mir aus und war meiner Geistes- und Kunstbildung in allem, was mein Herz nicht sehr interessierte, in einem hohen Grad hinderlich." (XXVIII/211f)

„Mein Vater starb mir sehr frühe, und ich mangelte von meinem sechsten Jahre an in meinen Umgebungen alles, dessen die männliche Kraftbildung in diesem Alter so dringend bedarf. Ich wuchs an der Hand der besten Mutter in dieser Rücksicht als ein Weiber- und Mutterkind auf, wie nicht bald eins in allen Rücksichten ein größeres seyn konnte. Ich kam, wie man bei uns sagt, Jahr aus Jahr ein, nie hinter dem Ofen hervor" (XXVIII/212).

„Ich sah die Welt nur in der Beschränkung der Wohnstube meiner Mutter und in der eben so großen Beschränkung meines Schulstubenlebens; das wirkliche Menschenleben war mir beynahe so fremd, als wenn ich nicht in der Welt wohnte, in der ich lebte. Ich glaubte alle Welt wenigstens so gutmüthig und zutraulich als mich selbst. Ich war also natürlich, von meiner Jugend auf, das Opfer eines jeden, der mit mir sein Spiel treiben wollte. Es lag nicht in meiner Natur, von irgend jemand etwas Böses zu glauben, bis ich es sah oder selber Schaden davon hatte; und so wie ich meinen Mitmenschen in allen Stücken mehr zutraute, als ich sollte, so traute ich auch mir selbst mehr Kräfte zu, als ich hatte, und hielt mich zu vielem vollkommen fähig, wozu ich eigentlich ganz untüchtig war." (XXVIII/216f)

„Obgleich einer der besten Schüler, beging ich denn doch mit einer unbegreiflichen Gedankenlosigkeit Fehler, deren sich auch keiner der schlechtern von ihnen schuldig machte. Indem mich das Wesen der Unterrichtsfächer meistens lebendig und richtig ergriff, war ich für die Formen, in denen es erschien, vielseitig gleichgültig und gedankenlos. ... so war mir überhaupt, ich darf nicht einmal sagen das eigentliche Verstehen, sondern vielmehr das gefühlvolle Ergriffenwerden von den Erkenntnißgegenständen, die ich erlernen sollte, immer weit wichtiger als das praktische Einüben der Mittel ihrer Ausübung. Dabey aber war mein Wille, einige Erkenntnißgegenstände, die mein Herz und meine Einbildungskraft ergriffen, ausüben zu wollen, ob ich gleich die Mittel, sie praktisch ausüben zu können, vernachlässigte, dennoch in mir selbst enthusiastisch belebt" (XXVIII/221f).

Johann Heinrich Pestalozzi wird am 12. Januar 1746 als Sohn von Johann Baptist Pestalozzi und seiner Ehefrau Susanne geboren. Der Vater ist von Beruf Chirurg, eine Profession, die damals weniger Ansehen hatte als heutzutage, und für die man keine akademische Ausbildung benötigte. In den neun Jahren ihrer Ehe bekommen die Pestalozzis sieben Kinder, von denen vier allerdings im frühen Alter versterben. Am Leben bleiben ein Bruder Pestalozzis, der ihn später auf dem Neuhof um einen größeren Geldbetrag betrügen und damit anonym nach Amerika entschwinden wird, und eine Schwester, die als junge Frau nach Leipzig gehen und dort heiraten wird. Pestalozzi wird die weiteste Reise seines Lebens einmal dorthin machen, um Erbschaftsangelegenheiten zu regeln. Als der kleine Johann Heinrich fünf Jahre alt ist, stirbt der Vater im Alter von 33 Jahren. Auf dem Totenbett nimmt er der Magd, Barbara Schmid (= Babeli) das Versprechen ab: „Babeli, um Gottes und aller Erbarmen willen, verlasse meine Frau nicht; wenn ich todt bin, so ist sie verloren, und meine Kinder kommen in harte, fremde Hände. Sie ist ohne Deinen Beystand nicht im Stande, meine Kinder bey einander zu erhalten." (XXVIII/213)

Johann Heinrich wird so von zwei Frauen, seiner Mutter und der Magd, erzogen. Wirtschaftliche Sorgen bestimmen seine Kindheit. Man will zwar die Zugehörigkeit zur Mittelschicht der Stadt nicht aufgeben, hat also ein Maß an Repräsentationskosten zu verkraften, doch innerhalb der Familie herrscht „äußerste Sparsamkeit". Der alte Pestalozzi erinnert sich daran, wie er und seine Geschwister im Haus gehalten wurden, um die Kleider beim Spielen auf der Straße nicht abzunutzen. Neben den ökonomischen Zwängen steht die Frauendominanz, die zu einer „träumerischen" Kinderexistenz führt, die sich im rauhen Alltagsleben der Gleichaltrigengruppe nicht recht behaupten kann. Geborgenheit im inneren Kreis der kleinen, unvollständigen Familie steht der Abgeschlossenheit von der Welt außerhalb gegenüber. Ein gewisses Gegengewicht vermag allenfalls der Großvater Andreas Pestalozzi zu schaffen, der als Pfarrer in Höngg – damals ein Dorf nahe Zürichs – lebt. Durch die häufigen Besuche bei ihm kommt Johann Heinrich auch mit dem Landleben in Kontakt.

Mit fünf Jahren besucht er die Elementarschule und wechselt mit acht Jahren auf die Lateinschule über. Positive Erinnerungen sind es wenige, die Pestalozzi von seiner Schulzeit behält. Er scheint zunächst kein guter Schüler zu sein, wobei sich die Leistungen späterhin bessern. Ein wenig als Sonderling erscheint er, der von den Schulkameraden gehänselt und verspottet wird. Sie geben ihm den Spitznamen „Heiri Wunderli von Thorliken". Einer seiner Mitschüler schreibt über den Schüler Johann Heinrich Pestalozzi: „Der Schulmeister behauptete, es könne und werde aus dem Knaben nie etwas Rechtes werden, und alle Mitschüler verlachten und verspotteten ihn wegen seiner unangenehmen Gesichtsbildung, seiner ausserordentlichen Nachlässigkeit und Unreinlichkeit." (in: Stadler, Bd. 1, S. 40)

Mit 17 Jahren wird Johann Heinrich Pestalozzi Student am Carolinum, eine Züricher Akademie, die auf die Pfarrerslaufbahn vorbereitete, obwohl schon der 15jährige „glaubte, ich werde ewig kein Geistlicher werden können, weil ich es nie dahin bringen könne, ohne Lachen zu predigen" (in: Stadler, Bd. 1, S. 43). Nach zwei Jahren bricht Pestalozzi sein Studium ab, wobei die Gründe für diese Entscheidung im Dunkel bleiben. Vielleicht gibt den Ausschlag dazu ein Disziplinarverfahren, in das er sich verwickelt sieht, weil er gemeinsam mit Mitstudenten einen Universitätsangestellten denunzierte. Pestalozzi soll ein Studienjahr wiederholen, erscheint jedoch nicht mehr zu den Prüfungen.

In die Zeit der wenigen Studienjahre und der Ungewißheit danach fällt auch Pestalozzis Mitgliedschaft in einer politischen Vereinigung, den „Patrioten". Man will erwachsen sein, nicht mehr zu den unmündigen Kindern gehören, ernsthaft und grundlegend über politische Dinge diskutieren; aber man will sich abheben von den korrupten Erwachsenen, die einem nicht mehr als Vorbilder dienen können. Man wählt bewußt asketische Ideale (kein Tee, Kaffee, Wein, Tabak) und will zurück zur ursprünglichen Einfachheit in den gesellschaftlichen Verhältnissen. Die Schriften Rousseaus stehen ganz oben auf der Liste der gemeinsam gelesenen und diskutierten Bücher. Für Johann Heinrich Pestalozzi wird die Zugehörigkeit zu diesem jugendbewegten Kreis in mehrerer Hinsicht zur entscheidenden Weichenstellung: Seine politische Position, für die er ein Leben lang kämpft, wird hier geprägt, auch wenn er sich späterhin gegen den blauäugigen Idealismus gewendet hat; die Berufsentscheidung, Bauer zu werden, erhält hier seine ideenmäßige Vorbereitung, steht das Landleben doch gegen die Verderbtheit der Stadt; und durch diesen Kreis wird er seine spätere Frau kennenlernen.

Zunächst einmal aber kommt er durch die Zugehörigkeit zu der politischen Vereinigung in gesetzliche Konflikte. Er wird der Mitwisserschaft, ja sogar der Mitautorenschaft einer anonymen Flugschrift beschuldigt, die die politisch Mächtigen Zürichs herausfordert. Für einen Tag gerät Pestalozzi in Haft, aber man muß ihn freilassen, weil die Affäre immer weitere Kreise zieht und Söhne einflußreicher Züricher Bürger betroffen erscheinen.

Johann Heinrich Pestalozzi ist jetzt 21 Jahre alt, finanziell von seiten der Familie nicht mit einem tragenden Hintergrund ausgestattet, das Studium hat er abgebrochen, politisch ist er ins Gerede gekommen und ohne eine klare berufliche Perspektive. Was soll aus so einem werden?

In diesem Jahr (1767) nähert er sich seiner zukünftigen Frau (Anna Schulthess, 1738–1815). Beide lernen sich durch die Brüder Annas kennen, die wie Pestalozzi zum Kreis der „Patrioten“ gehören. Ein wichtiger Verbindungspunkt ist der gemeinsame Freund Kaspar Blumtschli (genannt Menalk), ein junger Theologe, den Anna zu lieben scheint und der für Johann Heinrich zum Wegweiser seiner weiteren Lebensentscheidung wird. Menalk stirbt sehr früh, noch im Jahr 1767, und die gemeinsame Trauer bringt die beiden näher zueinander. Johann Heinrich liebt Anna, und nach einer Zeit des Zögerns, des Bedenkens, des Abwartens liebt Anna auch Johann Heinrich. Doch insbesondere die zukünftige Schwiegermutter stellt sich der Verbindung entschieden entgegen, sind die Schulthess doch eine wesentlich angesehenere Familie als die Pestalozzis, und in der Ehe mit dem perspektivlosen Johann Heinrich droht Anna der soziale Abstieg. Dazu kommt, daß die Tochter acht Jahre älter ist als der Bräutigam und sie ihm nicht nur sozial, sondern auch erfahrungsmäßig überlegen. Die beiden Liebenden, deren Elternhäuser nicht weit entfernt voneinander liegen, dürfen sich offiziell nicht sehen, und es beginnt eine quälende, zweijährige Zeit des Versteckspiels, in der viele Briefe hin- und hergehen. Zwei dicke Bände (Sämtliche Briefe, Band 1 und 2) umfassen die Schreiben, aus denen zur Charakterisierung der Stimmung an dieser Stelle nur ein Zitat vorgebracht sei. Anna Schulthess schreibt: „Wenn es Zeiten gibt, da meine liebe Mutter nur in das Haus trittet und ein Winkelchen suchet, wo sie über mich, als über ein ihr widerspenstiges Kind weinet, wann ich dann hinwider an einem Ort ihre Strenge beweine, und daß sie den besten Jüngling nicht lieben wil, o wie traurig ist alles dis! Und ich wil ihre und meine Tage nicht im beständigen Trauren verkürzen und wil auch Dich nicht durch dise Trauer imer verlegen machen; aber dennoch, mein Teurer, harre noch eine Zeit lang aus; mit äußerster Gedult wollen wir abwarten, um, wann es möglich, jedes Vorwurffes frey zu seyn.“ (Sämtliche Briefe, Bd. II/101)

Nach zwei Jahren stimmen die Eltern der Hochzeit schließlich zu, Anna ist immerhin 31 Jahre alt, und ewig Jungfer soll sie auch nicht bleiben. Wie stark der Widerstand der Eltern immer noch ist, bezeugt die Tatsache, daß sie die Hochzeit nur zulassen, wenn sie außerhalb Zürichs auf einem Dorf stattfindet. Sie selbst bleiben der Feier ihrer Tochter fern. Späterhin wird sich das Verhältnis der Pestalozzis zu den Eltern Schulthess bessern, und nach dem Tod seiner Frau lebt Vater Schulthess zeitweise auf dem Neuhof Pestalozzis.

Aber nochmal zurück. Das Jahr der beginnenden Liebe, 1767, ist auch das Jahr der Berufsentscheidung Johann Heinrich Pestalozzis. Er beschließt, Bauer zu werden, und macht eine Lehre auf dem Musterhof von Tschiffeli in Kirchberg (unweit der Stadt, die für den späten Pestalozzi von großer Bedeutung werden wird: Burgdorf). Tschiffeli hat sich in der Schweiz dadurch Ansehen erworben, daß er durch veränderte Anbaumethoden den traditionellen Landbau grundlegend reformierte. In einem Brief beurteilt er Johann Heinrich Pestalozzi einmal wie folgt: „Unser lieber Freund Pestluz ist voll Gefälligkeit und Eifer für mein Haus. ... Etwas Schüchternes in seinem Äusserlichen, und eine ein wenig unverständliche Rede machen den Meinigen seinen Umgang etwas weniger angenehm. Mir ist er recht wert. Der Kopf ist gut, und das Herz vortrefflich; es ist aber dieses letztere ganz und gar in Zürich, und da setzt es denn, wie ich glaube, nicht selten lange Stunden ab.“ (in: Stadler, Bd. 1, S. 113) Nicht gerade eine euphorische Beurteilung. Auch die Betrachtung der Dauer der Ausbildungszeit läßt nicht auf Intensität schließen: Eigentlich sollte sie eineinhalb Jahre umfassen, faktisch kam er Anfang September 1767 in Kirchberg an, und im Mai 1768 ist er wieder in Zürich – wohl von der Liebe getrieben. Von diesen acht Monaten sind nochmals drei abzuziehen, die Pestalozzi gemeinsam mit Tschiffeli in dessen Winterquartier in Bern verbringt: noch nicht einmal eine Abfolge von Aussaat und Ernte. Pestalozzis Altersrückblick ist deshalb auch nicht positiv: „Ich ging mit vielen einzelnen großen und richtigen Ansichten und Aussichten über den Landbau als ein eben so großer landwirthschaftlicher Träumer von ihm (Tschiffeli) weg, wie ich mit vielen einzelnen, großen und richtigen, bürgerlichen Kenntnissen, Ansichten und Aussichten als ein bürgerlicher Träumer zu ihm hin kam.“ (XXVIII/226) Doch Pestalozzi treibt es, sich selbständig zu machen, um eine Familie gründen zu können. Da er kaum Eigenmittel hat, um einen Hof kaufen zu können, und da er von den zukünftigen Schwiegereltern nichts zu erwarten hat, bemüht er sich um Kredite. Schließlich kommt auch ein entsprechender Vertrag zustande – ausgerechnet mit einem Onkel Annas, dem Bankier Hans Konrad Schulthess.

Neuhof

„es gieng mir, wie es jedem, der also durch seinen Fehler arm wird, geht. Ein solcher Mensch verliert auch mit seinem Geld gemeiniglich den Glauben und das Zutrauen zu dem, was er wirklich ist und wirklich kann. Der Glaube an die Kräfte, die ich für meine Zwecke wirklich hatte, gieng jetzt mit dem Glauben an diejenigen verloren, die ich mir, in meinem Selbstbetrug irrend, anmaßte, aber wirklich nicht hatte. Ich kann es niemand verargen, die Kräfte, die ich für meine Zwecke wirklich besaß, hatten Lücken, ohne deren genugthuende Ausfüllung sie segenslos in mir selbst lagen." (XXVIII/234)

„im ganzen Umfang meiner Umgebungen ward das Wort allgemein ausgesprochen, ich sey ein verlorner Mensch, es sey mir nicht mehr zu helfen.

Das gieng so weit, daß meine besten Freunde, beklemmt von diesem Urtheil und voll von Mitleid, wenn sie mich oben an einer Gasse erblickten, sich in eine andere zurückzogen, damit sie nicht in die Lage kommen, mit einem Menschen, dem durchaus nicht zu helfen sey, ein sie nur schmerzendes und mir selbst nichts helfendes Wort zu verlieren; und Buchhändler Füßli, der beinahe noch der einzige Mensch war, mit dem ich über meine Lage ein herzliches und theilnehmendes Wort reden konnte, sagte mir in diesem Zeitpunkt gerade heraus: meine alte Freunde halten es beynahe allgemein für ausgemacht, ich werde meine Tage im Spital, oder gar im Narrenhause enden." (XXVIII/235)

Mit der Heirat beginnt eine nahezu dreißigjährige Zeit, die Johann Heinrich Pestalozzi auf dem Neuhof in der Nähe von Brugg im Reusstal verbringt. Da das Haus noch nicht fertig ist, beziehen die Eheleute zunächst ein Übergangsquartier im Dorf Müllingen, während Pestalozzi beginnt, seine Existenz als Landwirt vorzubereiten. Landwirtschaftlich nutzbare Äcker werden gekauft – anfänglich zu günstigen Bedingungen, doch je mehr es sich herumspricht, daß ein Züricher Bürger sich hier einkaufen will, desto höher klettern die Grundstückspreise. Und Pestalozzi beginnt mit dem Bau eines Gutshofes – dieser ist jedoch sichtlich überproportioniert, aber er will für sich und vor allem für seine Frau (und die erhofften Kinder) eine standesgemäße Bleibe. 1771 zieht das Ehepaar auf den Neuhof um, ein noch nicht fertiggestelltes Gebäude und gegenüber den ersten Entwürfen sichtbar abgespeckt.

Am 13. August 1770 wird der Sohn Hans Jakob (Jean Jacques) geboren, eine Namensgebung, die durch Johann Heinrichs Idol Jean Jacques Rousseau eingegeben ist. Hans Jakob bleibt das einzige Kind der Eheleute Pestalozzi, und dazu haben sie mit ihm nicht viel Freude. Er erscheint geistig zurückgeblieben, was Pestalozzi an einer Stelle enthusiastisch zu begrüßen scheint: „Ich habe einen Knaben von 11 1/2 Jahren; er kann keine zwei Linien Gebätter auswendig; er kann weder schreiben noch lesen. Ich hoffe zu Gott, diese Unwissenheit, in welcher die Vorsehung mir erlaubt, ihn lassen zu können, werde das Fondament seiner vorzüglichen Ausbildung und seiner besten Lebensgeniessungen seyn." (in: Stadler, Bd. 1, S. 148) Pestalozzis Rousseauverständnis scheint hier durch: Wächst ein Kind bis in die Zeit der Vorpubertät glücklich heran, ohne durch Schul- und Bücherbildung vom Gang der Natur abgelenkt zu werden, so ist die beste Basis für eine gesunde Entwicklung gegeben. Nur Hans Jakob ist weder glücklich, noch wird er sich gesund weiterentwickeln. Pestalozzi gibt den Sohn in eine befreundete Basler Familie, damit er dort recht erzogen wird, und mit den Kindern dieser Familie geht er ins Elsaß, um eine kaufmännische Ausbildung zu erhalten. Doch Hans Jakob erweist sich auch hier als untüchtig, und als sich bei ihm Anzeichen von Epilepsie zeigen, wird Johann Heinrich ihn mit 17 Jahren auf den Neuhof zurückholen. 1790 überschreibt er das Anwesen auf seinen Sohn, auch um es vor finanziellen Anforderungen seiner Gläubiger zu schützen. Ein Jahr später verheiraten die Eltern ihren Sohn, der ihnen Enkelkinder schenken wird, von denen aber nur der 1798 geborene Gottlieb überlebt. Am 15. August 1801, zwei Tage nach seinem 31. Geburtstag, stirbt Hans Jakob. Zeit seines Lebens wird sich Johann Heinrich Pestalozzi Vorwürfe über den Untergang seines eigenen Sohnes machen, dessen Scheitern er auch auf seine falsche, vernachlässigende Erziehung zurückführt.

Vor dieser persönlichen Katastrophe steht aber zunächst das Scheitern als Landwirt. Verschiedene Gründe führen dazu. Da ist zunächst einmal der Rückzug seines Kapitalgebers, der nicht in ein Faß ohne Boden und einen unfähigen Bauern investieren möchte und sein Geld – mit eigenen Verlusten – zurückfordert. Hinzu kommt, daß Johann Heinrich Pestalozzi auf das falsche Pferd gesetzt hat: Er wollte Krapp anbauen, eine Pflanze, die als Färbemittel in der Textilindustrie Verwendung fand. Dies versprach durchaus auch wirtschaftlichen Erfolg, der jedoch eine längere Vorlaufzeit beansprucht hätte; diese aber steht dem kapitalschwachen Pestalozzi nicht zur Verfügung. Zum dritten zeigt sich, daß Johann Heinrich Pestalozzi sich bei den Bodeneinkäufen übers Ohr hat hauen lassen: Seine Äcker sind teilweise unfruchtbar. Probleme bekommt er auch, weil er einem Mann vertraut, der als Metzger und Wirt im Dorf lebt und den Pestalozzi als seinen Berater einsetzt. Heinrich Merki, so der Name des Mannes, ist ein Schuft, was nicht nur seine verbrecherische Vergangenheit beweist, sondern auch die Tatsache, daß er Pestalozzi betrügt und finanziell hintergeht. Entscheidend für das Scheitern ist, daß Johann Heinrich Pestalozzi zu einer Gigantomanie neigt: Haus und Hof sind für seine Verhältnisse viel zu überproportioniert, und auch die privaten Ausgaben, beispielsweise für die Bewirtung von Gästen, übersteigen bei weitem die Einnahmen.

Ab den Jahren 1773/74 stellt Pestalozzi seinen Betrieb um, indem er eine Armenerziehungsanstalt auf dem Neuhof gründet. Zunächst werden die Kinder als billige Arbeitskräfte gebraucht, doch als dies das Scheitern der Landwirtschaft nicht aufhält, versucht Pestalozzi durch die Verbindung von Kinderarbeit und der Ausbildung der Kinder eine neue wirtschaftliche Basis zu finden. Seine Rechnung geht dahin, daß er den Kindern für ihre Arbeit freie Unterkunft und Essen bietet und darüberhinaus noch für eine solide Erziehung der Kinder sorgt. Die so ausgebildeten Kinder, so dachte er, würden sicher über die Erziehungszeit hinaus aus Dankbarkeit auf dem Neuhof bleiben, um als billige Arbeitskräfte das in sie Investierte zurückzubezahlen. Doch dies erweist sich als eine Milchmädchenrechnung: Die Kinder genießen die Vorteile und verstreuen sich dann in alle Winde. Bereits 1778 zeichnet sich der Mißerfolg auch dieses Projektes ab, der nochmals dadurch aufgehalten werden kann, daß Frau Pestalozzi ihre gesamte Erbschaft investiert. Auch darüber wird Johann Heinrich Pestalozzi sich sein Leben lang Vorwürfe machen, daß er leichtfertig das Geld seiner Frau durchgebracht hat. Zwei Jahre später, 1780, ist schließlich endgültig klar, daß auch das zweite Neuhofvorhaben, die Armenerziehungsanstalt, gescheitert ist. Die Kinder müssen den Hof verlassen, ein gut Teil des Landes wird verkauft, aber Pestalozzi kann den Hof behalten, auch weil der Schwiegervater zuzahlt.

Begonnen hat es mit hochtrabenden Plänen: die Heirat mit der geliebten Frau, um die er zwei Jahre gekämpft hat, die Erwartung einer großen Kinderschar, der Wunsch, als selbständiger Landwirt eine gesicherte Existenz aufzubauen, die Vorstellung, dadurch nicht nur für das eigene Wohl und das der Nächsten zu sorgen, sondern durch diese Arbeit einen verändernden politischen Akzent zu setzen. Und jetzt? Die Erbschaft der Frau ist durchgebracht, der einzige Sohn auch durch eigenes Verschulden behindert, die Landwirtschaft pleite und von den Kontakten zu einflußreichen Männern ist er als gescheiterte Existenz weitgehend abgeschnitten. Wo mag Johann Heinrich Pestalozzi, 34 Jahre alt, Hoffnung hernehmen?

Doch es zeigt sich jetzt, wie es sich noch des öfteren in seinem Leben erweisen wird, daß er die Münchhausensche Kraft besitzt, sich an seinen eigenen Haaren aus dem Sumpf herauszuziehen. In dieser Zeit der Depression versinkt er nicht, sondern findet einen Weg heraus, der ihn zu Ruhm und Ehre führen wird. Dabei spielen zunächst Zufälle eine Rolle: Ein Bekannter sieht kurze Textstücke, die Pestalozzi verfaßt hat, und ermutigt ihn zum Schreiben: „Dieser Mensch kann sich helfen, wie er will; er hat Talente, auf eine Art zu schreiben, die in dem Zeitpunkt, in dem wir leben, ganz gewiß Interesse erregen wird“ (XXVIII/236). Dabei ist er eigentlich ein Schriftsteller wider eigenen Willen. In einem Brief wird er einmal schreiben: „Denn ich bin nicht zum Schriftsteller gebildet. Mir ist wohl, wenn ich ein Kind auf meinen Armen habe, oder ein Mensch, woher er komt, mit Gefühl für Menschlichkeit vor mir steth. Und dann vergess ich die arme Wahrheit, die sich auf der Feder modeln lässt, und gehe an der Hand der lieben Natur ohne Buch und Führer.“ (in: Stadler, Bd. 1, S. 204) Doch Johann Heinrich Pestalozzi greift den Faden auf und beginnt zu schreiben, ja, „er schrieb damals förmlich um sein Leben“, wie Stadler zu recht notiert (Bd. 1, S. 233).

Das Werk, das ihn vor allen anderen bekannt macht, ist der erste Teil des Volksromans „Lienhard und Gertrud“, erstmals 1781 erschienen. Pestalozzi ist bei seiner Abfassung in einem rauschartigen Zustand. Rückblickend schreibt er: „Lienhard und Gertrud, deren Geschichte mir, ich weiß nicht wie, aus der Feder floß, und sich von sich selbst entfaltete, ohne daß ich den geringsten Plan davon im Kopf hatte oder auch nur einem solchen nachdachte. Das Buch stand in wenigen Wochen da, ohne daß ich eigentlich nur wußte, wie ich dazu gekommen.“ (XXVIII/237) Das Buch wird ein großer Publikumserfolg, es wird viel gelesen und auf damals weit verbreiteten Kalenderblättern erneut abgedruckt. Der Name des Autors wird bekannt, so daß sich seine soziale Isolierung aufhebt, der Roman öffnet Türen zu einflußreichen Menschen, die vordem verschlossen blieben, und er bringt auch Geld ein.

Doch das rasch aufgetauchte Glück scheint schnell wieder zu verschwinden, weil Pestalozzi andere Ansprüche hat. Er will nicht der Konsalik des 18. Jahrhunderts sein, sondern er hat eine politische und pädagogische Botschaft, die er der Öffentlichkeit vermitteln will. Sein Roman soll keine seichte Unterhaltungslektüre sein, die einen momentanen Modegeschmack trifft, sondern er will auf die schwierige Lage des einfachen Volkes aufmerksam machen und Wege aus der Krise aufzeigen. Damit diese Botschaft herüber kommt, schreibt Pestalozzi weiter: Es folgen die Teile zwei bis vier von „Lienhard und Gertrud", er gibt für ein Jahr eine Zeitschrift heraus („Schweizer Blatt") und verfaßt „Christoph und Else", die im gemeinsamen Lesen von „Lienhard und Gertrud" gesellschaftspolitische und erzieherische Kommentare zu dem Buch abgeben. Doch mit all dem hat Johann Heinrich Pestalozzi nur mäßigen Erfolg.

Neben seinen schriftstellerischen Arbeiten hofft Pestalozzi noch auf anderem Wege öffentlich wirken zu können. Lesen wir ein längeres Stück aus einem Brief: „Sint meinen frühesten Jahren war das Fach der Gesezgebung und Volksbildung die Lieblingsneigung meines Lebens und ist es noch bis auf diese Stunde. Ich that in der Einsamkeit meines Landsitzes, was in meinen Krefften war, in diesen Fächern auf sichere Fundamente zu komen. ... Aber nunmehr sehne ich mich denoch einst meine Zelle (zu) verlassen, um für diesen Gegenstand mehr zu tuhn, als nur bloss für denselben zu träumen. Selbst der Vorschritt meiner Kenntnissen fordert jez Ändrung meiner Lag. ... Es wird mir Bedürfnis, die wichtigsten Gesichtspunkte meiner Erfahrungen neher, tiefer und allgemeiner zu prüfen, und dieses kan ich nicht befriedigend als im Dienst eines Fürsten und in Verheltnissen mit Menschen, die in diesen Gegenständen practisch arbeiten. In dieser Rüksicht glaube ich Euer Excellenz ersuchen zu dörffen, Ihro königlichen Hoheit meinen ehrforchtsvollen Wunsch vorzutragen, in Hochdero Dienste zu tretten, um unter dem Schuz Seiner königlichen Hoheit durch practischen Einfluss auf das Wohl einiger Mentschen arbeiten zu könen." (in: Stadler, Bd. 1, S. 289) So wie er sich hier an Florenz wendet, versucht er es auch mit Österreich und Preußen. Das Ergebnis ist immer das gleiche: Man behandelt den Autor von „Lienhard und Gertrud" mit Wohlwollen, ermuntert ihn, verspricht Prüfung des Vorhabens, doch zu einer erhofften Anstellung an dem Hof eines aufgeklärten Monarchen kommt es nie.

Pestalozzi bleibt deshalb nichts anderes übrig, als sein Leben als Schriftsteller wider eigenen Willen fortzusetzen, wobei noch eine zweite Einnahmequelle hinzukommt: Seit 1784 ist er ein kleiner Textilunternehmer, der die Rohstoffe an die Landbevölkerung verteilt und die in Heimarbeit weiterverarbeiteten Halbfertigprodukte weiter verkauft. Gleichzeitig gibt er seinen Namen für eine andere Firma eines Seidenproduzenten. Dieser kann, da er nicht Züricher Bürger ist, nicht selbst ein Geschäft aufmachen, so daß er den Namen Pestalozzis, der immer noch das Züricher Bürgerrecht besitzt, benutzt. Johann Heinrich bekommt für dieses Scheingeschäft Geld und die Möglichkeit einer Unterkunft in einem Dorf nahe Zürichs.

Die Jahre ab 1789/90 bilden eine entscheidende Zäsur in der europäischen Geschichte: Die Französische Revolution verändert die politische Grundlage der europäischen Staatengebilde. Der französische Nationalkonvent beschließt 1792, Johann Heinrich Pestalozzi gemeinsam mit zunächst siebzehn anderen Geistesgrößen Europas die französische Ehrenbürgerschaft anzutragen. Diese Auszeichnung, für Pestalozzi eine große Ehre, kommt zu einem denkbar schlechten Zeitpunkt, weil unmittelbar vorher auch die Schweizergarde von den Revolutionstruppen vernichtet worden war und deshalb in den herrschenden Schichten der Schweiz eine antifranzösische, aggressive Stimmung herrscht. Pestalozzi versucht die Gelegenheit seiner Auszeichnung beim Schopf zu ergreifen, und er bietet sich der Revolutionsregierung in Paris als Berater in Sachen Volkserziehung an. Doch diese reagiert in gleicher Weise wie vordem die Fürstenhäuser: mit herzlichem Dank, aber ohne konkrete Aufforderung. Zwei Jahre später wird Pestalozzi persönlich nach Paris fahren, um sein Engagement zu unterstreichen, doch ein greifbarer Erfolg ergibt sich auch dadurch nicht. Man hat Pestalozzi Opportunismus vorgeworfen, weil er sich je nach Windrichtung Fürstenhöfen und republikanischen Revolutionsregierungen gleichermaßen angedient habe. Doch diese Kritik greift zu kurz: In beiden Fällen bleiben seine eigentlichen Ziele die gleichen – die Volkserziehung und die Hilfen für die Selbständigkeit der armen Menschen –, die Frage der Regierungsform ist ihm dagegen sekundär.

Noch hat Johann Heinrich Pestalozzi keine Alternative. Ihm bleibt nichts anderes übrig, als seine Doppelexistenz als kleiner Unternehmer und Schriftsteller aufrechtzuerhalten. Erst mit dem Zusammenbruch der alten Schweizer Eidgenossenschaft im Jahre 1798 wird sich dies ändern.

Stanz

„Ich stand als Armen-Vater im Kreise meiner Kinder. Ich hatte in eigentlicher wissenschaftlicher und Kunstbildung nichts, ich hatte nur die Vaterkraft meines Herzens, und zwar so, wie sie sich in der Eigenheit meiner Persönlichkeit beschränkt aussprach, für sie. Der Geist des häuslichen Lebens, dieses ewige Fundament aller wahren Menschenbildung, aller wahren Erziehung, entfaltete seine Segenskraft einfach und wahrhaft naturgemäß durch meine Liebe, meine

Hingebung und Aufopferung. Das war in seinen Folgen nicht gering. Er erheiterte in mir selbst nicht bloß die naturgemäßen Resultate, die dieses Leben, wo es immer ist, auf die Ausbildung der vorzüglichsten Fundamente der Segnungen des häuslichen Lebens, – der Liebe, des Denkens und Arbeitens, hat. Dieses Leben that mehr, es setzte die speziellen Ansichten meiner Bestrebungen, den ganzen Umfang der Unterrichtsmittel des Volks zu vereinfachen und sie dadurch dem Innern der Wohnstube desselben näher zu bringen, in ihren ersten Anfangspunkten thatsächlich in ein entscheidendes Licht. Noch war der Begriff von der Elementarbildung und von einer aus ihr nothwendig hervorgehenden naturgemäßen Erziehungs- und Unterrichts-Methode von mir und in meinen Umgebungen nicht ausgesprochen; aber ein wesentliches Resultat ihrer Kraft zeigte sich thatsächlich in unserer Mitte. Kinder lehrten Kinder; Kinder lernten gerne von Kindern, und vorgerücktere Kinder zeigten minder vorgerücktern gerne und gut, was sie mehr wußten und besser konnten als sie. Wenn eines auch noch so klein war, wenn es auch nur einige Buchstaben mehr kannte, so setzte es sich zwischen zwey andere, umhalstete sie mit beyden Händen, und zeigte ihnen mit Schwester- und Bruderliebe, was es mehr konnte als sie." (XXVIII/247)

„Die Wendung des Kriegs vertrieb mich von Stanz, das der Eigenheit meiner Kräfte, meiner Schwäche und meiner Zwecke eine so vorzüglich passende Laufbahn anbot. Ich war tief in mir selber erschüttert, und hatte wohl recht, obgleich ich noch nicht wußte und nicht ahnete, warum. Mir stand jetzt immediat nach meiner Entfernung von Stanz die eigentliche zwanzigjährige Epoche bevor, in der ich in Burgdorf die Idee der Elementarbildung mit einigem Bewußtseyn ihrer weitführenden Tiefe und ihres weitführenden Umfangs in's Auge zu fassen anfieng und unvorbereitet und unreif sehr bald mein Scherflein zu ihrer praktischen Ausführung beyzutragen suchte." (XXVIII/248)

Verglichen mit den beiden ersten Etappen seines Lebens und auch mit der folgenden sind die Jahre 1798/1799 nur eine kurze Zeit. Doch in ihrer Bedeutung für die Biographie Johann Heinrich Pestalozzis – und damit für die Geschichte der Pädagogik – stellt sie den entscheidenden Wendepunkt dar. Sie markiert den Übergang von dem Schriftsteller, der ein festes anthropologisches Fundament für seine politischen und erzieherischen Vorstellungen errichtet hat, zu dem praktischen Pädagogen, der in der Zukunft seine Gedanken zu der Idee der Elementarbildung verdichten wird. Geschichtlich fällt dieser Wendepunkt in die Epoche der grundlegenden Wandlung der Schweiz von einem feudalistischen Gesellschaftssystem zu einem bürgerlichen Staat. Weil persönliche Biographie und politische Entwicklung hier eng verknüpft sind, müssen wir zum besseren Verständnis einige geschichtliche Daten einfügen.

1798 zeichnete sich das Ende der alten Schweizerischen Eidgenossenschaft ab. Diese beruhte auf der Autonomie der einzelnen Kantone, auf einer Unterdrückung und politischen Entmündigung der umliegenden Dörfer und Kleinstädte durch die größeren Städte, wobei aber der Großteil der Bevölkerung auf dem Land lebte. Die bäuerlichen Schichten hatten die Hauptlast der Steuerabgaben zu tragen. Auch innerhalb der Städte herrschte eine kleine Schicht einflußreicher Familien, während die Mehrheit recht-, zumindest aber einflußlos war. Hinzu kamen religiöse Spannungen zwischen katholischen und reformierten Landesteilen. Zunehmend mehr war der Staat zu einem Selbstbedienungsladen und Privatunternehmen der Wenigen gegenüber den Vielen geworden. Sowohl der sich abzeichnenden ökonomischen Entwicklung des Kapitalismus wie der bürgerlichen Vorstellungen von Freiheit, Demokratie und Menschenrechten konnte diese Staatsverfassung nicht entsprechen. Anders als in anderen europäischen Staaten zeigten sich die meisten Kantone reformunfähig, um aus eigener Kraft die notwendigen Veränderungsschritte einzuleiten.

Diesem untergehenden System setzten die Revolutionäre ihre Forderungen entgegen. Es ging um den einheitlichen Staat, die Helvetische Republik, der das notwendige Reformprogramm verwirklichen sollte: die Gleichberechtigung von Stadt und Land, die Entmachtung der wenigen Familien, eine gerechte Besteuerung, die Erarbeitung einer neuen Verfassung. 1798 setzten sich die revolutionären Kräfte durch, wobei die Geister sich daran schieden, wie radikal die Reformen durchgeführt werden sollten, und es gab nach wie vor Kantone, die sich der Helvetischen Republik nicht unterstellen wollten, sondern auf ihrer Unabhängigkeit beharrten. Strittig war auch die Frage, ob die Veränderung der Verfassung ausschließlich auf innerschweizerische Kräfte gebaut werden konnte oder ob es zur Durchsetzung der Reform der Hilfe der französischen Truppen bedurfte, denn zwischen den Forderungen der Französischen Revolution und der schweizerischen gab es viele Entsprechungen. Trotz des Votums der Mehrheit der Schweizer Volksvertreter setzte sich der Machtanspruch Frankreichs durch, französische Truppen besetzten die Schweiz, die somit zu einem Anhängsel Frankreichs wurde. Alles in allem eine schwierig zu durchschauende Gemengelage: hehre politische Ansprüche von bürgerlicher Freiheit, Umbau des Staates zu einem modernen Verfassungsstaat, Aufgabe der Souveränität der Schweiz und nicht erlahmender konservativer bis reaktionärer Widerstand. Es kam zu blutigen Schlachten, in denen die französische Armee teilweise mit gewaltiger Brutalität gegen nicht unterwerfungsbereite Schweizer Kantone vorging.

Nun richten wir aber wieder den Blick auf Johann Heinrich Pestalozzi, der mitten im Getümmel dieser Auseinandersetzungen steht. Immer hatte er gehofft, eine politische Einflußmöglichkeit zu erhalten, um seine sozialpolitischen und pädagogischen Pläne realisieren zu können. Nie hatte das geklappt, doch jetzt sieht er sich in einer neuen Situation. Er hat Freunde und Bekannte, die im neuen Staat das Sagen haben. Galt er früher als der naiv politische Idealist, so wird er jetzt als Vermittler zwischen auseinanderstrebenden Parteien eingeschaltet. Sein Name ist bekannt in der Schweiz, wenngleich er als merkwürdiger Sonderling behandelt wird, und seine Fürsprache für die Revolution zählt etwas. Und Pestalozzi stellt sich eindeutig auf die Seite der Helvetischen Republik. Hatte er bislang auf die Aristokratie gesetzt, so haben ihm seine Erfahrungen gezeigt, daß zumindest in der Schweiz das alte Regime zu einer wirklichen Reform nicht in der Lage war. Jetzt gilt es also die historische Chance zu nutzen und die alten Ideen einer verbesserten Armenfürsorge und Volkserziehung einzubringen.

„Ich will Schulmeister werden“ (XXVIII/246), so sagt er zu dem befreundeten Philipp Albert Stapfer, helvetischer Minister für Künste und Wissenschaften. „Überzeugt, dass das Vatterland eine wesentliche Verbesserung der Erziehung und der Schulen für das niederste Volk dringend bedarf, und gewiss, dass durch drei- bis viermonatliche Versuche hierin die wichtigsten Resultate erheitert und bewiesen werden können“ – wendet er sich an einen Minister, „um durch ihn dem Vatterland meine diesfeltige Dienste zu anerbieten und ihn zu bitten, by dem Directorio diejenigen Schritte zu thun, welche zu Erziehlung meiner vatterländischen Endzwekke nothwendig syn mögen.“ (in: Stadtler, Bd. 2, S. 69) Dies schreibt Pestalozzi im Mai 1798, und es wird deutlich, worin er die Priorität für sein eigenes Handeln sieht: die Erziehung der armen Kinder.

Doch noch ist es nicht so weit. Zunächst einmal will die Regierung seine schriftstellerischen Fähigkeiten nutzen, um für die Revolution Propaganda zu machen. Pestalozzi verfaßt Flugschriften, in denen er die Bevölkerung der rebellischen Kantone im Sinne der Regierung aufklären will. Schließlich wird er leitender Redakteur des „Helvetischen Volksblatt“, einer regierungsamtlichen Zeitung, die der Bevölkerung die neue politische Situation nahe bringen soll. Pestalozzi schreibt für dieses Organ selbst Beiträge, die in ihrer absoluten Unterordnung unter die neue Regierung teilweise Peinlichkeit aufkommen lassen. Lange dauert diese Tätigkeit nicht, sein Redakteursdasein umfaßt sechs Wochen: von Mitte August bis Anfang Oktober 1798. Insbesondere an organisatorischen Fähigkeiten scheint es ihm gemangelt zu haben.

Im gleichen Monat, in dem er aus seiner Redakteurstätigkeit gedrängt wird, konkretisiert er den neuen Machthabern sein Erziehungsprojekt einer Armen- und Industrieschule. Von höchster Regierungsstelle erhält er hierfür grünes Licht. Daß es ausgerechnet Stanz wird, wo Johann Heinrich Pestalozzi seinen Erziehungsversuch durchführen kann, hat politische Ursachen: In dieser Gegend gibt es heftige bürgerkriegsähnliche Auseinandersetzungen, in die das französische Militär eingreift. Viele Menschenopfer sind zu beklagen, Waisenkinder zu versorgen, und der militärische Sieg ist durch Gewinnung der Meinung der Bevölkerung zu legitimieren. Pestalozzis Erziehungsunternehmen ist kein Rückzug in die pädagogische Provinz, sondern eine hochbrisante politische Mission. Daß er von der Regierung hierher geschickt wird, soll ein Zeichen der Versöhnung setzen, und es ist der Versuch einer demokratischen Umerziehung. Die Revolution kann nicht nur auf die Waffen setzen, sondern sie bedarf der Zustimmung der breiten Bevölkerungsmehrheit. Zu diesem Zweck diente vordem die schriftstellerische Tätigkeit Pestalozzis, jetzt soll der Weg über die Erziehung gegangen werden. Außerdem soll das Waisenhaus zu einer Musteranstalt werden, durch die Wege einer veränderten Erziehung erprobt werden, die sich auf andere Einrichtungen übertragen lassen.

Wir werden in Kapitel 7 auf die pädagogischen Grundsätze des Waisenhauses zurückkommen, so wie sie in dem „Stanzer Brief" von Pestalozzi festgehalten wurden, jetzt geht es darum, den biographischen Faden fortzuspinnen. Ganze sechs Monate dauert die Leitung des Stanzer Waisenhauses durch Pestalozzi: vom 7.12.1798 bis zum 7.6.1799. Er ist sich der lebensgeschichtlichen Bedeutung des Unternehmens für ihn selbst von Anfang an bewußt. Seine Ideen wurden bisher von den anderen verachtet, er galt als untüchtiger Mann, der das nicht realisieren konnte, was er sich selbst vornahm. Sicherlich war er gutwillig, aber auch unfähig. Jetzt will er es beweisen, mit seinen pädagogischen Ideen ist er nicht nur auf der Höhe der Zeit, sondern er ist ihr voraus; er baut nicht nur Luftschlösser ins Wolkenkuckucksheim, sondern er hat die Kraft, seine menschenfreundlichen Pläne in die Praxis umzusetzen. Beinahe 53 Jahre alt, stellt er sich der Herausforderung, für seine auf achtzig Köpfe anwachsende Kinderschar alle Aufgaben zu übernehmen.

Es gibt einen Bericht eines Außenstehenden über die damalige Zeit, bei dem allerdings zu berücksichtigen ist, daß er von einem Johann Heinrich Pestalozzi nicht freundlich gesonnenen Menschen geschrieben wurde. Zunächst notiert er über die „Vernachlässigung seines (Pestalozzis) Äussern“: „Es war nichts Seltenes, ihn auf den Strassen zu erblicken, wie er sich allenfalls im Innersten seiner Wohnung zu sein erlauben mochte; ohne Hut, im buschigen Haar, mehrtägigem Barte, eingetretenen oder ungebundenen Schuhen, herabfallenden Strümpfen, den Rock ungebürstet, verkehrt geknüpft usw.“ (in: Stadtler, Bd. 2, S. 86f) Über die Unterrichtsgestaltung heißt es dagegen positiv: „Als ich das erste Mal in das sogenannte Waisenhaus zu ihm kam, fand ich ihn in einem grossen Saale auf- und abgehend. An einem langen Tische, der den Saal füllte, sassen bei hundert Kinder, alle still beschäftigt und mit solcher Andacht und Lust bei ihrer Arbeit, dass sie kaum eine augenblickliche Neugier zu stillen, den Kopf nach mir umwandten. Die meisten mochten in einem Alter von vier bis zehn Jahren sein. Je drei sassen sie immer beisammen, das mittlere mit den Armen den Nacken der beiden kleinern Nachbarn umfassend und sie unterrichtend. Die Einen lernten Buchstaben, die Anderen Zahlen, die Einen rechneten, die Andern zeichneten Linien oder regelmässige Figuren. Pestalozzi spang von den Einen zu den Andern. Er war in seiner Freude.“ (in: Stadler, Bd. 2, S. 87)

Nach einem halben Jahr ist die Zeit in Stanz zu Ende. Das Gebäude des Waisenhauses muß als Lazarett für französische Soldaten genutzt werden, der größere Teil der Kinder geht zu den Eltern zurück, und die Restanstalt kommt an anderem Ort unter andere Leitung. Wie sehr sie der Inspiration durch Pestalozzi bedurft hätte, zeigt ihr rascher Niedergang, der drei Jahre später zur endgültigen Schließung führt. Stanz ist für Johann Heinrich Pestalozzi eine Zeit dichtester Erfahrung, er saugt sich wie ein Schwamm voll, und die kommenden fast dreißig Jahre seines Lebens sind Reflexion, Ausarbeitung, Modifikation und Variation dieses pädagogischen Urerlebnisses. Zuvor aber ist er erschöpft, ausgelaugt, sicherlich auch enttäuscht und traurig. Er erholt sich auf dem Gurnigel nahe Bern, bevor er als Lehrer in Burgdorf die nächste Etappe seines Lebens beginnt.

Burgdorf und Yverdon

„Das Allerbedeutendeste in den Ursachen ihres unausweichlichen Mißlingens (der Hoffnungen von Burgdorf und Yverdon) ist unser Unternehmen selber. Wir fiengen es an, ehe wir uns auch nur im
4 Traume dessen bewußt waren, was es seyn und werden sollte, sel-

ber ehe wir wußten, was wir eigentlich wollten. Unser Unternehmen an sich, wie es in Burgdorf entkeimnte, in Buchsee sich zu gestalten anfieng und in Iferten in abentheuerlicher Unförmigkeit mit sich selbst kämpfend und sich selbst gegenseitig zerstörend Wurzel zu fassen schien; dieses Unternehmen war an sich, in seiner planlosen Entstehung, auch unabhängend von meiner persönlichen Untüchtigkeit, unabhängend von der Heterogenität der Personen, die daran Theil nahmen, unabhängend von dem gegenseitigen Widerspruche der Mittel, durch die wir dasselbe zu erzielen suchten, selber unabhängend von dem Widerspruche, in dem es mit dem Routinegang der Erziehung und mit der Allgewalt des Zeitgeistes in Opposition stand, ein unausführbares Unding. Wenn wir alle unsere Fehler nicht gehabt hätten, wenn alle Umstände, die uns zuwider waren, nicht gewesen wären, ich sage sogar, wenn wir alle Gewalt, alle Geldmittel und alles Vertrauen besessen und uns auch in wissenschaftlicher Hinsicht nichts gemangelt hätte, was uns hierfür nach einzelnen Rücksichten nothwendig gewesen wäre, so hätte das Unternehmen, wie es in allen seinen Theilen zusammengekrüppelt entkeimen, wachsen, sich erhalten und zur Reifung bringen sollte, dennoch nothwendig scheitern müssen. Es war ein babylonischer Thurmbau, in welchem ein jeder seine eigene Sprache redete und keiner den andern verstand.“ (XXVIII/253f)

„Unstreitig waren dabey einzelne große Kräfte in unserer Mitte; aber eine Gemeinkraft für unsere Zwecke war nicht da.“ (XXVIII/254)

„die naturgemäßen Anknüpfungspunkte des unermeßlichen Guten, das wir suchten, waren in unserer Mitte nirgends da; hingegen die Trennungspunkte und Zerreißungsmittel des wenigen Guten, das wir wirklich besaßen, waren so belebt in unserer Mitte, daß sie wohl nirgends in der Welt auf eine beunruhigendere und sich selber gegenseitig zerstörendere Weise neben einander gefunden werden möchten.“ (XXVIII/255)

Die halbjährige Zwischenphase in Stanz ist vorüber, äußerlich nicht gerade ein Erfolg, aber sie bringt die entscheidende Weichenstellung im Leben Johann Heinrich Pestalozzis. Er bleibt seiner Berufsentscheidung als Erzieher treu und wird am 23. Juli 1799 Lehrer in der Stadt Burgdorf. Auch diese Karriere bleibt nicht frei von Schwierigkeiten. Seine erste Stelle ist die eines Hilfslehrers in der Hintersassenschule des Schusters und Schullehrers Samuel Dysli. Man muß sich die Szene vorstellen: der Schuster, der Schulemachen hält, wie es die Tradition vorschreibt und mit strenger Disziplin die große Kinderschar beherrscht, und daneben der bekannte, von einflußreichen Politikern und Persönlichkeiten geförderte Johann Heinrich Pestalozzi, dessen Kopf voll von Ideen ist, die Pädagogik auf ein neues Fundament zu stellen. Die Konstellation kann nicht gutgehen, auch die Eltern beschweren sich über den Neuerer, der seine Ideen lieber an Bürgerkindern ausprobieren soll. Johann Heinrich hat Glück, er kann bei einer anderen Lehrperson als Hilfskraft unterkommen, eine angeheiratete Verwandte seines Sohnes.

In dem Jahr der Jahrhundertwende wird schließlich die Zustimmung der Helvetischen Regierung erreicht, Pestalozzi das Burgdorfer Schloß zum Zwecke der Gründung eines Erziehungsinstituts zu überlassen. In kurzer Zeit gelingt ihm jetzt der Aufbau einer Einrichtung, die europaweit berühmt wird und Besucher von weither anlockt. Doch werfen wir zunächst einen kleinen Blick auf Johann Heinrich Pestalozzi als Lehrer. Einer seiner Mitarbeiter – Hermann Krüsi – hat rückblickend geschrieben: „Bei gewöhnlichen Prüfungen für Schulamtskandidaten wäre Pestalozzi wohl überall durchgefallen. Seine Aussprache war hart und in manchen Lauten unrein, seine gewöhnliche Schrift unleserlich, dass selbst geübte Kaufleute und Gelehrte sie nicht zu entziffern vermochten, seine Rechtschreibung theils veraltet, theils sonst mangelhaft und die Interpunktion blieb meistens ganz weg. Auf Grammatik nach dem gewöhnlichen Zuschnitt hielt er nicht viel, auch von Katechisationen versprach er sich nicht diejenigen Früchte, die man anderwärts davon erwartet ... In der Arithmetik kannte er die Zahlenoperationen im Allgemeinen, hätte aber kaum eine mehrziffrige Multiplikation oder Division zu Stande gebracht. Einen geometrischen Lehrsatz zu beweisen, hat er wohl in seinem Leben nie versucht. Von Zeichnen war nicht die Rede. An Pflanzen, Steinen und anderen Naturerzeugnissen fand er zwar ein grosses Vergnügen, sammelte aber, wie ein Kind, nur nach auffallenden Eigentümlichkeiten, ohne ihre Arten und Geschlechter zu kennen und dieselben nach wissenschaftlichen Merkmalen bestimmen zu können." (in: Stadler, Bd. 2, S. 110) Dies die negative Seite, die von der positiven jedoch mehr als wett gemacht wird: „Ob er auch von Vielem, was in der Schulwelt gang und gebe ist, keine Kunde nahm, so kannte er dagegen, was zahllosen Lehrern verborgen bleibt, den menschlichen Geist und die Gesetze seiner Entwicklung und Bildung, das menschliche Gemüt und die Mittel seiner Belebung und Veredlung, und schaute, was so Vielen nach ihrem eingeschlagenen Lebensgang ein verschlossenes Buch sein und bleiben muss, in tausend Tatsachen und Erfahrungen den Gang der Entwicklung des Menschengeschlechts. Dadurch ... wird es begreiflich, wie er, ungeachtet seines Zurückstehens in den Tageswissenschaften und Kunstfertigkeiten der gewöhnlichen Schulhalterei doch so kühn und sicher in das Räderwerk der Volkserziehung einzugreifen vermochte." (in: Stadler, Bd. 2, S. 110)

Je älter Pestalozzi wird, desto mehr zieht er sich von dem täglichen Schulehalten zurück und überläßt dies seinen Lehrern. Dies bedeutet nicht, daß er sich auf seine schriftstellerische Arbeit beschränkt, sondern er lebt gemeinsam mit den Lehrern und Schülern, hält Morgen- und Abendandachten, bespricht täglich mit den Mitarbeitern die konkreten praktischen Probleme. Sein Engagement gilt jetzt der Entwicklung der Methode der Elementarbildung, diese Idee wird ihn bis zu seinem Lebensende nicht mehr loslassen. Methode meint dabei nicht Unterrichtsmittel oder Tips und Tricks, wie ein Lehrer seine Schulklasse in den Griff bekommt, sondern sie meint die Grundfrage der Pädagogik: Wie läßt sich die natürliche Selbstentfaltung der kindlichen Kräfte mit der Erziehungskunst auf organische Weise verknüpfen (siehe hierzu insbesondere die Kapitel 8 und 11). Noch etwas ändert sich in Pestalozzis Leben. War er auf dem Neuhof eigentlich der isolierte, machmal einsame Schriftsteller gewesen, so ist er jetzt Mittelpunkt eines Kreises von jüngeren Lehrern, die er selbst ausgewählt hat oder die ihm durch Zufall oder auf Grund seiner zunehmenden Berühmtheit zufallen.

Das Erziehungsinstitut floriert, Waisenkinder aus der ganzen Schweiz werden ihm zugeführt, Besucherscharen kommen hierhin, so daß die Einrichtung für die Stadt Burgdorf zu einem touristischen Wirtschaftsfaktor wird (Stadler spricht in seiner Pestalozzibiographie von „einer Art von pädagogischem Weimar", Bd. 2, S. 183), und es gibt viele Stimmen, die sich öffentlich vernehmbar positiv äußern. In dieser Stimmung kann auch Frau Pestalozzi, die seit vier Jahren von ihrem Mann getrennt auf dem Neuhof oder in Zürich lebte, nach Burgdorf ziehen und den Enkel Gottlieb mitbringen. Die Dinge scheinen gut zu laufen, und auch eine von Pestalozzi gewünschte regierungsamtliche Überprüfung durch den Helvetischen Staat liefert positive Ergebnisse. Die Regierung faßt Beschlüsse, die auf eine finanzielle Förderung Pestalozzis hinauslaufen und ihm die Aufgabe der Lehrerausbildung auftragen. In dem Beschluß heißt es u.a.: „Die Erziehungsräthe werden von nun an bei der Besetzung von Schullehrerstellen auf diejenigen Candidaten, welche sich mit der Pestalozzischen Lehrart bekannt gemacht haben, besondere Rücksicht nehmen und denselben, wenn nicht überwiegende Gegengründe vorhanden sind, den Vorzug geben." (in: Stadler, Bd. 2, S. 218)

An dieser Stelle müssen wir einen Einschub machen, der uns nochmals Johann Heinrich Pestalozzi als Politiker zeigt. In der zweiten Jahreshälfte überschlagen sich die Ereignisse: der einheitliche helvetische Staat droht zugunsten eines Sieges der föderalistischen Kräfte unterzugehen, die Truppen Frankreichs besetzen erneut die Schweiz, und Napoleon befielt, eine Gruppe von Beratern nach Paris zu schicken, damit dort über die Verfassung der Schweiz entschieden würde. Einer der Schweizer Delegierten ist Johann Heinrich Pestalozzi, der von seiner Heimatstadt Zürich gewählt wird. Pestalozzi reist nach Frankreich, aber wirklichen Einfluß scheint er selbst innerhalb der Schweizer Gruppe nicht gehabt zu haben, seine „Unbehülflichkeit" in politischem Verhandlungsgeschick steht ihm hier entgegen. Insgesamt ist die Mitbestimmung der Schweiz bezüglich ihres eigenen Schicksals gering, Frankreich entscheidet diktatorisch. Ergebnis ist eine weitgehende Restaurierung der Verhältnisse vor der Revolutionszeit, die Helvetische Regierung hat keine Macht mehr.

Pestalozzi betrifft die Entwicklung nicht nur in seiner Funktion als mitgereister Berater, sondern der erneute Machtwechsel hat unmittelbare und negative Auswirkungen auf sein Erziehungsinstitut in Burgdorf. Die Versprechungen der vormaligen Regierung werden nicht eingehalten, vielmehr ist es jetzt jedem Kanton freigestellt, das Unternehmen zu unterstützern oder auch nicht. Unmittelbar härter treffen Pestalozzi die Ansprüche auf das Gebäude Schloß Burgdorf. Dieses gehört nun nicht mehr dem Schweizer Nationalstaat, sondern dem Kanton Bern, der seinen örtlichen Oberamtmann dort standesgemäß unterbringen will. Es kommt zu zähen Verhandlungen, alles läßt sich nicht so einfach durchsetzen, hat Pestalozzis Institut in der Zwischenzeit doch Publizität und Anerkennung geerntet. Doch das Ergebnis ist eindeutig: Zum 1. Juli 1804 muß Pestalozzi das Gebäude räumen, und mit dem schlechteren Schloß Münchenbuchsee wird eine unattraktivere Alternative für die Kinder und Lehrer angeboten, dazu wird das neue Domizil noch mit einer jährlichen Kündigungsfrist seitens der Berner Regierung versehen. Es ist das zweite Mal in kurzer Zeit, daß nach Stanz äußere Faktoren Pestalozzi zum Auszug zwingen, und dieses Mal trifft es ein Institut, das sich im Aufwind befindet. Deprimiert verläßt Johann Heinrich Pestalozzi Burgdorf, seine Frau begleitet ihn nicht nach Münchenbuchsee, sondern zieht sich wieder auf den Neuhof zurück.

Münchenbuchsee ist ein einjähriges Zwischenspiel, und ein ziemlich trauriges zudem, bevor Pestalozzi seinen Lebensfaden in Yverdon weiterspinnen wird. Man verspricht ihm zu helfen, indem man ihm, der praktisch-organisatorisch nicht gerade begabt ist, die ökonomische Leitung seines Instituts abnimmt. Ein Vertrag wird geschlossen, und Pestalozzi muß rasch erkennen, daß er faktisch vollkommen entmachtet worden ist. Er mag schriftstellernd theoretisieren, nur zu sagen, auch in pädagogischen Fragen, hat er nichts mehr. Resigniert zieht sich Pestalozzi zurück, dann beginnt er noch einmal zu kämpfen, doch als dies keinen Sinn hat, versucht er es an anderer Stelle ein neues Institut aufzubauen. Jetzt entbrennt ein heftiger Streit um die Lehrer und Schüler, den Pestalozzi zu seinen Gunsten entscheidet, da die Lehrerschaft geschlossen hinter ihm steht. Der Vertrag um Schloß Münchenbuchsee wird nach dem einen Jahr nicht verlängert, und Pestalozzi zieht gemeinsam mit den Lehrern und Schülern nach Yverdon.

Pestalozzi kann in Yverdon an seine Erfolge von Burgdorf anknüpfen. Stetig steigt die Zahl der Schüler. 1805 sind es 20, ein Jahr später 80, nochmals zwei Jahre danach 134. Im Jahr des äußeren Höhepunktes, 1809, besuchen 165 Schüler das Institut, eine Zahl, die schon aus organisatorischen und ökonomischen Gründen die Obergrenze bildet. Auch die Zahl der Lehrkräfte steigt: Waren es anfangs nur die Getreuen, die den Umzug von Münchenbuchsee nach Yverdon mitmachten, so sind es 20 Lehrer im Jahr 1807 und zwei Jahre später 31. Hinzu kommt noch eine schwankende Zahl von Praktikanten, die sich in der Methode Pestalozzis ausbilden lassen wollen. Ihre Größenordnung wird zwischen 11 und 32 angegeben. Bei der Relation Schüler zu Lehrern von ca. 5:1 im Jahr 1809 ist allerdings zu bedenken, daß die Erzieher einen Dienst rund um die Uhr abdecken müssen – sogar die Brandwache des Nachts zählt zu den Aufgaben –, und die Zahl der täglichen Unterrichtsstunden ist beträchtlich: Von morgens früh bis abends spät ist die Zeit der Schüler und Lehrer mit geplanten Aktivitäten angefüllt. Der Erfolg Pestalozzis zeigt sich auch darin, daß bereits 1806 ein Töchterinstitut in Yverdon gegründet wird. Wieder sind es Besucherscharen, die zum Schloß pilgern, um die neue Pädagogik zu erleben, um sich in ihr ausbilden zu lassen, oder um einfach den Meister aus der Nähe zu sehen – obwohl hier immer wieder sein liederliches Äußeres auf den ersten Blick abstoßend wirkt, und Mitarbeiter dafür sorgen müssen, ihn für den Empfang von höhergestellten Persönlichkeiten auszustatten.

Pestalozzis Tätigkeit ist nicht mehr die des täglichen Schulehaltens – er befindet sich ja in einem Alter, in dem Lehrer heutzutage ihre Pension erhalten –, sondern die des Organisators, der einen großen Betrieb zusammenhalten muß, des Propagandisten, der die „Methode“ als Markenartikel nach Außen verkauft, und die des Multiplikators. In täglichen Besprechungsrunden der Lehrer, Besucher und Praktikanten, die des Abends stattfinden, werden pädagogische Probleme diskutiert, Schwierigkeiten einzelner Kinder besprochen, Perspektiven für die konzeptionelle Weiterentwicklung entfaltet. Johann Heinrich Pestalozzi ist das Herz eines sich zunehmend ausweitenden Kreises, der Yverdon als Ausgangspunkt hat, aber auf eine Veränderung der pädagogischen Verhältnisse insgesamt zielt. Diesem multiplikatorischen Zweck dient auch die „Schweizer Gesellschaft für Erziehung“, die 1808 in Lenzburg gegründet wird, und deren Präsident Pestalozzi ist.

In kurzer Zeit hat sich die Lage also wieder stabilisiert, und Frau Pestalozzi kann erneut zu ihrem Mann ziehen. Acht Jahre wird sie noch hier leben, bis sie am 11.12.1815 stirbt. Mit zwei Zitaten soll die Beziehung der Eheleute Pestalozzi angedeutet sein. Das erste stammt von Anna, die 1803 einmal dem Tod in die Augen geschaut hatte, und folgende „Abschiedsworte“ an ihren Mann richtet: „Lieber teurer Gatte! Du hast eine treue Gattin gehabt, die neben allen ihren Fehlern keine Absicht hatte, als Dich und unser Haus glücklich zu machen. Ich wollte im Kleinen uns und unser Kind so mit Ehren durch die Welt bringen; – deine Pläne gingen weiter und Gott half und wird ferner helfen.“ (In: Pestalozzis Burgdorfer Zeit, S. 81) Ein Jahr nach ihrem Tod, im Dezember 1816 sagt Johann Heinrich Pestalozzi in der Gedenkrede auf seine Frau: „Sie hat mich in Armuth und Verachtung, im ganzen Mangel der feinen Bildung, in der sie erzogen worden, geheurathet. ... Wir sanken in Armuth und Ellend; sie trug Armuth und Ellend mit mir mit Gedult und innerer Erhabenheit. ... Sie hatte, sie kandte keine Ehre mehr für sich, nur meine Ehre war ihre Ehre, nur mein Glük war ihr Glük. Nur mein Ellend, nur mein Scheitern machte sie elend ... Selige, Heilige, blik auf mich herab von den Höhen! ... Edle teure Seele, wie ein Hirsch nach frischen Wassern, also schreit meine Seele nach Dir! Ja, ich hoffe zu Dir zu komen, ich hoffe bald zu komen. Dieser Glauben, daß Du mir nah seyest und das Innere meines Herzens erkenst, wie Du auf Erden es erkantest, dieser Glauben erhebt mich zum hohen (Ziel), Deiner würdig zu leben bis an mein Grab; sey es fehrne oder nahe, ich will Deiner würdig leben bis an mein Grab!“ (XXIVB/81f)

Zurück zu Pestalozzis Lebenswerk. Wir sahen ihn als erfolgreichen, internationales Ansehen genießenden Institutsleiter einer großen Einrichtung. Doch das ist eine der Tragiken seines Lebens: Sein eigentliches Bestreben ist es, für die armen Menschen zu wirken, eine Erziehungsarbeit für deren Kinder zu leisten, damit sie selbständig und selbstbewußt ihr Leben gestalten können; aber er macht Karriere als Vorsteher einer Schule und eines Internats, in dem vor allem die Kinder reicher und einflußreicher Personen erzogen werden. Auch in dieser Zeit läßt ihn die Idee, eine Armenerziehungsanstalt zu realisieren, nicht los. Ab 1807 entwickelt er diesbezügliche Pläne, die sich jedoch nicht realisieren lassen. Erst elf Jahre später kann er in Clindy, nahe Yverdon, eine entsprechende Einrichtung gründen, auch indem er eigenes Geld, das er durch Honorarvorschüsse auf die Herausgabe seiner gesammelten Schriften bezieht, zuschießt. Nur sechs Jungen und sechs Mädchen sind es am Anfang, doch ihre Zahl steigt schnell auf 30 an. Damit ist Pestalozzi jedoch finanziell überfordert, und die Anstalt in Clindy muß als eigenständige Einrichtung aufgegeben werden. Die Kinder erhalten die Möglichkeit, auf das Schloß in Yverdon umzuziehen. Noch bis zu seinem Tode wird Johann Heinrich Pestalozzi die Hoffnung nicht aufgeben, auf dem Neuhof seine wichtigste Idee, armen Kindern zu einer richtigen Erziehung zu verhelfen, in die Tat umzusetzen, auch wenn dieses Vorhaben zu seinen Lebzeiten nicht wirklich gelingt.

Je länger die Zeit in Yverdon dauert, desto schwieriger wird es, den großen Erfolg des Instituts festzuhalten. Bis Pestalozzi 1825 Yverdon verlassen wird, zeichnet sich ein zunehmender Niedergang ab. Zunächst sind es finanzielle Probleme, die Pestalozzi sein Leben lang begleitet haben und die auch hier wieder auftreten. Wieder hilft ihm seine Frau aus der Verlegenheit, und die ihm beigegebenen ökonomischen Berater tun ihr übriges, um durch Erhöhung der von den Eltern der Schüler zu entrichtenden Beiträge und Reduzierung der Zahl der nicht zahlenden armen Kinder eine wirtschaftliche Konsolidierung herbeizuführen.

Noch tiefgreifender als die ökonomischen Probleme wirkt der zwischen den Lehrern des Instituts auftretende Streit untereinander, der letzlich zu dessen Auflösung führen wird. Für uns heute sind die Namen der Akteure und ihre Handlungsstrategien relativ unwichtig, ein oft kleinkariertes Gezänk, bei dem es vor allem um die Nachfolgeregelung des jetzt alternden Meisters geht. Die beiden Hauptantipoden sind Joseph Schmid und Johannes Niederer. Der erste ist österreichischer Staatsbürger. Als junger Bursche kam er zu Pestalozzis Burgdorfer Institut und stieg dort schnell – als Fachmann für Mathematik – vom Hilfs- zum Hauptlehrer auf. Ihm vertraut Johann Heinrich Pestalozzi bis zu seinem Tode voll und ganz, weil er auf dessen organisatorisch-ökonomische Kompetenz angewiesen ist und weil er im zunehmenden Streit der letzten Jahre in ihm den einzig redlichen „Sohn" sieht. Schmid muß einer der Menschen gewesen sein, die überaus tüchtig und institutionell erfolgreich, eine menschliche Sensibilität vermissen lassen, so daß sie mit ihrer Härte ihr gutes Werk selbst zerstören. Sein Gegenspieler, Johannes Niederer, Pfarrer von Beruf und schon seit Burgdorfer Zeiten Lehrer bei Pestalozzi, ist diesem zunächst hingebungsvoll ergeben. Mit Hilfe seiner an der Universität erworbenen philosophischen Bildung bearbeitet er die Ideen Pestalozzis, der immer seinen Weg abseits akademischer Diskussionszirkel gegangen ist. Auch bei Niederer können wir einen typisch menschlichen Zug entdecken: Die gläubigste Anhängerschaft verwandelt sich schnell in rivalisierenden Haß, wenn der erwachsen werdende Bewunderer nicht die Aufmerksamkeit des Meisters erhält, von der er meint, daß sie ihm gebüre.

Wir ersparen uns hier die Darstellung der einzelnen Kampfesetappen, die den heutigen Leser nur anwidern oder langweilen können. Der Streit wird zunehmend heftiger, bis der Pfarrer Niederer schließlich im Pfingstgottesdienst 1817 von der Kanzel herab seinen Ausstieg aus Pestalozzis Institut erklärt. Es folgen gerichtliche Auseinandersetzungen, in denen es oberflächlich um finanzielle Forderungen geht, letztlich aber um viel verletzte Eitelkeit. Pestalozzi treffen die Auseinandersetzungen persönlich in starkem Maße, verstärkt dadurch, daß er nach dem Tod seiner Frau alleine dasteht, er erkrankt depressiv und erholt sich nur langsam. Hinzu kommt, daß der Streit nach außen dringt. Das Pestalozzische Institut wird verleumdet, so daß die Schülerzahlen sinken. Die Anerkennung, die das Institut so überreich genoß, läßt nach, auch wenn in dem entscheidenden Jahr 1817 Pestalozzi noch die Ehrendoktorwürde der Universität Breslau verliehen wird.

Pestalozzi ist ein alter Mann, es läßt sich nicht mehr leugnen. Er hat nicht mehr die Kraft, aus sich heraus klare Entscheidungen zu treffen, die aus der Krise herausführen könnten. Es endet damit, daß 1824 die schweizerischen Behörden Joseph Schmid als Österreicher ausweisen. Jetzt wird Johann Heinrich Pestalozzi, ein Mann von 78 Jahren, ohne einen Vertrauten dastehen. Er kann deshalb nicht anders, als selbst Yverdon zu verlassen, ein Kapitel, das wieder nicht ohne gerichtliche Auseinandersetzung zwischen der Stadt und Pestalozzi, wegen finanzieller Angelegenheiten, abgeht.

Lebensabend

„Es ist jetzt überstanden, und so wie ich gegenwärtig, nach vollendeter einstweiliger Auflösung meiner Anstalten in Iferten mit Demuth, Ergebung und Glauben einen physischen, häuslichen und bürgerlichen Ruhepunkt auf dem Gute meines Sohnsohns im Aargau gesucht habe, so suche ich in literarischer und pädagogischer Hinsicht auch einen Ruhepunkt, und frage mich in eben dieser Stimmung: Ist dann der Zweck meines Lebens wirklich verloren gegangen? Ich fasse den Umfang und die Natur meiner Lebensbestrebungen noch einmal ins Auge. Ich habe das Vergangene, ich habe das, was hinter mir ist, in mir selbst überwunden. Der Herr hat geholfen; er, der das zerkleckte Rohr nicht zerbricht und den glimmenden Docht nicht auslöscht, wird ferner helfen. Ein Gefühl innerer Erhebung ergreift mich. Gerührt wie in der Stunde der erhebendsten Andacht, spreche ich aus und danke es Gott: der Zweck meines Lebens ist nicht verloren gegangen. Nein, meine Anstalt, wie sie in Burgdorf gleichsam aus dem Chaos hervorgieng und in Iferten in namenlosen Unförmlichkeiten gestaltete, ist nicht der Zweck meines Lebens. Nein, nein, beyde sind in ihren auffallendsten Erscheinungen Resultate meiner Individual-Schwächen, durch welche das Äußere meiner Lebens-Bestrebungen, meine vielseitigen Versuche und Anstalten sich selber untergraben und ihrem Ruin entgegengehen mußten. Meine Anstalten und alle äußere Erscheinungen ihrer Versuche sind nicht meine Lebens-Bestrebungen. Diese haben sich im Innern meiner selbst immer lebendig erhalten und sich auch äußerlich in hundert und hundert gerathenen Resultaten ihres innern Wesens in der ganzen Wahrheit ihrer ewig bleibenden Segens-Fundamente erprobt.“ (XXVIII/251)

„Das Wesen meiner Bestrebungen und der Mittelpunkt meiner Kraft bestand von jeher in dem in mir auf eine seltene Weise belebten Naturtrieb, den Volksunterricht in seinen wesentlichen Theilen und vorzüglich in seinen Anfangspunkten zu vereinfachen.“ (XXVIII/256)

Knapp zwei Jahre verbleiben Johann Heinrich Pestalozzi noch bis zu seinem Tod, eine zu kurze Zeit für einen wirklich geruhsamen und wohlverdienten Lebensabend, zumal er in diesen Jahren einerseits die heftigen Nachwehen des Yverdoner Streites spürt und andererseits seine Kräfte für letzte, herausgehobene schriftstellerische Leistungen sammelt. Beginnen wir mit dem zweiten.

1825, dem Jahr, in dem Pestalozzi Yverdon verläßt, wird ihm noch eine besondere Ehrung zuteil. Er wird als nächstjähriger Präsident der angesehenen Helvetischen Gesellschaft gewählt, und er nimmt diese Aufgabe an, indem er eine dreistündige Rede verfaßt, die die Probleme der aufkommenden industriellen Revolution reflektiert. Er ist zwar im Saal präsent, kann den Vortrag jedoch nicht mehr selbst verlesen, doch Rührung kommt angesichts des Beifalls der versammelten Honoratioren auf. 1826 schließt er noch den „Schwanengesang“ ab, eine persönliche und inhaltliche Zusammenfassung seines Lebens und seiner Ideen und gleichzeitig ein Vermächtnis für die Nachwelt. Im elften Kapitel dieses Buches kommen wir auf diesen Text zurück.

Überschattet werden die beiden letzten Jahre, in denen Pestalozzi bei seinem Enkel und dessen Frau auf dem Neuhof lebt, durch die publizistische Fortführung des Streites mit seinen ehemaligen Schülern, die zu Feinden geworden sind. Nachdem Pestalozzi ein Buch verfaßt hatte, in dem er die Burgdorfer und Yverdoner Zeit aus seiner Sicht erzählt, und in dem er den ihm verbliebenen Joseph Schmid in den Himmel lobt, fühlt sich dessen Rivale Niederer herausgefordert. Um seine Verletzungen zu überwinden, motiviert er eine eher beiläufige Gestalt, ein Buch über Pestalozzi zu schreiben, das diesen im äußerst negativen Licht erscheinen läßt. Vor allem seine angeblich antichristliche Haltung wird herausgestellt, ein nicht unbedeutender Vorwurf in einer Zeit, in der die politische Reaktion herrschte. Johann Heinrich Pestalozzi fühlt sich verleumdet, und er versucht bis er auf dem Totenbett liegt, eine rechtfertigende Erwiderung zu schreiben.

Es ist zu spät. Der Körper ist ausgelaugt. Am 15.2.1827 wird er von seinem Enkel und dessen Frau in einem Schlitten zu der wenige Kilometer vom Neuhof entfernten Stadt Brugg gefahren, damit er in der dortigen Pension unter näherer Aufsicht des Arztes stehe. Zwei Tage später stirbt Johann Heinrich Pestalozzi. Der Arzt wird berichten: „Auf den Abend schon ward es ruhiger mit ihm; er schloss seine Augen zur Hälfte, öffnete auf gleiche Weise den Mund, las leise Flocken auf der Bettdecke und bewegte ohne Unterlass aber ohne Laut, Zunge und Lippen, wohl eher mit seinen Lieblingen, den Kleinen, für die Er lebte, als mit sich selbst beschäftigt. Er nahm nichts mehr an. So verging die Nacht. Am Morgen ward er noch einmal unruhig, zog dann, als ob er fröre, die Bettdecke stark an sich; der Puls und die Athemzüge wurden seltener; zuletzt schloß Er die Augen; und die letzte Spur einer waltenden Psyche war verschwunden." (in: Stadler, Bd. 2, S. 579)

Die abschließenden Sätze seiner „Letzten Willenserklärung" lauten: „Möge der Friede, zu dem ich eingehe, auch meine Feinde zum Frieden führen! Auf jeden Fall verzeihe ich ihnen. Meine Freunde segne ich und hoffe, daß sie in Liebe des Vollendeten gedenken und seine Lebenszwecke auch nach seinem Tode noch nach ihren besten Kräften fördern werden." (XXVIII/379)

„Mensch, dein innerer Sinn
ist dir sicherer Leitstern der
Wahrheit und deiner Pflicht“
(I/274)

2. Der Anfang: „Der Mensch, so wie er auf dem Throne und im Schatten des Laubdaches sich gleich ist“ – Die Abendstunde eines Einsiedlers

2.1. Zusammenfassende Beschreibung

Grundsätzliche Fragen

Wenn man traurig ist, nicht so eine Traurigkeit, die in ein paar Stunden oder am nächsten Tag verflogen ist, sondern eine richtige, für längere Zeit anhaltende Traurigkeit, dann steht man vor zwei Alternativen: Man kann in seiner Depression versinken, immer tiefer hineinfallen und nur hoffen, einen lieben Menschen zu finden, der einen wieder auf bessere Gedanken bringt. Oder man fängt an, sich eine neue Lebensplattform zu schaffen, indem man sich grundsätzliche Fragen stellt, und indem man über diese grundsätzlichen Fragen nachdenkt, mag sich auch die Traurigkeit verlieren. Solche Fragen mögen sein: Wer bin ich? Wie bin ich so geworden, wie ich bin? Was ist eigentlich das Ziel und der Sinn meines Lebens? Bin ich so verschieden von all meinen Mitmenschen, daß da eine nicht zu überbrückende Kluft klafft? Wie kann ich mich selbst und vielleicht auch einen anderen verstehen? Wie muß die Gesellschaft gestaltet sein, damit alle Menschen zu ihrem Recht finden? Gibt es einen Gott? Wie finde ich ihn? – Das ist ein ganzes Programm an Fragen, für die ein Menschenleben nicht ausreicht, sie zu beantworten, und doch stellen wir sie uns – gerade in Phasen größerer Traurigkeit.

Johann Heinrich Pestalozzi muß in solch einer Phase tieferer Traurigkeit gewesen sein. Der erste Lebensplan, als Bauer tätig zu werden, war kräftig daneben gegangen, und auch das nächste Ziel, durch eine Armenbeschäftigungs- und -erziehungsanstalt wirtschaftlich überleben zu können, ließ sich nicht realisieren. Die Ehefrau und der einzige Sohn waren häufig nicht bei ihm, sondern bei einer nahen Freundin untergebracht. Man mag sich Pestalozzi vorstellen als einen einsamen Mann, der in einem viel zu großen Haus sitzt, nicht wissend, was morgen aus ihm und aus seinem Leben werden mag. Da lag es nahe, sich diese grundsätzlichen Fragen zu stellen, wer man selber sei, worin eine Perspektive für das eigene Leben und das der Familie liege. Bei der Beschreibung der Biographie Johann Heinrich Pestalozzis haben wir schon hervorgehoben, daß seine Größe vor allem darin liegt, in seinem Scheitern, in Phasen von Depression nicht unterzugehen, nicht zu versinken, sondern durch Reflexion nach vorne zu schauen. So auch hier auf dem Neuhof: Johann Heinrich Pestalozzi entwirft mit der „Abendstunde eines Einsiedlers“ ein Programm, in dem er danach fragt, was für ein Menschenleben wichtig und wesentlich und was nebensächlich und gefährlich sei. Dieses Programm wird ihn den nächsten Schritt weisen – er wird seinen Roman (Lienhard und Gertrud, siehe das nächste Kapitel) schreiben können –, und es bildet das Fundament des weiteren 45jährigen Nachdenkens, Schreibens und Handelns.

Johann Heinrich Pestalozzi ist 36 Jahre alt, als „Die Abendstunde eines Einsiedlers“ erscheint. Der Titel klingt lyrisch, traurig, weil einsam, und ein wenig verfrüht für einen Mann im besten Alter, der noch weit mehr als das Doppelte seiner bisherigen Lebenszeit vor sich hat. Die Überschrift erklärt sich aus der geschilderten Situation, und die Arbeit ist geschrieben in der Hoffnung, einen sicheren Faden für den nächsten Tag nach der „Abendstunde“ zu gewinnen. „Die Abendstunde eines Einsiedlers“ ist die Ouvertüre der Schriften Pestalozzis. Hier klingen viele Themen als Motive an, die in seinem weiteren Lebenswerk breiter und tiefer durchkomponiert werden: das Menschenbild, die Kritik an der bestehenden Gesellschaft und die Vorstellung einer gerechteren Welt, die Beziehung des Menschen zu Gott, die Bedeutung der richtigen Erziehung für die Entwicklung des Menschen, die Hervorhebung der nahen, vertrauten Welt, des Konkreten, der Anschauung, während „die irrende Menschheit“ in „ferne Weiten wallet“ (I/272). Die einzelnen Akkorde der Ouvertüre sind kraftvoll: kurze Sätze, knappe Abschnitte, die gerade am Anfang in einer nur schwer zu erkennenden Reihenfolge stehen. Die Worte klingen wie herausgepreßt, nicht das Ergebnis systematischen Nachdenkens, sondern die Gedanken müssen sich dem Kopf Johann Heinrich Pestalozzis mit Macht von selbst aufgedrängt haben.

Das Wohlergehen des Menschen

Um die Schrift verstehen zu können, ist es notwendig, sich ihre gedankliche Struktur vor Augen zu führen. Diese kann durch zwei Stichworte veranschaulicht werden: „konzentrische Kreise" und „hierarchische Vater-Kind-Beziehung". Mittelpunkt ist die „Individualbestimmung" des einzelnen Menschen, es geht um sein rechtes Wohlergehen. Um den einzelnen Menschen herum ist seine nahe, ihm vertraute Welt, die Familie, umlagert wiederum von zwei weiteren Kreisen: der Berufswelt und den gesellschaftlich-politischen Verhältnissen. Zu diesen drei äußeren Kreisen gesellt sich noch ein innerer, der die tiefste Schicht des Ichs bildet: die Beziehung des Menschen zu Gott. Der Menschheit wird es wohlergehen, wenn für alle Menschen die konzentrischen Kreise in richtiger Weise um den Mittelpunkt des jeweils eigenen Ichs angeordnet sind. Hinzu kommt die Heraushebung der Vater-Kind-Beziehung: Die Strukturen in der Familie, die Einrichtungen der Gesellschaft und das Verhältnis des Menschen zu Gott werden gedacht in Analogie zur Beziehung Vater-Kind. Wie diese gestaltet sein müssen, damit es dem Menschen wohlergeht, werden wir weiter unten beschreiben.

Die Frage, was der Mensch sei, ist zuerst die Frage nach dem Ziel des menschlichen Lebens, nach dem, was Sinn und Bedeutung gibt. Die Antworten Pestalozzis liegen alle auf einer Ebene: Um glücklich zu sein, bedarf der Mensch der „inneren Ruhe" und des „stillen Genießens". Nicht in dem Sich-Verlieren in der Welt, nicht in äußerem Ruhm, im Erfolg oder materiellem Überfluß und nicht in der Macht über andere liegt das Ziel des Lebens, sondern in dem Sich-selber-Finden, Zu-sich-selbst-Gelangen. Aufgabe des Menschen ist es, ein „Gleichgewicht" herzustellen, und dieses Gleichgewicht muß man sich auf sehr verschiedenen Ebenen denken: zwischen seinen Bedürfnissen und ihrer Befriedigung, zwischen dem Fühlen und dem Denken, zwischen der Vergangenheit und der Gegenwart, als Harmonie zwischen den Familienmitgliedern, als gerechte soziale, wirtschaftliche und politische Ordnung, als Friede zwischen Gott und dem Menschen. Der Mensch wird sein Gleichgewicht finden, wenn er den Hauptgedanken Pestalozzis im Auge behält: Einfachheit. Verlasse ich diese Einfachheit – will ich mehr als ich kann, strebe ich hinaus in nicht verstehbare Weiten, suche ich Zerstreuung in Äußerlichkeiten –, dann stehe ich in der Gefahr, mich selber zu verlieren.

Man darf sich das Glück des Menschen nicht statisch vorstellen: als Zustand, der erreicht und festgehalten werden kann, sondern man muß seine Prozeßhaftigkeit betonen. Pestalozzi spricht deshalb von „Menschenbildung“. Und man darf Pestalozzis Zielbestimmung nicht als passives Erdulden oder als Rückzug in die Innerlichkeit verstehen, die einem so aktiven Menschen wie Pestalozzi fernläge. Sondern in dem Sich-selber-Finden liegt die Kraftquelle, seine Alltagswelt in rechter Weise gestalten und seine Rolle als Wirtschafts- und Staatsbürger zum Wohle aller ausfüllen zu können.

Das hier Beschriebene wird heute mit dem Begriff der „Ich-Identität“ bezeichnet: identisch bleiben mit seiner Vergangenheit und mit seinen möglichen Zukunftsentwürfen, identisch bleiben mit den Erwartungen, die andere an einen haben, und diese doch ausbalancieren können mit dem eigenen Selbst. Auch Identität ist kein Produkt, das sich herstellen und festhalten läßt, sondern ein Prozeß der Identitätsbildung, zu dem die Erziehung ihren wichtigen Beitrag leistet, wenngleich Identität nicht für einen anderen gemacht werden kann, sondern von jedem einzelnen selbst als Aufgabe angegangen werden muß.

Das Zu-sich-selbst-Gelangen bezeichnet Pestalozzi als „Wahrheit“, und der Sinn menschlichen Lebens kann so beschrieben werden als ein Bemühen, Wahrheit über sich selbst, seine Beziehung zu seinen Mitmenschen, seine Stellung in der Gesellschaft, sein Verhältnis zu Gott zu gewinnen. Charakterisierungen der wirklichen Wahrheit sind: „einfach“, „fest hinsehend“, „kraftvoll“, „sicher und allgemein zu nutzen“, „offen“, „leicht“, „heiter“. Um zu verstehen, was Pestalozzi mit Wahrheit meint, ist es hilfreich, sie von ihrem Gegenbild abzuheben, dem „Wissen“, insbesondere dem „Schulwissen“: Man meint, etwas zu kennen, weil man gelernt hat, vielerlei Wörter über alles Mögliche auszusprechen, doch in Wirklichkeit versteht man nichts. Die Wörter sind „Schall“, ein leerer Klang. Um wirklich Wahrheit erlangen zu können, muß das Wort verbunden werden mit einer realen, bedeutsamen Erfahrung. In der Schule lernen Kinder über Vielerlei zu schwätzen (Pestalozzi spricht vom „zerstreuten Gewirr des Vielwissens“), wichtig wäre es aber, sich auf das Wesentliche zu beziehen. Dies bedeutet nicht, daß Pestalozzi die Bildung der Kinder als unwichtig ansähe, vielmehr wendet er sich gegen die „finstere Unwissenheit“, in der gerade die Kinder der Armen gehalten werden. Es geht vielmehr um richtiges Schulehalten und richtige Erziehung, und diese besteht in der Anbahnung von Wahrheit, d.h. in der Vermittlung des Wissens, das für das Kind in seiner gegenwärtigen Situation und für die Gestaltung seiner Zukunft bedeutsam ist. Bildung und Wissen müssen auf konkreter, lebendiger Erfahrung basieren und auf sinnvolles Handeln hinzielen.

Wie findet sich aber der Mensch, wie wird er zur Wahrheit gebildet? Hier kommt nun jenes Wort ins Spiel, das uns in den folgenden Kapiteln noch des öfteren beschäftigen wird: „Natur". Eigentlich wäre alles ganz einfach: Der Mensch hat die Wahrheit im „Innersten seiner Natur". Wenn er der „Bahn der Natur" folgt, dann wird er sich selbst finden, wissen, wer er ist und was er soll, er wird Gott in sich finden und den Weg zu gerechten sozialen und politischen Verhältnissen. Nur dadurch, daß der Mensch und die Menschheit von der „Bahn der Natur" abgekommen sind, haben sie sich selbst verloren, so wie sie Gott verlassen haben und die Gesellschaft in schlechter und ungerechter Weise gestalten. Allein das Zurückkehren zur Natur des Menschen gibt Hoffnung.

Konzentrische Kreise

Auf die Kennzeichnung des schillernden Begriffs der „Natur" wird später noch ausführlicher zurückzukommen sein, hier soll er durch die Charakterisierung der zwei konzentrischen Außenkreise – der Alltagswelt und der politischen Ordnung – und des Innenkreises – der Beziehung des Menschen zu Gott – konkretisiert werden.

Sich selber finden, sich zu sich selbst heraufbilden meint nicht, sich von den Mitmenschen abzusondern. Der Mensch ist nicht in sich abgeschlossen, sondern er ist soziales Wesen, das zu sich selbst nur in Beziehung durch andere findet. Die von der „Natur" vorgegebene Ordnung ist einzuhalten; auch hier gilt das Prinzip der „Nähe", weshalb die entwicklungsmäßig ersten Verhältnisse, in die ein Kind hineingeboren wird, seine Familie, herausgehoben werden. Indem das Kind von den Eltern liebevoll versorgt wird, baut sich in ihm das Gefühl des Dankes auf. Aber auch und gerade hier gilt: Nicht durch wortreiche Erklärung wird das Kind erzogen, sondern durch das Erleben des rechten „Vatersinns", durch das Spüren der Befriedigung seiner primären Bedürfnisse. Auch für die kognitive Entwicklung des Kindes ist die vertraute, häusliche Welt wichtig, weil es durch ihre Beobachtung sinnhafte Anschauung gewinnt. Nicht nur für das Kind, sondern auch für den Erwachsenen ist die Alltagswelt der Familie das Entscheidende, ihr haben sich der Beruf und die Politik unterzuordnen. In der Familie erfahren sich auch die Erwachsenen als ganze Menschen, hier werden sie nicht eingeschränkt auf ihr Funktionieren im Erwerbsleben und in der gesellschaftlichen Auseinandersetzung.

Den äußerlich weitesten Kreis des Politischen beschreibt Pestalozzi in der „Abendstunde eines Einsiedlers" in patriarchalischer

Weise. Wir werden später die Weiterentwicklung seiner diesbezüglichen Gedanken verfolgen, hier befinden wir uns an dem Anfangspunkt. Die politisch entscheidende Frage ist die nach der Gleichheit oder Ungleichheit der Menschen und damit das Problem des richtigen Gebrauchs der Macht. Zunächst gilt für Pestalozzi: Das Wesen des Menschen ist überall gleich. Anthropologisch gibt es zwischen dem mächtigsten Mann und dem ärmsten Menschen keinen Unterschied, weil die „Bahn der Natur“ immer die gleiche ist – auch der Fürst hat nur als Kind seines Vaters großwerden können –, und weil die entscheidende Lebensaufgabe – das Zu-sich-selber-Kommen des Menschen – trotz aller äußerlichen Machtunterschiede die gleiche bleibt. Die politischen Hierarchien relativieren sich vor allem deswegen, weil alle Menschen als „Kinder“ Gott gegenüberstehen und sich deshalb auf gleicher Ebene als „Brüder“ wiederfinden. Innerhalb des politischen Bereichs, der die Aufgabe hat, das Staatswesen gut funktionieren zu lassen, besteht das Verhältnis des Fürsten zu seinen Untertanen. Dieses wird als Vater-Kind-Beziehung beschrieben. So wie es die natürliche Aufgabe des Vaters ist, für sein Kind und seine Familie zu sorgen, ist es Aufgabe des Fürsten, den Staat so einzurichten, daß die Alltagswelt der Familie zu ihrer bildenden Wirkung gelangen kann. Die Gewalt, die er über seine Untertanen hat, wird jedoch nur dann richtig (= der Natur gemäß) gebraucht werden, wenn sie bezogen ist auf den Glauben des Fürsten an Gott und damit an die Brüderlichkeit aller Menschen. Von diesem Idealbild aus betrachtet Pestalozzi die politische Realität und beklagt die Verwirrungen der Gesellschaft. Da der Fürst seine Macht nicht auf seine eigentliche Aufgabe rückbindet, kommt es zu egoistischem Machtmißbrauch; weil sein Glaube an Gott schwindet, verliert sich auch die Vorstellung der Brüderlichkeit aller Menschen, und da er von der „Bahn der Natur“ abweicht, entsteht der „Ungehorsam der Unteren“. Übrig bleibt Pestalozzi in dieser Phase nur der Appell, der politische Machthaber möge seinen „Vatersinn“ wiederentdecken.

Den äußeren Kreisen des Familien-, Berufs- und politischen Lebens steht als Gegenpol ein innerer Kreis gegenüber. Pestalozzi schreibt: „Gott ist die näheste Beziehung der Menschheit.“ (I/273) Angesichts der Schattenseiten des Menschen und der Erfahrungen von Gewalt und Tod wird durch das äußere Leben das Ziel nicht erreicht, welches wesensmäßig das Ziel des Menschen ist: „innere Ruhe“ und „stillen Genuß“ zu gewinnen. Allein durch den Glauben an Gott, durch das Versprechen des ewigen Lebens, die Transzendenz irdischer Erfahrung wird dies gelingen. Dabei geht Pestalozzi davon aus, daß jeder Mensch von Natur aus Gott in sich finden kann, so wie jeder den Maßstab des Guten und Gerechten in sich selbst habe. Dieser innere Bezug zu Gott, dieses religiöse Empfinden ist teilweise durch äußere, gesellschaftliche Einflüsse verloren gegangen, aber um so wichtiger ist es, so Pestalozzi, den inneren Sinn wiederzubeleben. Nicht durch theologisch-philosophische Spekulation wird der Mensch einen Weg zu Gott finden, sondern durch die erzieherische Hinlenkung zu sich selbst, durch Freilegung der „Bahn der Natur". Dies alles ist notwendig, weil nur dadurch der Mensch sicher zu sich selbst finden, weil er nur dadurch die Alltäglichkeit seines Familienlebens befruchten und weil er nur dadurch eine gerechte, fürsorgende Gesellschaft aufbauen kann.

2.2. Textauszug

„Der Mensch, so wie er auf dem Throne und im Schatten des Laubdaches sich gleich ist; der Mensch in seinem Wesen, was ist er? Warum sagens die Weisen uns nicht? warum nehmen die erhabenen Geister nicht wahr, was ihr Geschlecht sey? Braucht auch ein Bauer seinen Ochsen, und lernt ihn nicht kennen! forschet ein Hirt nicht nach der Natur seiner Schafe!

Und ihr, die ihr den Menschen brauchet und saget, daß ihr ihn hütet und weidet; nehmet auch ihr die Mühe des Bauren für seinen Ochsen? Habet auch ihr die Sorge des Hirten für seine Schafe? Ist eure Weisheit Kentniß eures Geschlechtes und eure Güte, Güte erleuchteter Hirten des Volks?

Was der Mensch ist, was er bedarf, was ihn erhebt, und was ihn erniedriget, was ihn stärket, und ihn entkräftet, das ist Bedürfniß der Hirten der Völker und Bedürfniß des Menschen in den niedersten Hütten." (I/265)

„Warum forschet der Mensch Wahrheit ohne Ordnung und Endzwecke? warum forschet er nicht nach den Bedürfnissen seiner Natur? daß er darauf baue den Genuß und den Segen seines Lebens? Warum sucht er nicht Wahrheit, die Ruhe und Lebensgenuß ist? Wahrheit, die ihn in seinem Innersten befriediget, die seine Kräfte entwickelt, seine Tage erheitert, und seine Jahre beseliget." (I/265f)

„Der Mensch von seinen Bedürfnissen angetrieben, findet die Bahn zu dieser Wahrheit im Innersten seiner Natur.

Der befriedigte Säugling lernt, was ihm seine Mutter ist auf dieser Bahn, und sie bildet in ihm Liebe, das Wesen des Dankes, ehe der Unmündige kan den Schall von Pflicht und von Dank hören lassen, und der Sohn, der seines Vaters Brod isset, und sich mit ihm an seinem Heerde wärmet, findet den Segen seines Wesens in den Pflichten des Kindes auf dieser Bahn der Natur. ...

Du kanst auf dieser Laufbahn nicht alle Wahrheit brauchen. Der Kreis des Wissens, durch den der Mensch in seiner Lage gesegnet wird, ist enge, und dieser Kreis fängt nahe um ihn her, um sein Wesen, um seine nähesten Verhältnisse an, dehnt sich von da aus, und muß bei jeder Ausdehnung sich nach diesem Mittelpunkt aller Segenskraft der Wahrheit richten.

Reiner Wahrheitssinn bildet sich in engen Kreisen, und reine Menschenweisheit ruhet auf dem festen Grund der Kentniß seiner nähesten Verhältnisse und der ausgebildeten Behandlungsfähigkeit seiner nähesten Angelegenheiten.

Diese Menschenweisheit, die sich durch die Bedürfnisse unserer Lage enthüllet, stärkt und bildet unsere Wirkungskraft und die Geistesrichtung, die sie hervorbringt, ist einfach und fest hinsehend, sie ist von der ganzen Kraft der in ihren Realverbindungen feststehenden Naturlagen der Gegenstände gebildet, und daher zu jeder Seite der Wahrheit lenksam. ...

Erhabene Bahn der Natur, die Wahrheit, zu der du führest, ist Kraft und That, Quelle der Bildung, Füllung und Stimmung des ganzen Wesens der Menschheit." (I/266)

„Bildung der Menschen zur Wahrheit, du bist Bildung ihres Wesens und ihrer Natur zu beruhigender Weisheit." (I/268)

„Auf welchem Weg, auf welcher Bahn werde ich dich finden, Wahrheit, die mein Heil ist und mich zu Vervollkommung meiner Natur empor hebt.

Im Innern meiner Natur ist Aufschluß zu dieser Wahrheit. Alle Menschheit ist in ihrem Wesen sich gleich und hat zu ihrer Befriedigung nur eine Bahn. Darum wird die Wahrheit, die rein aus dem Innersten unsers Wesens geschöpft ist, allgemeine Menschenwahrheit seyn." (I/269)

„Allgemeine Emporbildung dieser innern Kräfte der Menschennatur zu reiner Menschenweisheit, ist allgemeiner Zweck der Bildung auch der niedersten Menschen.

Uebung, Anwendung und Gebrauch seiner Kraft und seiner Weisheit in den besondern Lagen und Umständen der Menschheit ist Berufs- und Standsbildung. Diese muß immer dem allgemeinen Zweck der Menschenbildung untergeordnet seyn. ...

Wer nicht Mensch ist in seinen innern Kräften, ausgebildeter Mensch ist, dem fehlt die Grundlage zur Bildung seiner nähern Bestimmung und seiner besondern Lage, die keine äussere Höhe entschuldiget." (I/270)

„Die häuslichen Verhältnisse der Menschheit sind die ersten und vorzüglichsten Verhältnisse der Natur.

Der Mensch arbeitet in seinem Beruf, und trägt die Last der bürgerlichen Verfassung, damit er den reinen Segen seines häuslichen Glücks in Ruhe geniessen möge.

Daher muß die Bildung des Menschen für seine Berufs- und Standeslage dem Endzweck der Geniessungen reiner häuslicher Glückseligkeit untergeordnet werden.

Daher bist du, Vaterhaus, Grundlage aller reinen Naturbildung der Menschheit.“ (I/271)

„Der Mensch muß zu innerer Ruhe gebildet werden, Genügsamkeit mit seiner Lage und mit ihm erreichbaren Geniessungen, Duldung, Achtung und Glauben an die Liebe des Vaters bei jeder Hemmung, das ist Bildung zur Menschenweisheit.

Ohne innere Ruhe wallet der Mensch auf wilden Wegen, Durst und Drang zu unmöglichen Fernen rauben ihm jeden Genuß des nahen gegenwärtigen Segens, und jede Kraft des weisen, geduldigen und lenksamen Geistes.

Wenn das Gefühl nicht mehr von innerer Ruhe beseelt ist, so entnervet seine Kraft den Menschen in seinem Innersten, und plagt ihn mit finstern Qualen, in Tagen, in denen der heitere Weise lächelt. ...

Ruhe und stiller Genuß sind die ersten Zwecke der Menschenbildung.“ (I/272)

„Gott ist die näheste Beziehung der Menschheit.

Auch dein Haus, Mensch, und sein weisester Genuß beruhigt dich nicht immer.

Gewalt und Grab und Tod ohne Gott zu leiden, hat deine sanft, gut und fühlend gebildete Natur keine Kräfte.

Gott – Vater deines Hauses, Quell deines Segens – Gott – dein Vater, in diesem Glauben findest du Ruhe und Kraft und Weisheit, die keine Gewalt, kein Grab in dir erschüttert.

Glauben an Gott, Stimmung des Menschengefühls in dem obersten Verhältniß seiner Natur, vertrauender Kindersinn der Menschheit gegen den Vatersinn der Gottheit. ...

Glauben an Gott, du bist der Menschheit in ihrem Wesen eingegraben, wie der Sinn vom Guten und Bösen, wie das unauslöschliche Gefühl von Recht und Unrecht ...

Glauben an Gott, du bist nicht Folge und Resultat gebildeter Weisheit, du bist reiner Sinn der Einfalt, horchendes Ohr der Unschuld auf den Ruf der Natur – daß Gott – Vater ist.“ (I/273)

„Glaube an dich selbst, Mensch, glaube an den innern Sinn deines Wesens, so glaubest du an Gott und an die Unsterblichkeit.“ (I/275)

„Alle Menschheit, Fürst und Unterthan, Herr und Knecht, bildet sich zu den besondern Pflichten ihres Standes durch Genuß ihrer ersten Naturverhältnisse.“ (I/275f)

„Der Fürst, der Kind seines Gottes ist, ist Kind seines Vaters.

Der Fürst, der Kind seines Vaters ist, ist Vater seines Volks.

Der Unterthan, der Kind seines Gottes ist, ist Kind seines Vaters.

Der Unterthan, der Kind seines Vaters ist, ist Kind seines Fürsten.

Stand des Fürsten, Bild der Gottheit, Vater einer Nation.

Stand des Unterthans, Kind des Fürsten, der mit ihm Kind Gottes ist. ...

In jeder Tiefe ist der Knecht seinem Beherrscher in seinem Wesen gleich, und ist er die Befriedigung des Bedürfnisses seiner Natur ihm schuldig.

Emporzubilden das Volk zum Genuß der Segnungen seines Wesens ist der Obere Vater des Untern. ...

Glauben Gottes, du bist die Kraft dieser Hofnung.

Fürsten, die an Gott glauben, und den Bruderstand der Menschheit erkennen, finden in diesem Glauben Stimmung zu jeder Pflicht ihres Standes. Sie sind Männer mit Gotteskraft zum Segen ihrer Völker gebildet.“ (I/276)

„Unglauben, Quelle der Zernichtung aller innern Bande der Gesellschaft. ...

Unter einem Herrn, der nicht Vater ist, kan die Volksstimmung nicht Empfindung eines reinen dankenden im Kindergehorsam gesegneten Volkssinns werden.

Die Folgen des Unglaubens – täglich steigende Laster, täglich abnehmende Vatergüte, willkührliche Gewalt ohne Segenszweck, bisarre unnatürliche Regierungsfrazen; drückende Zwischengewalt, Aussaugen des Markes vom Volk, sich vermindernde Volkskraft gegen diese Zwischengewalt, sind unter einer ungläubigen die Rechte der Gottheit und der Menschheit verachtenden Regierung unvermeidlich.“ (I/278)

„Mensch! so nieder du auch stehest! Ist dein Fürst Kind deines Gottes, so ist seine Gewalt Vaterkraft.

Harter, unbescheidener Gebrauch seiner Rechte ist nicht Vatersinn; ist nicht Sinn des Glaubens an Gott, es ist Verderbung der obersten Angelegenheiten des Fürsten und seines Landes, Verderbung des reinen Kindersinns der Nation gegen den Fürsten.“ (I/279)

„Recht thun,
und Gott lieben,
und Niemand fürchten;
das ist der einige, alte und wahre Glaube“
(II/212)

3. Roman: „dem Volk einige ihm wichtige Wahrheiten auf eine Art zu sagen, die ihm in Kopf und ans Herz gehen sollte“ – Lienhard und Gertrud (1781)

3.1. Zusammenfassende Beschreibung

Kurze Vorbemerkung

Im Biographiekapitel kamen wir bereits auf den Roman „Lienhard und Gertrud“ zu sprechen. Er stellt eine entscheidende Etappe in Pestalozzis Leben dar. Mit ihm fand er seinen Beruf als Schriftsteller, und Erfolg wurde ihm dadurch nach einer langen Phase des Scheiterns von Außen zuteil. Des öfteren hat er sich den Text vorgenommen, um ihn zu überarbeiten, und dem ersten, vielgelesenen Teil hat er in den kommenden Jahren weitere hinzugefügt. Angesichts unseres heutigen Geschmacks mag die Geschichte zum Schmunzeln einladen, da die dort geschilderten sozialen Verhältnisse uns nicht mehr ohne weiteres vertraut sind. Man muß sich schon ein Stück weit in eine andere Zeit hineinversetzen, um die Dramatik und Ernsthaftigkeit des Romans nachvollziehen zu können. Referiert wird zunächst die Geschichte des populär gewordenen ersten Teils von Lienhard und Gertrud. Es folgt ein Stück Originaltext vom Ende des Romans. Es ist nicht typisch für seine Erzählstruktur, beleuchtet aber einen Aspekt der inhaltlichen Aussagen, die Pestalozzi den Lesern vermitteln wollte.

Der Roman

Ein Dorf, Bonnal, ist in Unordnung geraten. Der alte Oberherr hat die Zügel streifen gelassen, so daß der Vogt nach eigenem Belieben das Dorf beherrscht. Die Ausbeutung der Armen durch die wenigen Reichen nimmt ständig zu; Korruption und Rechtlosigkeit gewinnen die Oberhand; wer Macht hat, dem wird geschmeichelt, der Machtlose dagegen getreten. Viele Menschen leiden körperliche Armut, während einige wenige von der Mißwirtschaft materiell profitieren; allen gemeinsam ist der zunehmende sittliche Zerfall.

Geht es mit der Unordnung ständig mehr voran, dann bedarf es eines Steins des Anstoßes, der alles ins Rollen bringt. Eine mutige Frau ist es, die Gertrud, die es nicht länger aushält, dem Verfall tatenlos zuzusehen, und so greift sie in das Rad der Geschichte ein und gibt damit die Initialzündung zu einer Entwicklung, die alles verändern wird.Gertrud bewohnt mit ihrem Mann, dem Maurer Lienhard ein kleines Haus. Sieben Kinder haben sie zusammen, und da sowohl Gertrud wie Lienhard rechtschaffende Leute sind, die sich und ihre Kinder lieben, könnte alles gut und glücklich sein. Doch es gibt ein Problem: Immer öfter kehrt Lienhard in dem dörflichen Wirtshaus ein, und bei Saufen und Kartenspiel verpraßt er seinen gesamten Verdienst. Die Familie droht ins Abseits zu geraten, Armut und Hunger werden die nächsten Schritte sein, und das eigene Häuschen ist wohl nicht länger zu halten. Gertrud erträgt ihr Schicksal, sie versucht, aufrecht zu halten, was aufrechtzuhalten ist, doch an diesem Abend, Lienhard ist mal wieder nicht nach Hause gekommen, bricht es aus ihr heraus: Sie weint bittere Tränen. So findet Lienhard, als er den Weg in sein Heim gefunden hat, Frau und Kinder aufgelöst vor. Schlechtes Gewissen plagt ihn.

All dies sieht nach einem persönlichen Problem von Lienhard aus, doch es ist weit mehr. Wenn er auch etwas schwach und leicht verführbar ist – anders als Gertrud, deren feste und klare Grundsätze tief in ihrer Person verankert sind –, so ist Lienhard doch eigentlich ein guter Mensch: Er sorgt treu für die Seinen, ist mitfühlend den Schwachen gegenüber und tüchtig in seiner Arbeit. Aber der Wirt des Dorfgasthauses ist gleichzeitig der schon vorgestellte korrupte Vogt. Hummel ist sein Name. Die Wirtsstube ist für ihn der Mittelpunkt seiner Ränkespiele. Lienhard hat noch Schulden bei ihm, und mit einer Mischung aus Verführung und Druck gelingt es Hummel immer wieder, die Arbeiter des Dorfes – und so auch Lienhard – an seine Kneipe zu binden.

Es ist gut, daß die Sorge und Angst Gertruds in ihren Tränen sichtbaren Ausdruck gefunden haben. Denn so sprechen sich die

Eheleute einmal aus, und Gertrud, ganz Frau der Tat, beschließt, am nächsten Tag zu Arner, dem noch jungen Oberherren, aufs Schloß zu gehen, um ihm ihr Leid zu klagen und ihn um Abhilfe zu bitten. Es kostet ihren ganzen Mut, sich am nächsten Morgen mit ihrem jüngsten Kind auf dem Arm auf den Weg zu machen. Ihre Angst vor dem hohen Herren verschwindet jedoch, als sie erlebt, daß Arner sie gütevoll empfängt. Er nimmt die Klage der einfachen Frau als Anlaß, in dem Dorf, das ihm wegen des Vogtes schon länger verdächtig vorkam, nach dem rechten zu sehen. Sofort für den morgigen Tag kündigt er seinen Besuch bei dem Dorfpfarrer, der ihn bei allen seinen zukünftigen Reformplänen unterstützen wird, an.

Arner hilft Gertrud aus ihrer aktuellen Verlegenheit, er verspricht ihr, den Vogt-Wirt zu kontrollieren, und er gibt ihrem Mann einen lukrativen Arbeitsauftrag: Auf Kosten des Schlosses soll er die Dorfkirche renovieren, ein Vorhaben, das Lienhard für mehr als ein Jahr Arbeit gibt. Er wird die Oberaufsicht über zehn Hilfskräfte haben, die Arner selbst so auswählt, daß gerade die Ärmsten des Dorfes Lohn und Brot erhalten werden. Der Anfangspunkt der Veränderung ist so gemacht. Die Position des Hummels gerät noch mehr ins Wanken, als Arner ihm am nächsten Tag bedeutet, er überlege, ob es überhaupt sinnvoll sei, daß Amt des Vogtes mit dem Recht des Wirtes zu verbinden. Dadurch aber geriete die Basis seiner Machenschaften in Gefahr, denn durch das Vogtamt hat Hummel politische Macht über die Dorfbevölkerung, und durch die Wirtschaft beherrscht er sie sozial.

Es gilt jetzt, eine zweite Geschichte einzuschieben, die mit der ersten durch viele Fäden verknüpft ist. Dem Hübelrudi ist vor einiger Zeit seine Frau gestorben, und jetzt liegt noch seine Mutter im Sterben, so daß er mit seiner Kinderschar alleine stehen wird. Bittere Armut herrscht in der Familie, die um ihr nacktes Überleben kämpfen muß. Geplagt vom Hunger hat der älteste Sohn, Rudeli, Kartoffeln bei den Nachbarn gestohlen – es ist die uns schon bekannte Familie Lienhard und Gertrud – und sie heimlich mit seinen Geschwistern gegessen. Die Großmutter hat dies beobachtet und auf dem Totenbett ruft sie Rudeli zu sich: Nie dürfe er so etwas wieder machen; auch wenn sie in Armut lebten, so wäre das wichtigste doch ein rechtschaffenes Leben. Rudeli muß der Großmutter versprechen, sich bei Lienhard und Gertrud zu entschuldigen, einen Bußgang, den er gemeinsam mit seinem Vater antritt. Gertrud ist im Haus, als die beiden ankommen, und sie nimmt deren Entschuldigung schnell und gerne an, von einer Entschädigung will sie nichts wissen. Im Gegenteil: viele Wohltaten erweisen Lienhard und Gertrud der Familie des Hübelrudi: Er ist einer der Hilfsarbeiter am

Kirchbau und hat so Arbeit für mehr als ein Jahr; die Kinder von Lienhard und Gertrud sparen sich ihr eigenes Abendessen vom Munde ab, um es den noch wesentlich ärmeren Kindern vom Hübelrudi zu schenken. Gertrud begleitet Rudi und Rudeli zurück in ihre Hütte, um nach der sterbenden Großmutter zu sehen. Diese ist getröstet, daß das Unrecht ihres Enkels versöhnt ist, und sie nimmt in ihren letzten Zügen Gertrud noch das Versprechen ab, nach ihrem Tod nach der hinterbliebenen Familie zu sehen, da diese sonst im Unglück versinken würde. Dieses Versprechen gibt Gertrud gerne, und sie wird sich in der Zukunft daran halten.

Die Armut des Hübelrudi hat Ursache – und hier verknüpft sich die Geschichte mit dem Negativheld – in einer der vielen Schandtaten des Vogtes. Dieser hatte sich auf unrechtmäßige Weise die Weide des Rudi angeeignet, die Futter für drei Kühe gibt und so eine Existenzgrundlage für die arme Familie sein könnte. Hummel hatte sich dabei eines Meineides von Hans Wüst bedient. Im Verlauf der bewegten Tage, in denen unsere Geschichte spielt, bekommt Wüst zunehmende Gewissensbisse. Er erleichtert sich durch ein Geständnis beim Pfarrer, der ihm auch Geld leiht, um seine Schulden beim Vogt bezahlen zu können. Dadurch wird er frei, seinen Meineid öffentlich widerrufen zu können.

Nun aber der Blick auf Hummel, den Vogt und Wirt des Dorfes; ein arger Schuft, der kinderlos mit seiner Frau zusammenlebt und schon viele Jahre lang mit üblen Tricks gerade die armen Menschen ausbeutet. Als er erfährt, daß der Oberherr Arner Lienhard den Auftrag zur Kirchenrenovierung übertragen möchte, hofft er zunächst noch, daß dies auch für ihn ein einträgliches Geschäft werde, ist Lienhard doch guter Kunde in seiner Kneipe und zudem finanziell in seiner Schuld. Doch als Lienhard seine Schulden abbezahlt und – gestützt durch seine Frau – das Wirtshaus meidet, muß Hummel erkennen, daß Lienhard zu einem gefährlichen Widerpart für ihn wird, der gemeinsame Sache mit Arner macht. Also muß der Vogt versuchen, Lienhard zu schaden und ihn gegenüber Arner zu diskreditieren. Verschiedene Pläne heckt er diesbezüglich aus, doch sie werden alle scheitern. Zunächst gewinnt er den Gesellen des Maurers. Dieser verspricht, Lienhard davon zu überzeugen, Steine aus einem schlechten Steinbruch für den Kirchbau zu benutzen, damit dieser nicht wohl gelinge. Der Geselle kassiert im voraus seinen Judaslohn von Hummel, aber die Durchsetzung des verwerflichen Plans betreibt er wenig aktiv. Außerdem ist Lienhard ein viel zu guter Kenner seines Faches, als daß er nicht die richtigen Steine auswählte. Doch Hummel hat noch ein weiteres Eisen im Feuer: den Schabenmichel, ebenfalls einer der Tagelöhner bei Lienhard. Gegen ein hübsches Sümmchen verspricht dieser, sich zunächst mit Lienhard gutzustellen, um hernach aber um so deutlicher für Unruhe auf der Baustelle zu sorgen: Werkzeug soll entwendet, Streit unter den Bauleuten angezettelt werden. Als Michel aber erleben muß, wie vertrauenswürdig sich Lienhard zu ihm verhält, ja daß Lienhards Kinder den seinigen sogar etwas zu essen abgeben, reut ihn sein Handel mit Hummel. Michel eröffnet sich Lienhard und Gertrud und zahlt dem Vogt das Geld zurück, das dieser ihm für seinen Teufelsdienst vorgestreckt hat.

Hummel schwimmen so alle Felle davon, er spürt, daß er das Dorf nicht mehr so wie vormals in seinem Griff hat, und der Druck Arners, der sich vorgenommen hat, in seinem Herrschaftsgebiet für Recht und Ordnung zu sorgen, wird stärker. Der Oberherr stellt Hummel vor die Alternative, entweder sein Vogtamt aufzugeben oder auf sein Wirtsrecht zu verzichten.

Damit ist er am Ende; so in die Ecke gedrängt, sieht er rot und holt zu einem letzten Rachefeldzug aus. Diesmal soll Arner selbst sein Opfer sein. Wenn er den Grenzstein oben im Wald beseitigte, dann würde dies für Arner erhebliche Geländeverluste bedeuten. Dies würde Hummel noch nicht direkt helfen, aber ihm die Genugtuung verschaffen, seinem Feinde geschadet zu haben. Die Grenzverschiebung muß in aller Heimlichkeit des nachts erfolgen, keine leichte Aufgabe für einen Mann, der sich vor Gespenstern fürchtet. Allen Mut muß er zusammennehmen, von unmäßiger Wut ist er getrieben, und der Alkohol tut sein übriges, als Hummel mitten in der Nacht mit Werkzeug und Schnapsflasche bewaffnet sich auf seinen Weg macht. Wüst hackt und gräbt er. Doch er wird beobachtet. Ein Angestellter des Oberherren, der Eiereinkäufer Christoff, ist auf dem Rückweg von seiner Tour durch die umliegenden Dörfer und deshalb noch so spät nachts unterwegs. Damit er den Weg durch den dunklen Wald findet, hat er auf seinem Kopf eine Laterne befestigt. Als er an dem Grenzstein verdächtige Geräusche hört, geht er näher und bemerkt den Vogt. Das kann nichts Gutes verheißen, und er beschließt, Hummel einen kräftigen Schreck einzujagen. Geräusche machen den Vogt aufmerksam, er bekommt Angst, und panikartig verläßt er die Stelle des Grenzsteines. Der Eiereinkäufer bindet jetzt das von Hummel zurückgelassene Werkzeug zusammen und läuft hinter dem Vogt her. Dieser hört das mächtige Geklapper des Eisens, er sieht eine von einem Lichterkranz umgebene Gestalt und glaubt, der leibhaftige Teufel sei hinter ihm her. Er rennt, schreit, seine Angst wird rasend. Die Gestalt hinter ihm her, lauf rufend: „Oh – Ah -Uh- Hummel – Oh – Ah – Uh – Du bist mein – Wa – art – Hu – Hummel.“ (II/178) Die Männer des Dorfes werden durch das Geschrei geweckt. Sie erkennen die Stimme des Vogtes, der sich vom Teufel verfolgt weiß. Ein Rettungstrupp, zu dem auch die Frau des Vogtes gehört, macht sich auf den Weg. Als nun der Eiereinkäufer diese Dorfmannschaft ihm entgegenkommen sieht, beschließt er, heimlich den Rückzug anzutreten. Der Vogt fällt erschöpft in die Arme seiner Helfer; der Glaube, daß er vom Teufel verfolgt worden sei, wird fast allgemein geteilt.

Hummel ist jetzt am Ende, er vertraut sich dem Pfarrer an, gesteht die Geschichte mit der Weide des Hübelrudi und schließlich auch den Plan, Arner durch die Entfernung des Grenzsteines schaden zu wollen. Der Oberherr erhält von den Vorfällen der Nacht Nachricht, zunächst durch einen Bericht seines Eiereinkäufers, sodann durch zwei ausführliche Briefe des Pfarrers. Am nächsten Tag wird er, begleitet von seiner Familie, nach Bonnal fahren, um über den Vogt Recht zu sprechen, aber auch um den Aberglauben seines Volkes zu bekämpfen. Das ganze Dorf ist auf dem Marktplatz versammelt, und Arner gibt seinen Richterspruch den Vogt betreffend kund. Eigentlich habe dieser die härteste Bestrafung, ja sogar den Tod verdient, doch Gnade soll vor Recht stehen. In Ketten gefesselt und begleitet vom ganzen Volk soll Hummel den Grenzstein wieder in Ordnung bringen, danach soll er für zwei Wochen ins Gefängnis kommen. Diese Zeit soll er nutzen, um dem Pfarrer seine Lebensgeschichte zu erzählen, „damit man deutlich und klar finden könne, woher eigentlich diese grosse Ruchlosigkeit und diese Härte deines Herzens entsprungen sind“ (II/204). Der ganzen Gemeinde soll der Pfarrer später in einer Predigt davon berichten, so daß jeder nun die Ursachen des Bösen erkenne und sich dagegen wehren könne. Zusätzlich, und dieser dritte Teil der Strafe ist mehr als Abschreckung für die anderen nötig, sollen Hummels drei Finger seiner rechten Hand unauslöschlich mit schwarzer Farbe angemalt werden. Insgesamt ein relativ mildes Urteil eines menschenfreundlichen Richters, dessen Güte sich auch darin erweist, daß Hummel zwar das Vogtamt entzogen wird, der neue Vogt ihm aber eine jährliche Rente zahlen muß.

Arner hat noch eine zweite Aufgabe: Er will dem Volk den Aberglauben austreiben. Für dieses Bemühen ist die Stunde günstig, da viele Leute glauben, die Vorkommnisse der letzten Nacht hätten die Existenz des Teufels erwiesen, ja die Bauern fordern geradezu, dem Pfarrer einen Verweis zu erteilen, da er Teufel und Gespenster für Dummheiten erkläre. Angesichts der Selbstgewißheit der reichen Bauern erweist Arner sich als geschickter Stratege: Er fordert von den Bauern das Nutzungsrecht der Gemeindewiese auch für die arme Bevölkerung, wenn es ihm gelänge, sie von dem Unsinn der

Teufelsgeschichte der gestrigen Nacht zu überzeugen. Die Bauern gehen auf das Geschäft ein. Jetzt läßt Arner den Eiereinkäufer auftreten und in Ausführlichkeit die Geschichte erzählen: nicht der Teufel, sondern er selbst war hinter Hummel her; dessen Werkzeug und Schnapsflasche kann er als Beweisstück vorzeigen, und er wiederholt seinen lauten Ruf: „Oh – Ah – Uh – Vo – ogt – Du bist mein, Hu – ummel“ (II/211). Nichts ist es mit dem Aberglauben, und für die armen Menschen ist eine wichtige Existenzgrundlage erstritten.

Es folgt das Finale: Die Geschichte des Hübelrudi ist noch ins reine zu bringen. Selbstverständlich bekommt er seine zu Unrecht verlorene Wiese zurück, und der Rudi zeigt auch hier wahre menschliche Größe: Nicht nur verzichtet er auf Ersatzansprüche für ergangenes Unrecht gegenüber dem alten Vogt, sondern er sagt auch zu, daß Hummel für Lebzeit so viel Heu von der Wiese erhalte, daß er eine Kuh davon füttern könne. Arner seinerseits hat auch noch ein Geschenk für Rudi bereit: Aus seinem Stall hat er die beste Kuh ausgesucht, sie nach Bonnal treiben lassen, um sie dem armen Mann zu überlassen.

Die letzte Szene spielt in der Hütte des Hübelrudi. Die Kinder des Oberherren verzichten auf ihr Abendbrot, und auch sonst werden noch Köstlichkeiten zusammengetragen. Alles wird in die Hütte geschafft, die Familien Arners und des Pfarrers folgen. Betroffenheit herrscht über die Armut, die sie dort sehen müssen, aber auch Rührung über die Freude dieser armen Familie. Selbstverständlich vergißt Rudi nicht, nach Lienhard, Gertrud und deren Kinder zu rufen, damit sie alle an diesem Tag sein Glück teilen. „Arner und Therese (seine Frau) stuhnden, solange sie konnten, bey diesem Schauspiel der innigsten Rührung, beym Anblick des erquickten und ganz geretteten Elends. Endlich nahmen sie mit Thränen in den Augen stillen Abschied.

Und der Junker sagte zum Gutscher: Fahr eine Weile nicht stark.

Die Frau Pfarrerinn aber suchte noch alles übergebliebene Essen zusammen, und gab es den Kindern.

Und Lienhard und Gertrud blieben noch beym Rudi bis um acht Uhr, und waren von Herzen fröhlich.“ (II/220)

3.2. Textauszug

„*Junker.* Es ist so, man kömmt in allen Ständen immer mehr von dem weg, was man eigentlich darinn seyn sollte; man muß oft und viel Zeit, in der man wichtige Pflichten seines Standes erfüllen sollte, mit 3

Ceremonien und Comödien zubringen; und es sind wenige Menschen, die unter der Last der Etikettenformularen und Pedantereyen das Gefühl ihrer Pflichten und das innere Wesen ihrer Bestimmung so rein erhalten, wie es ihnen gelungen ist, mein lieber Herr Pfarrer! Aber an ihrer Seite ist's mir Freude und Lust, die selige Bestimmung meiner Vaterwürde zu fühlen; auch will ich trachten, diese Bestimmung mit reinem Herzen zu erfüllen, und wie Sie, von allen Ceremonien und Gauckeleyen, die man mit den Menschen spielt, nur das mitmachen, was ich muß.

Pfarrer. Sie beschämen mich, Gnädiger Herr!

Junker. Ich fühle, was ich sage; aber es wird bald läuten. Ich sehne mich recht auf die Comödie an der Gemeind; dismal, glaube ich, wolle ich ihnen etwas von ihrem Aberglauben austreiben.

Pfarrer. Gott gebe! daß es Ihnen gelinge. Dieser Aberglaube ist allem Guten, das man den Leuten beybringen will, immer so viel und so stark im Weg.

Junker. Ich fühle es auch an meinem Orte, wie oft und viel er sie in ihren Angelegenheiten dumm, furchtsam und verwirrt macht.

Pfarrer. Es giebt dem Kopf des Menschen einen krummen Schnitt, der alles, was er thut, redet und urtheilt, verrückt; und was noch weit wichtiger ist, er verdirbt das Herz des Menschen, und flößt ihm eine stolze und rohe Härte ein.

Junker. Ja, Herr Pfarrer! man kann die reine Einfalt der Natur und die blinde Dummheit des Aberglaubens nie genug unterscheiden.

Pfarrer. Sie haben ganz Recht, Junker! die unverdorbene Einfalt der Natur ist empfänglich für jeden Eindruck der Wahrheit und der Tugend; sie ist wie eine weiche Schreibtafel. Die Dummheit des Aberglaubens aber ist wie gegossenes Erz, keines Eindrucks fähig, als durch Feuer und Flammen. Und ich will jezt nur, Junker! da Sie von diesem Unterschiede, der mir in meinem Berufe so wichtig ist, angefangen haben, einen Augenblick davon fortschwatzen.

Junker. Ich bitte Sie darum, Herr Pfarrer! die Sache ist mir eben so wichtig.

Pfarrer. Der Mensch in der unverdorbenen Einfalt seiner Natur, weiß wenig; aber sein Wissen ist in Ordnung, seine Aufmerksamkeit ist fest und stark auf das gerichtet, was ihm verständlich und brauchbar ist. Er bildet sich nichts darauf ein, etwas zu wissen, das er nicht versteht und nicht braucht. Die Dummheit des Aberglaubens aber hat keine Ordnung in ihrem Wissen; sie prahlt, das zu wissen, was sie nicht weiß und nicht versteht; sie masset sich an, die Unordnung ihres Wissens sey göttliche Ordnung, und der vergängliche Glanz ihrer Schaumblase sey göttliche Weisheit und göttliches Licht.

Die Einfalt und die Unschuld der Natur brauchen alle Sinnen, urtheilen nicht unüberlegt, sehen alles ruhig und bedächtlich an, dulden Widerspruch, sorgen und eifern für Bedürfniß und nicht für Meynung, und wandeln sanft und still und voll Liebe einher – Der Aberglaube aber setzt seine Meynung gegen seine Sinnen und gegen aller Menschen Sinnen. Er findet nur Ruhe im Triumph seines Eigendünkels, und er stürmt damit unsanft und wild und hart durch sein ganzes Leben.

Den Menschen in seiner reinen Einfalt leiten sein unverdorbenes Herz, auf das er sich immer getrost verlassen kann, und seine Sinnen, die er mit Ruhe braucht. Den Abergläubigen aber leitet seine Meynung, welcher er sein Herz, seine Sinnen, und oft Gott, Vaterland, seinen Nächsten und sich selbst aufopfert.

Junker. Das zeigt die Geschichte auf allen Blättern; und auch ein kleines Maaß von Erfahrung und von Weltkenntniß überzeugt einen jeden, daß Hartherzigkeit und Aberglaube immer gepaart gehn, und daß sie nichts als schädliche und bittere Folgen mit sich führen.

Pfarrer. Aus diesem wesentlichen Unterschied der Einfalt des guten, unentwickelten Menschen, und der Dummheit des Aberglaubens, erhellet, Junker! daß das beste Mittel gegen dem Aberglauben zu würken, dieses ist:

‚Den Wahrheitsunterricht in der Auferziehung des Volks auf das reine Gefühl der sanften und guten Unschuld und Liebe zu bauen, und die Kraft ihrer Aufmerksamkeit auf nahe Gegenstände zu lenken, die sie in ihren persönlichen Lagen intereßiren.‘

Junker. Ich begreife Sie, Herr Pfarrer! und ich finde, wie Sie, daß dadurch Aberglauben und Vorurtheil ihren Stachel, ihre innere Schädlichkeit, ihre Uebereinstimmung mit den Leidenschaften und Begierden eines bösen Herzens, und mit den grundlosen Grillen der armseligen Einbildung eines müßigen spintisirenden Wissens verlieren würden.

Und so wäre der Rest der Vorurtheile und des Aberglaubens nur noch todtes Wort und Schatten der Sache ohne inneres Gift, und er würde dann von selbst fallen.

Pfarrer. So sehe ich es einmal an, Junker! Ordnung, nahe Gegenstände, und die sanfte Entwicklung der Menschlichkeitstriebe müssen die Grundlagen des Volksunterrichts seyn, weil sie unzweifelbar die Grundlagen der wahren menschlichen Weisheit sind.

Starke Aufmerksamkeit auf Meinungen, und auf entfernte Gegenstände und schwache auf Pflicht und auf That, und auf nahe Verhältnisse, ist Unordnung im Wesen des menschlichen Geistes.

Sie pflanzet Unwissenheit in unsern wichtigsten Angelegenheiten, und dumme Vorliebe für Wissen und Kenntniß, die uns nicht angehn.

Und Rohheit und Härte des Herzens sind die natürlichen Folgen alles Stolzes und aller Präsumptionen; daher denn offenbar die Quelle des innern Gifts des Aberglaubens und der Vorurtheile darinn zu suchen ist, daß beym Unterricht des Volks seine Aufmerksamkeit nicht fest und stark auf Gegenstände gelenkt wird, die seine Personallage nahe und wichtig intereßiren, und sein Herz zu reiner sanfter Menschlichkeit in allen Umständen stimmen.

Thäte man das mit Ernst und Eifer, wie man mit Ernst und Eifer Meynungen einprägt, so würde man den Aberglauben an seinen Wurzeln untergraben, und ihm alle seine Macht rauben – Aber ich fühle es täglich mehr, wie weit wir in dieser Arbeit noch zurück sind.

Junker. Es ist in der Welt alles vergleichungsweise wahr oder nicht wahr. Es waren weit rohere Zeiten, Zeiten, wo man Gespenster glauben oder ein Ketzer seyn mußte; Zeiten, wo man alte Frauen auf Verdacht und boshafte Klagen hin an der Folter fragen mußte, was sie mit dem Teufel gehabt, oder Gefahr lief, seine Rechte und seinen Gerichtstuhl zu verlieren.

Pfarrer. Das ist Gott Lob vorbey; aber es ist noch viel des alten Sauerteigs übrig.

Junker. Nur Muth gefaßt, Herr Pfarrer! es fällt ein Stein nach dem andern vom Tempel des Aberglaubens, wenn man nur auch so eifrig an Gottes Tempel aufbauete, als man an dem Tempel des Aberglaubens hinunter reißt.

Pfarrer. Eben da fehlts, und eben das schwächt oder zernichtet meine Freude darüber, daß man gegen den Aberglauben arbeitet; weil ich sehe, daß alle diese Leute gar nicht bekümmert sind, das Heiligthum Gottes, die Religion, in ihrer Kraft und in ihrer Stärke auf der Erde zu erhalten.

Junker. Es ist so; aber bey allen Revolutionen will man im Anfang das Kind mit dem Bad ausschütten. Man hatte Recht, den Tempel des Herrn zu reinigen; aber man fühlet jetzo schon, daß man im Eifer seine Mauern zerstossen hat, und man wird zurück kommen, und die Mauern wieder aufbauen.

Pfarrer. Ich hoffe es zu Gott, und sehe es mit meinen Augen, daß man anfängt zu fühlen, daß die eingerissene Irreligiosität die menschliche Glückseligkeit unendlich untergräbt." (II/198 bis 201)

„Nein Menschen! mit Lastern hemmt man keine Laster, und mit Unmenschlichkeit bildet man keine Menschlichkeit" (IX/112)

4. Sozialpolitik: „Der Arme muß zur Armuth gezogen werden" – Ueber Gesezgebung und Kindermord (1783)

4.1. Zusammenfassende Beschreibung

Hinführung

In den Tagen, da ich dieses Kapitel schreibe, macht ein Verbrechen aus den USA in unseren Zeitungen Schlagzeilen: Eine junge Mutter hat ihre beiden kleinen Kinder getötet, indem sie diese in ihren Kindersitzen festschnallte und das Auto in einen See hinabstieß. Diese Mutter wurde zu lebenslanger Haft verurteilt, und sie muß in ihrer Einzelzelle ständig überwacht werden, damit sie sich weder selbst tötet noch von aufgebrachten Mithäftlingen ermordet wird. Sie soll die Tat begangen haben, um mit ihrem neuen Freund in Ruhe leben zu können. Oder ein Blick auf kriminelle Jugendliche, für die erneut eine Art Kasernierung gefordert wird, weil alle unterstützenden Angebote der Jugendhilfe versagen und sie in Banden vorgehend fremde Menschen terrorisieren. Weiter: In vielen Kindergärten müssen wir schockiert erfahren, daß Eltern ihre kleinen Kinder für ihre Pervertiertheit sexuell mißbrauchen – mit unabsehbaren Folgen für die seelische Gesundheit der Kinder, oft aber ohne tiefes Schuldbewußtsein bei den Tätern. Schließlich: Manchmal beobachten wir schon im Kindergarten verhaltensauffällige Kinder, die mit einer solchen Heimtücke und Aggressivität ihre Spielkameraden überziehen, daß wir nicht anders können, als in ihnen die Schwerkriminellen der Zukunft zu sehen.

Die kindertötende Mutter, der terrorisierende kriminelle Jugendliche, die sexuelle Gewalt des Vaters, die Aggressivität des Kindes – fast jede Erzieherin, die über Berufserfahrung verfügt, kann über derartige Fälle berichten. Wie sollen wir mit diesen Menschen umgehen, wo das erste Gefühl einem sagt: Da möchte man kräftig „dazwischengehen"? Die Kraft des sozialpädagogischen Verstehens scheint angesichts der Extremität der Tat zu Ende zu sein, und bei näherer Betrachtung sieht man sich in einen Wust von Unmenschlichkeit verstrickt, den man in seinen schlimmsten Albträumen nicht für denkbar gehalten hat.

Johann Heinrich Pestalozzi hat sich ebenfalls einmal mit einer solch extremen Situation beschäftigt, nämlich mit der damals nicht so ganz seltenen Tat, daß uneheliche Mütter unmittelbar nach der Geburt ihr Neugeborenes töteten, um die Schande zu überdecken. Für das Jahr 1781 hatte ein „deutscher Menschenfreund" aus Mannheim einen Preis für die beste Abhandlung ausgelobt, die sich mit dem Thema befaßte: „Welches sind die besten, ausführbarsten Mittel, um Kindermord abzuhelfen, ohne die Unzucht zu begünstigen?" Die Einrichtung derartiger „Preisausschreiben" war im 18. Jahrhunder, dem „Jahrhundert der Aufklärung" häufig: Das Interesse sowohl der Autoren wie der Leser sollte auf Themen gelenkt werden, die das Menschenwohl befördern konnten. Pestalozzis großes Vorbild und sein späterer Antipode, Jean-Jacques Rousseau, hatte sich gut 30 Jahre zuvor an einem ähnlichen Wettbewerb beteiligt und einen ersten Preis gewonnen. Während Pestalozzi seine Arbeit schrieb, merkte er, daß sie vom Umfang her den Rahmen der Ausschreibung sprengte. So bemühte er sich, die Schrift als eigenständiges Buch erscheinen zu lassen, was ihm 1783 unter Zuzahlung von Druckkosten gelang.

Mit der Abfassung der Schrift verband sich für ihn, der arbeitslos auf seinem Neuhof saß, auch eine pragmatische Absicht: „Ich hoffe, mein Versuch über den Kindermord werde entscheiden, daß ich by Regierungsstellen brauchbar." (In: Liedtke, S. 89) Man mag nur sagen: Oh, du einfältiger Johann Heinrich Pestalozzi, du schreibst eine Schrift, die noch nach 200 Jahren hinreichende sozialpolitische Sprengkraft enthält, und du hoffst, bei einem aufgeklärten Monarchen Stellung zu finden!

Fragestellungen

Daß eine Frau ihr gerade geborenes Kind mit eigenen Händen tötet, ist eine abscheuliche Tat. Darüber besteht kein Zweifel. Bei den uns bekannten Verbrechen gibt es wohl keine größere Perversion als die Verletzung des natürlichen Schutzinstinkts für den kleinen Säugling; zumal, wenn die eigene Mutter das Verbrechen ausführt, die ihn über neun Monate in ihrem Bauch getragen, das werdende Leben gespürt hat. Dieses Verbrechen erscheint so unverständlich, daß uns alle vorzubringenden Erklärungen sofort aus dem Kopf verschwinden.

Pestalozzi nimmt sich diese extreme Straftat vor. Sein Abscheu ist nicht geringer als der unsrige. Er, der das hohe Lied der Mütterlichkeit singt, er, für den der Gedanke der herausgehobenen Bedeutung der intensiven Mutter-Kind-Beziehung Anfang und Ende seiner Pädagogik ist – für ihn müßte der Kindermord das Unverständlichste des Unverständlichen sein. Er müßte die Tat leugnen oder in seinem Glauben an die mütterlich-liebende Kraft, die jeder Frau von Natur aus eingepflanzt ist, irre werden. Doch Pestalozzi geht über den Abscheu hinaus, er thematisiert ihn noch nicht einmal – wohl, weil er als bekannt vorauszusetzen ist – und fragt: Warum gibt es Frauen, die ihre Kinder töten? Ist die Bestrafung der Kindesmörderin (damals die Todesstrafe) eine geeignete Form, um derartige Taten zu verhindern? Wenn die Bestrafung der Täterin nicht erfolgreich ist, um andere Frauen von derartigen Verbrechen abzuhalten, was sind dann die richtigen Maßnahmen, die der Staat ergreifen muß?

Pestalozzis Antworten in Kurzform: Wenn man die Geschichten der Mörderinnen verfolgt, dann lassen sich Ursachen ihrer Tat erkennen, die menschlich nachvollziehbar sind. Auf diese Ursachen hat die Bestrafung der Täterinnen keinen Einfluß, so daß es zur Verhinderung des Übels um die geeigneten Hilfen für die potentiellen Täterinnen gehen muß. Hilfe vor Strafe!

Ursachen

Wir haben im vorletzten Kapitel Pestalozzis Prinzip des Denkens in konzentrischen Kreisen angesprochen. Dies hilft uns auch jetzt weiter, wenn wir seine Analyse der Ursachen des Verbrechens nachzeichnen wollen. Nur müssen wir jetzt, nicht von innen nach außen gehen – von dem einzelnen Menschen hin zur Gesellschaft –, sondern umgekehrt von außen nach innen fünf Kreise verfolgen: die

Gesellschaft, den Gesetzgeber, die Familie, den Vater des unehelichen Kindes, die Mutter. Diese Umkehrung ist wichtig, weil die Ursachen des Verbrechens von oben nach unten wirken: Nicht die psychische Verirrung der Kindesmörderin ist die ausschlaggebende Ursache, sondern diese ist bedingt durch äußere Fehler, die auf die Mutter wirken.

Pestalozzi spricht von „heuchlerischen Landessitten", um den verderbten gesellschaftlichen Zustand zu kennzeichnen, der ein Klima schafft, innerhalb dessen so abscheuliche Verbrechen möglich werden. Die Gesellschaft besteht aus typischen Widersprüchlichkeiten zwischen moralischem Schein und verdeckter Realität: Es gilt die Moral der sexuellen Enthaltsamkeit vor der Ehe einerseits und dem natürlichen Sexualtrieb andererseits; es gilt die Moral, daß Sexualität nur in der Ehe ihren Ort hat einerseits, und der Aufbau von vielerlei Hürden zur Schließung der Ehe andererseits; es gilt die Moral der Anstößigkeit unehelicher Schwangerschaften einerseits und das Verschließen der Augen vor ihrem Vorhandensein andererseits; es gilt die Moral der schwersten Bestrafung der Kindesmörderin einerseits und der gesellschaftlichen Ächtung unehelicher Mütter andererseits. Diese gesellschaftlichen Widersprüche stellen den Frauen Fallen, in die einige von ihnen hineingeraten, ohne einen Ausweg daraus finden zu können.

Dieses gesellschaftliche Klima findet ihren Ausdruck in gesetzgeberischen Maßnahmen des Staates, der einerseits Regelungen schafft, daß Menschen erst in späterem Alter heiraten können, andererseits uneheliche Schwangerschaften verbietet. Wenn wir mit Pestalozzi davon ausgehen, daß Sexualität ein natürliches Bedürfnis des Menschen ist, dann muß in einer Zeit, die nicht wie die unsrige über Möglichkeiten der Verhütung ungewollter Schwangerschaften verfügte, die Frau in eine massive Konfliktlage kommen, wenn sie unehelich schwanger wird. Löst sie diese Konfliktlage so, wie der Gesetzgeber, der die uneheliche Schwangerschaft verbietet, es fordert, tötet sie ihr Kind, was gesetzgeberisch mit der Todesstrafe bedroht wird. Der Gesetzgeber schafft hier ebenso wie die gesellschaftliche Moral eine Falle, aus der einige Frauen sich nicht anders zu befreien wissen, als mit der Tötung ihrer Neugeborenen.

Mögen auch gesellschaftliche Vorurteile und gesetzliche Repressalien dem entgegenstehen, so könnte einem unehelich schwangeren Mädchen doch in ihrer eigenen Familie geholfen werden. Aber auch dies ist oft nicht der Fall, sondern die eigenen Eltern sind durch gesellschaftliche Vorurteile geprägt und geben den von ihnen empfangenen staatlichen Druck an ihre Kinder weiter: statt zu verstehen, verurteilen sie, statt zu helfen, verstoßen sie. Bei der Diskussion um Bestrafung der Kindesmörderin spielt die Mutter als Täterin oft die entscheidende Rolle, während der Erzeuger des unehelichen Kindes außen vor bleibt. Dabei ist er es oft, der die Frau zur Befriedigung seines Sexualtriebes benutzt hat, häufig auch durch Abgabe des Eheversprechens, um dann aber die Frau mit ihrer Schwangerschaft und den Problemen, die sich daraus ergeben, alleine zu lassen.

Bleibt als letztes Glied in der Ursachenkette noch die Situation der unehelichen Mutter zu betrachten. Sie ist eigentlich die am wenigsten Schuldige, da auf ihr ein starker gesellschaftlicher und gesetzlicher Druck lastet und ihr von ihrem familialen Umfeld und vom Kindesvater die notwendigen Hilfen versagt werden. Alle Mütter haben einen mütterlichen Schutzinstinkt, der ihnen von Natur aus mitgegeben ist. Wenn eine Mutter trotzdem ihr Kind mordet, so liegen die Ursachen ihrer Tat nicht in ihr, sondern in „conventionellen Nebenumständen". Durch den mächtigen Druck von außen wird die uneheliche Mutter in ihren natürlichen Empfindungen extrem verwirrt. Sie gerät in eine Zwangslage, aus der sie keinen Ausweg sieht und quasi ohne zu wissen, was sie tut, die schreckliche Tat vollzieht. Eine solche Mutter zu bestrafen ist nicht nur ungerecht, weil die Strafe die eigentlich Schuldigen ungeschoren davon kommen läßt, sondern auch wirkungslos. Menschen, die von außen so unter Druck gesetzt werden, daß sie wider ihre eigene Natur handeln, sind so außer sich, daß sie in ihrem Handeln keinerlei Folgen mehr abschätzen können. Die Strafe, selbst die Androhung der Todesstrafe wird sie von ihrer Tat nicht abschrecken lassen.

Noch einen Gedanken haben wir hier einzuschieben. Bei vielen Straftaten ist festzustellen, daß sie von Menschen unterer sozialer Schichten überproportional häufig begangen werden. So fragt auch Pestalozzi, ob Armut ein Grund sei, warum Mütter ihre Kinder morden. Seine Antwort ist eindeutig: Es ist nicht die Armut, die zum Kindesmord führt, denn die arme Frau hat eine gleich feste und tiefe Mutterliebe zu ihrem Kind. Sondern es ist der verstärkte Druck der „conventionellen Nebenumstände", der auf Menschen aus unteren Schichten lastet. Die Fallen, die den Täterinnen durch die Gesellschaft gestellt werden, sind für viele arme Frauen besonders tief, so daß sie keinen Ausweg sehen. Nicht die Arme mordet, sondern die soziale Situation der Armut verstärkt den gesellschaftlichen Druck in unheilvoller Weise.

Hilfen

Wenn die Todesstrafe, wenn Strafe überhaupt nicht hilft, das grauenvolle Übel des Kindermordes abzustellen, was muß dann getan werden? Pestalozzis unmißverständliche Antwortet lautet: Hilfe statt Strafe; und um in der richtigen Weise helfen zu können, benötigen wir eine tiefe Kenntnis des Menschen. Wir müssen gleichermaßen wissen, wer der Mensch in seiner Triebhaftigkeit und Emotionalität ist, um die Ursachen seines Verhaltens verstehen zu können, und was der Mensch im Positiven sein kann, wenn Hilfen zu seiner Bildung geboten werden. Der Mensch ist einerseits Triebwesen, der u.a. seine Sexualität hat, die zur Befriedigung drängt. Aber andererseits ist er auch sittliches Wesen, der in sich einen Drang zur „Emporbildung seiner Sittlichkeit" hat. Auf diesen muß die Sozialpolitik bauen, wenn sie erfolgreich sein will. Mit anderen Worten ausgedrückt: Wir müssen den Menschen einerseits so sehen, wie er tatsächlich ist – auch mit allen Schattenseiten –, aber wir müssen ihn auch so denken, wie er werden kann, wenn ihm von außen die richtigen Hilfen zu Teil werden. Nach Pestalozzi liegen dazu die besten Chancen in einem glücklichen häuslichen Familienleben.

Um den Kindermord verhüten zu können, macht Pestalozzi eine Reihe konkreter Vorschläge:

- Die Vergnügungen der Jugend, ihr Lebensspaß, ihre Kraftäußerungen sollen anerkannt und nicht griesgrämig und mit Sittenstrenge verfolgt werden;
- denjenigen jungen Menschen, die heiraten wollen, muß dazu Gelegenheit und Hilfe gegeben werden;
- nichteheliche Kinder sollen nicht benachteiligt werden;
- auch der nichteheliche Vater soll Vater sein können;
- nichteheliche Kinder, die nicht bei ihren Müttern leben können, sollen in Pflegefamilien kommen – nur nicht in verzärtelnde, schönredende Mittelschichtfamilien, sondern in Handwerker- und Bauernfamilien, in denen das „richtige" Leben vermittelt wird;
- schließlich schlägt Pestalozzi „Gewissensräthe" vor, die der Schweigepflicht unterliegen, den Schwangeren alle Hilfen geben sollen – bis hin zur anonymen Geburt –, und die ausschließlich aus der Loyalität den werdenden Müttern gegenüber handeln (man lese diese Vorschläge, wie überhaupt den ganzen Text auf dem Hintergrund unserer Auseinandersetzung um den § 218, und man wird über die Aktualität erstaunt sein).

Das sozialpolitische Programm ist getragen vom Staatsverständnis Pestalozzis. Die Verfehlungen der unteren Schichten sind Folge des Verderbens der staatlichen Sitten und der Korruption der Staatsbeamten. Um sozialpolitisch wirken zu können, müssen zunächst die Verhältnisse in den regierenden Kreisen in Ordnung gebracht werden. Ist dies der Fall, dann werden diese entsprechende Regelungen treffen, die auch die Verbrechen der unteren Schichten heilen.

Wie alle kennen den Satz: „Alles verstehen, heißt alles entschuldigen!“ Wenn wir so mit Pestalozzi die schreckliche Tat des Kindermordes durch die eigene Mutter verstehen, bagatellisieren wir sie damit nicht? Gilt dies nicht auch für die eingangs erwähnte Brutalität der Jugendbande, für die sexuelle Gewalt, die Eltern an Kindern verüben, der hinterlistigen Aggression des verhaltensgestörten Kindes im Kindergarten - wenn wir dies alles verstehen, die anonymen gesellschaftlichen Verhältnisse als den Schuldigen ausmachen und Hilfe statt Strafe fordern, heißt dies nicht, Unrecht in Recht schönreden zu wollen, schwarz für weiß zu erklären? Ist also alles, was der Mensch dem Menschen Schlimmes antun kann, entschuldigt und damit erlaubt? Dies wäre wider den Geist Pestalozzis gedacht. In dem Prozeß des Verstehens der Straftat geht es nicht darum, das Verbrechen zu relativieren oder gar zu billigen, sondern es ist das Ziel, zur „Emporbildung der Sittlichkeit“ beizutragen. Dieses läßt sich aber nicht durch staatliche Gewalt und durch Strafe erreichen, sondern nur durch sozial-pädagogische Hilfen, die auf der Doppelseitigkeit des Verstehens aufbauen müssen: wie der Mensch tatsächlich ist und wie er sein kann.

Armut

Soweit der Hauptgedanke der Schrift „Ueber Gesezgebung und Kindermord“. Wir müssen jedoch noch kurz einen Nebengedanken streifen, ein Zitat, das lange Zeit als allgemeines Wissensgut über Pestalozzi in die Geschichte eingegangen ist: „der Arme muß zur Armuth ... gezogen werden.“ (IX/41) Da ist sie, die konservativ-reaktionäre Ecke, in die man Pestalozzi hat stellen wollen: Schuster, bleib’ bei deinen Leisten; die Klassengesellschaft soll mit ihren Privilegien oben, aber auch mit ihren Einschränkungen unten unverändert bestehen bleiben, durch Erziehung und Bildung soll das Arbeiterkind keine Aufstiegschancen erhalten, sondern es soll sich fügen in die mit der Geburt erhaltene soziale Position.

Man mag Pestalozzi so funktionalisieren, nur hat man ihn dann nicht verstanden. Die Sätze um das Zitat-Bruchstück herum lauten:

„Du bedarfst keine stolze Waisenpaläste; der stille Gang der ernsten Aufmerksamkeit auf die Realbedürfnisse des Menschen und auf die künftige Lebensbestimmung des armen Kinds führt zu weit einfachern Anstalten: der Arme muß zur Armuth, und zu solchen Fertigkeiten und Uebungen gezogen werden, die ihne in seinem künftigen Leben ruhig und zufrieden machen können. Die Fertigkeiten, die Brod schaffen, die gewöhnlichste Uebung der gemeinen Arbeitsamkeit des Lands, darinn er wohnt, das ist es, was am meisten in ihme entwikelt und gebildet werden muß" (IX/40f).

Ein Ziel der Erziehung ist es, das Kind auszurüsten, damit es sein Leben glücklich und würdevoll leben kann, und es wird dies können, wenn es auf seine Lebenswelt so vorbereitet ist, daß es in ihr selbständig tätig sein kann. Erziehung neigt leicht dazu, mittelschichtspezifische Normen von Glück und Würde auf alle Kinder zu übertragen, und der mittelschichtorientierte Erzieher vergißt (oder weiß nicht), daß es Glück und Würde auch in der Arbeiterschicht gibt. Es hieße ein Kind zu entwurzeln, wenn man es auf Werte vorbereitet, die nicht die seinen sein werden, wenn man es mit Fähigkeiten ausstattet, die es für sein Leben nicht braucht, wenn man ihm Wissen vermittelt, das ihm für seine Probleme nicht hilft. Denn mit den Werten, den Fähigkeiten und dem Wissen, die man ihm so anerzieht, verhindert man, daß es die Werte, die Fähigkeiten und das Wissen erwirbt, die für dieses Kind notwendig sind. Diesen Gedanken kann man auch auf die Konzeption von Jugendhilfeeinrichtungen beziehen. Ist es nicht möglich, daß Jugendlichen dort teilweise ein Lebensstandard und Lebensstil geboten wird, der zur Befriedigung aktueller, materieller Bedürfnisse tauglich ist, der aber für die eigene, reale Zukunft hilflos macht, weil nicht die Kräfte gefördert werden, mit denen der Jugendliche sein eigenes Leben aktiv gestalten kann? Es gibt Glück und Würde der Obdachlosen! Es gibt Glück und Würde der Prostituierten! Es gibt Glück und Würde des Hilfsarbeiters! Wird in sozialpädagogischen Einrichtungen darauf vorbereitet?

4.2. Textauszug

„Europa! was bringt deine Gebährerinn zum Mord ihrer Kinder? woher quillt die Verzweiflung im Busen des Mädchens? daß es – o Gott! vor der Stunde des Gebährens erbebet! und im Fieber seiner Schmerzen ausstrekt die Hande der Wuth, und erwürget das Kind seiner Schmerzen.

Bey seinen Sinnen tödtet ein Mensch sein Fleisch und Blut nicht, und ein Mädchen, das bey seinen Sinnen ist, streket seine Hand nicht aus gegen sein Kind, und erwürget nicht seinen Gebohrnen am Hals, bis er erblaßet. -

Stek ein das Schwerdt deiner Henker Europa! es zerfleischet die Mörderinnen umsonst! ohne stilles rasen, und ohne innere verzweifelnde Wuth, würget kein Mädchen sein Kind, und von den rasenden Verzweifelnden allen, förchtet keine dein Schwerdt." (IX/7)

„O Gott! oft von dem Hals der betrogenen Verführten! die gestern noch unmündig scherzten, und im Taumel, gereizter Lüsten umarmten einen Jüngling, der ihnen Treu, ewige Treu, Brod und Freuden, und Seiden und Gold zuschwur – beym Eide Gottes ihnen zuschwur, und nichts im Sinn hatte zu halten.

Vergebens fließt das Blut deiner Kindermörderinnen Europa! Laß deine Herrscher aufheben die Ursache ihrer Verzweiflung, so wirst du ihre Kinder erretten." (IX/8)

„Gott ist diejenige Stüze des bebenden Elends, und alle Menschheit, die sich im hohen ängstigenden Jammer nicht gegen ihm neiget, sinkt unaussprechlich leicht hinab, in die Tiefen der Verzweiflung – und diese gebiert dann unaufhaltsam die erbarmungswürdigen Thaten, die wir Greul heißen, die aber in Vergleichung mit kaltblütigen Thaten, die so oft bey uns auf das mindeste nicht entehren, nicht Greuel sind." (IX/11)

„Des Mädchens Handlung ist gar nicht eine solche schwarze kaltblütige Bosheit wie diejenige, mit welcher der Jüngling seine Betrüge spielt.

Ach die Elende mordet nur, weil sie verzweifelt, und verzweifelt nur, weil sie einem Verbrecher anhieng; und sie mordet, weil ihr der gute tröstende Glaube an die Vatergüte Gottes, der alle Menschheit im Elend rettet, mangelt." (IX/12)

„Ich komme spät zu einer Hauptquelle des Uebels – Der steife Sinn heuchlerischer Landessitten, der Anstrich von Demuth, der nur Mode ist, und innerer Hochmuth, der Anstrich von Eingezogenheit ausser der Hausthüre verbunden mit Fressen und Sauffen, und Schlufwinkelfreuden innert der Thüre, ist die eigentliche Brutstube der größesten Greuel." (IX/18)

„Die Grundlage guter und wirksamer Vorbeugungsmittel gegen alle Verbrechen muß auf richtige Kenntnisse der Grundtriebe des menschlichen Herzens gebaut werden. -

Die menschliche Glükseligkeit, dieser ewige innere Endzwek aller Gesezgebung, fordert die Veredlung aller Grundtrieben, Grundanlagen und Kräften der Menschheit.

Ihre Erschlappung und Ertödtung ist eben so wohl Quelle von Unglük und Laster, als ihre verwildernde Ausartung. -

Die Veredlung der Grundtriebe des menschlichen Herzens sezet beym Menschen ihre Befriedigung voraus, die Schranken ihres Genusses aber sind durch ewige Pfeiler eines unauslöschlichen Gefühls im menschlichen Herzen genugsam und allgemein bezeichnet.“ (IX/21)

„So einfach ist die Bahn der Natur, die den Menschen zur Weisheit und Tugend führt, aber die Gesezgebung gehet selten und ungern auf diesem einfachen Pfad der Natur, und hat allenthalben so viele irrführende Nebenwege und krumme aber prunkvolle Prachtstraßen, deren Ende die Abgründe der Unmenschlichkeit sind.

Indessen was auch immer im Jahrhundet Mode seyn mag, so muß ein weiser Gesezgeber dennoch vorzüglich suchen, die ersten innere und außere Bedürfnisse seines Volks zu befriedigen, ehe er die Ausartung rechtmäßiger Wünsche, diese große Quelle der bürgerlichen Verbrechen, strafen will.

Regenten! die Aufmerksamkeit auf die wahren Bedürfnisse der Menschheit, die Uebereinstimmung euerer Geseze, und euerer Forderungen, mit diesen Bedürfnissen, und das sanfte väterliche Einlenken euerer Forderungen in das Gefühl des Menschenherzens, das in jeder Brust schlägt; – das ist, was zur Bildung eueres Volks, welches ihr immer mehr leiten, als richten sollet; – euerer Strafgesezgebung vorgehen soll.

Väter der Völker! wenn euere Strafgesezgebung durch ihre Härte das Gefühl der Menschheit empöret, so veranlaßen euere Geseze zehn Verbrechen gegen einem, dem sie steuren“ (IX/22).

„Alle Grundsäze, Sitten, Geseze, Rechte, Freyheiten, Uebungen, Vorurtheile und Meinungen, um deren willen fruchtbare Menschen unfruchtbar bleiben sollten, sind die unzweydeutige Quellen dieses allgemeinen Staatskindermords.“ (IX/49)

„will er (der Staat) dem Uebel vorbiegen, so muß er verhüten, daß so wenig Menschen als möglich, kinderlos, unfruchtbar und unverheurathet in seinem Schoos leben, und wenn ers nicht kann, wenn ers veranlaßet oder duldet, daß Schaaren von fruchtbaren Menschen in seinem Schoos leben, die kinderlos bleiben sollen, so muß er die Natur der Menschheit nicht verkennen, er muß wissen, daß diese Herrscherinn in alle Geschlechter der Erden einen unwiderstehlichen Trieb zur Fortpflanzung gelegt hat, und er muß Handlungen, die mit gegenseitiger Einwilligung die Befriedigung dieses Naturtriebs zum Endzwek hatten, in ihren Folgen nicht willkührlich drükend und hart machen.

Die Natur legt aller Menschheit, die in Befriedigung dieses Naturtriebs sich fortpflanzet, Vater- und Mutterpflichten auf –

Sitten und Geseze heiligen diese Pflichten im Ehestand – sie sind bey unverehelichten Eltern nicht minder heilig – ...

Hingegen wären auf der andern Seite Geseze und Sitten, welche unverehelichte Eltern zur freyen und gutmüthigen Erfüllung ihrer Naturpflicht hinlenken, und sie, so weit sie Eltern sind, folglich so lang das Kind lebt, zur gegenseitigen Mitwirkung zu diesem Endzwek verbinden, und zu gegenseitiger Menschlichkeitsgenießung und Freude, am Erfolg dieser Erfüllung ihrer Naturpflicht, und am Segen Gottes des Menschen Vaters, der oft so vorzügliche Gaben in uneheliche Kinder gelegt hat, aufmuntern würden – Solche Geseze wären ein sicheres allgemeines, und vielleicht das einzige Mittel, die unzahlbaren Greuelfolgen der Unkeuschheitsfehler Europas zu hemmen.“ (IX/50)

Der Staat „darf das Band der unverehelichten Verbindungen, besonders in so fern es Mutter und Kind beruhigen soll, nicht trennen.

Er darf den Vater von der ganzen ausgedehnten Pflicht, die die Natur ihm fur Mutter und Kind aufgelegt, nicht entlassen, oder er zeige diesen einen Realersaz dagegen, und dieser Ersaz kann für das Mädchen in nicht weniger bestehen, als daß ihm sein Mutterstand nicht zur Kränkung, und sein Kind nicht zur Last wird. ...

Die Endzweke der Weisheit und Menschlichkeit, zu retten was zu retten ist, zu bilden was zu bilden ist, empor zu heben was empor zu heben ist ... Alles dieses ruft laut –

Fürst! verheurathe deine Jugend, und straf das unversorgte Volk, das nicht heurathen kann, nicht, wenn es die Bedürfnisse seiner Natur befriediget, und nicht kinderlos bleibt, sonder lenke alle Väter und Mütter deines Reichs, mit Kraft dahin, daß sie alle, alle die Unverehelichten wie die Verehelichten, ihre Kinder lieben, erhalten und versorgen wollen, und lieben, erhalten, und versorgen können.“ (IX/51)

„Für den Staat ist ein uneheliches Kind nur in so fern ein Schaden, als es nicht recht erzogen wird. –

Für die Menschheit ist ein uneheliches Kind unzweydeutig ein Gewinnst, wenn es recht erzogen wird –

Und für seinen Vater und für seine Mutter ist ein uneheliches Kind ein Band ihrer Menschlichkeit, und ein Mittel ihrer Besserung, so lang sie ihns ungekränkt lieben dörfen – Es wird ihnen aber zur Quelle ihrer lezten Verheerung, wenn sein Daseyn ihnen ihr Leben vergiftet. –

Der Mittelpunkt alles Menschenverderbens ist Verhärtung des Herzens; die einfache Befriedigung seines Naturtriebs aber führet unendlich weniger zur Verhärtung des Herzens als die gewaltsammen Ueberwindungen und die krummen Ausweichungsarten des natürlichen Beyschlafs. –

Aber unsere Sitten und Geseze sind wie dazu eingerichtet, den Menschen zu verhärten." (IX/52)

„Ich nehme den Reihen der Ursachen des Kindermords abermals vor mich, und fasse von neuem die Natur der Quellen und der Gegenmittel des Uebels ins Auge, und ich sehe, daß sich die Quellen der That allgemein von Gesinnungen und Umständen, bey denen das reine Glük der stillen häuslichen Genießungen untergraben, herleiten lassen, und daß die Mittel, welche demselben entgegen wirken, mit gleicher Kraft für die Sicherstellung des Hausglüks wirken müssen. ...

Alles was von nahem oder von fernem das Hausglük des Volks untergrabt und zerstört, befördert nahe oder ferne den Kindermord, und alles was nahe oder ferne das Hausglük des Menschen sichert, in Ordnung bringt, und in Ordnung erhält, verhütet eben so nahe oder ferne den Kindermord" (IX/160).

Ich „schließe, daß die Kraft, welche die Vorstellung von den Todesstraffen bey einem Mädchen in Lagen, welche zum Kindermord führen, hat, seye nicht groß genug, um dasselbe von dieser unglüklichen That zurük zu halten." (IX/178)

„Endliche Beantwortung der Frage

Welches sind die besten ausführbaren Mittel, dem Kindermord allgemein Innhalt zu thun?

Die Ausbildung des gemeinen Manns zu der frommen Weisheit eines reinen und glüklichen Hauslebens, ist das einige Mittel, den Verbrechen des Volks Innhalt zu thun – Diese aber ist nur durch die innere Veredlung der höhern Ständen und der Macht, in deren Hand der gesezgeberische Wille gelegt ist, zu erzielen möglich." (IX/181)

„Gesezgeber! Ihr müßt das Zukönftige
durch das Gegenwärtige
an das Vergangene anknüpfen.
Das Gegenwärtige ist also
das eigentliche Band eüeres großen Werks.“
(X/158)

5. Politik: „Ich denoncire mich selbst als parteiisch fürs Volk“ – Ja oder Nein (1793)

5.1. Zusammenfassende Beschreibung

Hintergrund

Die Schrift „Ja oder Nein“ – mit dem Untertitel: „Äußerungen über die bürgerliche Stimmung der europeischen Menschheit in den oberen und unteren Stenden. Von einem freyen Man“ – beschäftigt sich mit den Ursachen, die zur Französischen Revolution geführt haben, und gibt die Einschätzung Pestalozzis über die Vor- und Nachteile dieses Ereignisses wieder. Sie ist so ein Dokument seines politischen Denkens, eine Etappe in einem vielschichtigen, von Brüchen und Widersprüchen nicht freien Prozeß (siehe dazu die kurze Charakterisierung des politischen Pestalozzi im Biographieteil). Das kurzzeitige Ende der absolutistischen Herrschaft in Frankreich war ein herausragendes Ereignis für alle europäischen Staaten, mußten sie darauf unmittelbar reagieren: durch eine mehr oder weniger radikale Reformpolitik, durch Förderung oder Unterdrückung revolutionärer Bewegungen im eigenen Land. Alle waren aufgerufen, Stellung zu nehmen, zu befürworten oder abzulehnen.

Am 26. August 1792 hat die französische Nationalversammlung Johann Heinrich Pestalozzi das französische Ehrenbürgerrecht verliehen, eine Auszeichnung, die u.a. auch Friedrich Schiller zuteil wurde. Es wird vermutet, daß die Ehrung dem bekannten Schriftsteller von „Lienhard und Gertrud“ galt. In einem Brief von 1792 bedankt sich Pestalozzi („Ich bin alter Rebublicaner“), und er will es sich „zur Pflicht machen ..., meinem neuen Vatterland meine Dienste zu weihen“: „Ich kan im Fach der Volksbildung Licht geben wie niemand" (Rang, S. 45), ein Wunsch, der allerdings ebensowenig realisiert wurde, wie Pestalozzis frühere Bemühung, an einem Fürstenhof eine praktische Tätigkeit angeboten zu bekommen.

„Ja oder Nein" ist geschrieben auf dem Hintergrund der Anerkennung der Verleihung der französischen Ehrenbürgerschaft, aber die Schrift ist entstanden durch die Kenntnis der Berichte, die von der zunehmenden Radikalisierung der Revolution und deren Gewaltexzessen sprachen. „Anarchie" kann für Pestalozzi kein positiver Zustand sein, da der Mensch nur in einer ruhigen politischen Situation sich glücklich entwickeln kann. Was aber sind die Gründe dieser Gewalttätigkeit? Liegen sie in dem demokratischen Aufbegehren des Volkes gegen den König, so daß die natürliche, von Gott gegebene Ordnung verletzt wird? Oder haben sie im Gegenteil in den Machtverletzungen und dem Machtmißbrauch der Verhältnisse, die der Revolution vorausgingen, ihre Ursachen? Im ersten Fall muß man „Nein" zur Revolution sagen, im zweiten „Ja". Pestalozzis Antwort in dieser Schrift ist eindeutig: Die Aristokratie hat abgewirtschaftet, weil sie das Volk unterdrückt und nur egoistisch in die eigene Tasche gewirtschaftet hat. Die Revolution ist daher ein notwendiger Übergangsschritt, aber die neuen Machthaber müssen aufpassen, daß durch die gewaltsame Unterdrückung eines Teils durch den anderen die Ziele der Revolution nicht gefährdet werden, und so die Machteliten zwar ausgetauscht, die ungerechte, unterdrückende politische Struktur aber unter den Händen fortgesetzt wird. Die Überlegungen im einzelnen.

Analysen

Pestalozzi beginnt mit der Feststellung, daß der Mensch normalerweise nicht zur politischen Veränderung neige, und „normalerweise" meint eine Situation, in der er glücklich und zufrieden in seinem Umkreis leben kann. Wenn aber diese Bedingung nicht erfüllt ist, wenn der Bürger sich ungerechtfertigten Angriffen ausgesetzt sieht, wenn sein Eigentum bedroht ist, wenn er durch seine eigene Arbeit sich nicht mehr erhalten kann, dann bleibt ihm nichts anderes übrig, als – auf welchem Wege auch immer – nach einer veränderten Verfassung zu suchen.

Durch die Gewaltherrschaft der Monarchie vor der Französischen Revolution war eine solche Situation gegeben. Die monarchische Oberschicht war egoistisch: Macht und Besitz hat sie sich immer mehr auf Kosten des Volkes angeeignet, und so den eigenen Lebensspielraum zuungunsten der breiten Mehrheit der Bevölkerung immer mehr ausgedehnt. Während gerechte politische Verhältnisse in einem ausgeglichenen Verhältnis von Geben und Nehmen bestehen, hat das monarchische System für das Volk nichts getan, aber alles von ihm gefordert. Dieses große gesellschaftliche Unrecht hat es dabei ungerechtfertigter Weise in Recht umdefiniert, und diejenigen, die politische Reformen anmahnten, wurden denunziert. Die politischen Machthaber vererbten ihre Privilegien auf ihre Kinder, während die politisch Machtlosen und Entrechteten nur ihre Macht- und Rechtlosigkeit weitergeben konnten. Der Kreislauf der gesellschaftlichen Ungerechtigkeit geriet in immer schnellere Bahnen und nahm an Rücksichtslosigkeit zu, bis jeder, der von diesem System profitierte, glaubte, der Staat existiere für ihn, und nicht er müsse seinem Volk dienen.

Die Verderbtheit der Oberen verdarb auch die abhängigen Unteren. Das Familienleben wurde zerstört und die Möglichkeit, sich durch seiner eigenen Hände Arbeit ernähren zu können, schwand. Es kam zu materieller Armut und Hunger. Das Volk sollte für die Herrschenden alles tun, aber sie sollten als selbständige, einzelne Menschen nicht mehr zählen. Pestalozzi benutzt hierzu ein anschauliches Bild: „Man wollte es haben, daß die Zaunstekken, die man aus den Menschen machte, an ihren Pfählen angereihet, grünen und blühen sollten, als wenn sie mit Safft und Krafft und mit allen Wurzeln in dem Buden stunden." (121)

Die Kirche hat ihren Beitrag zur Legitimierung dieser ungerechten Verhältnisse geleistet. Den Unterdrückten wurden sie als gottgewollt und unveränderbar hingestellt, und ihr Wunsch, wieder zu einem gerechteren politischen Zustand zu gelangen, wurde als Sünde wider Gott denunziert. Das Christentum erschien so als Mittel, die Sklaverei wieder einzuführen, während Gott in Wirklichkeit doch für die Armen und Entrechteten einsteht.

Der Kreislaufprozeß von Egoismus, Unterdrückung, Gewalt, Ausbeutung hat jedoch seine Grenzen, die, wenn sie überschritten werden, daß Volk zwingen, mit Gewalt auf ihre Rechte aufmerksam zu machen. Doch der Königs- und Fürstenstaat war so verblendet, daß er diese Grenze nicht sah und deshalb zu rechtzeitigen politischen Reformen nicht fähig war. Die Revolution – als Versuch der gewaltsamen Befreiung – war deshalb die notwendige Folge.

Pestalozzi begrüßt die Revolution, weil sie der grenzenlosen Anmaßung der Herrschenden Grenzen setzt und in ihrer Forderung nach Freiheit das Recht des einzelnen Bürgers betont. Der Freiheitsbegriff ist für Pestalozzi das Korrektiv gegen unrechtmäßige Machtansprüche (egal in welcher Herrschaftsform), und es ist wichtig, sich zu verdeutlichen, was er darunter versteht. Zunächst negativ: Freiheit ist nicht die Erlaubnis zu tun, was man will, sich rücksichtslos gegen andere durchzusetzen, sich anderer Menschen als Objekte zu bedienen; Freiheit meint nicht: willkürlich und egoistisch zu handeln. Wenn Pestalozzi manchmal negativ von „Freiheitsverderben" oder „Freiheitstaumel" spricht, dann hat er diese abzulehnenden Aspekte im Blick. Positiv gesehen ist Freiheit eingebunden in die soziale Verantwortung, nicht mehr triebhafte Durchsetzung von Eigeninteressen, sondern sittliche Verbesserung des Menschen. Politisch meint Freiheit die Einschränkung willkürlicher Macht. In jeder politischen Verfassung neigen die Oberen zur Ausbeutung des Volkes, und ein Volk ist frei, wenn es dieser Gewalt Grenzen setzen kann.

In dem Staat, der eine gerechte politische Verfassung hat, muß jederman sich und seine Familie materiell erhalten können, er muß als Mensch mit Menschenwürde behandelt werden, und er muß sich vor Übergriffen auf seine Person durch andere sicher fühlen. Damit diese Ziele erreicht werden, muß die politische Verfassung auf Rechtsstaatmäßigkeit beruhen, und es muß ein Bildungswesen geben, in dem jederman die für ein selbständiges Leben notwendigen Fähigkeiten erlernen kann.

Begrüßt so Pestalozzi die Französische Revolution und das in ihr enthaltene Freiheitsversprechen, so ergibt sich die Frage: Warum gibt es bei der Durchsetzung solch positiver Ziele soviel Gewalt? Warum verdreht sich der Veränderungsprozeß so rasch in sein Gegenteil und setzt die Unterdrückung eines Teils der Menschen durch den anderen unter umgekehrten Vorzeichen fort? Warum enden Revolutionen, die mit hohen ethischen Ansprüchen antreten, in totalitären Staaten? Pestalozzi gibt auf diese Fragen zwei Antworten: Zunächst einmal verweist er auf die lange geschichtliche Erfahrung der Gewalt, die auch die „unteren Menschen" sittlich pervertiert hat. Die Unterdrückung bewirkt, daß politische Auseinandersetzung nicht mehr anders als in gewaltsamer Unterdrückung gedacht werden kann, und statt der Ausbeutung der Vielen durch die Wenigen hat nun die Ermordung der Wenigen durch die Vielen statt. Die Vorzeichen der Gewalt werden verändert, aber das Korrektiv des zu verwirklichenden Freiheitsversprechens – als Einschränkung jeglicher willkürlichen Macht – wird nicht eingelöst.

Neben den Faktor der „Lernerfahrung" tritt Pestalozzis grundsätzliches Menschenbild, mit dem wir uns im nächsten Kapitel näher beschäftigen wollen. Danach ist dem Menschen zwar ein Streben zum sittlich Besseren eigen, aber er hat auch seine „tierischen" Anteile. Der Mensch ist auch Triebwesen, das rasch und egoistisch seine eigenen Bedürfnisse befriedigen will, ohne auf seine

Mitmenschen Rücksicht zu nehmen. In Zeiten der Befreiung werden sich diese tierischen Anteile bei den bisher unterdrückten Schichten äußern, die jetzt ihre Chance sehen, eigene Interessen, die bislang nicht zur Geltung kamen, auf Kosten der alten Machthaber durchzusetzen. Jeder Machtelite, der monarchischen ebenso wie der republikanischen, ist es eigen, daß sie ihre Macht nicht beschränken, sondern daß sie sie immer mehr auf Kosten der anderen ausdehnen will.

Aus der eindeutigen Bejahung der Französischen Revolution einerseits und dem klaren Sehen der falschen Gewalttätigkeit andererseits ergeben sich Hinweise Pestalozzis für das, was jetzt politisch geboten sei. Auffällig ist, daß die Form des politischen Denkens die gleiche bleibt wie bei „Lienhard und Gertrud" und in „Ueber Gesezgebung und Kindermord". War es dort die Hoffnung auf die aristokratische Führung, die den Zustand zum Besseren wenden sollte, indem sie ihre Vaterpflichten für das Volk positiv annahm, so wendet sich Pestalozzi auch jetzt an die politisch Führenden der Republik. Sie müssen den Menschen und das Volk einerseits so sehen, wie sie tatsächlich sind, also Ventile für den berechtigten Volkszorn schaffen, sie dürfen andererseits nicht noch Öl in das Feuer der Aggressivität gießen, sondern sie sollen zur Mäßigung aufrufen. Sie dürfen nicht um kurzfristiger Vorteile wegen die Volksstimmung ausnutzen, die nach Rache an den alten Machthabern ruft, sondern sie sollen den weiten Blick für die Mitmenschlichkeit haben, die es erst aufzubauen gilt. Kernpunkt ist deshalb die erzieherische Reform: Jeder Mensch muß zur Emporhebung seiner Sittlichkeit gebildet werden, denn nur wenn das tierische Verderben in dem einzelnen aufgehoben ist, kann auch der Staat sittlich regiert werden.

Pestalozzis politisches Programm besteht so aus einer Widersprüchlichkeit: Auf der einen Seite betont er das demokratische Prinzip, nach der jeder zur Menschlichkeit gebildet werden kann und muß, damit ein freiheitlicher Staat mit Zufriedenheit und Glück für alle aufgebaut werden kann. Auf der anderen Seite gilt das aristokratische Prinzip: Die Volksmasse ist zu leicht korrumpierbar, als daß sie nicht in ihren Egoismus zurückfiele. Deshalb bedarf es der richtigen Staatsführung der Wenigen, die die Sittlichkeit im Staat garantieren. Dieses aristokratische Demokratieverständnis Pestalozzis findet in seinen Bemerkungen über die richtige Auswahl der Volksvertreter seinen Ausdruck: Entscheidend ist nicht die gleiche Einflußnahme eines jeden, sondern „die Sicherstellung des Übergewichts der Unbestochenen und Rechtschaffenden gegen den schlechten, bestechbaren Bürger" (162). Sie müssen selbst integer sein und ihre eigenen Interessen zu beschränken wissen, und sie müssen aus eigener Anschauung das Volk mit seinen Bedürfnissen tatsächlich kennen.

Zeitbezug

Die Geschichte wiederholt sich nicht, und es wäre naiv, Pestalozzis Betrachtungen zur Französischen Revolution auf heutige Zeitereignisse zu übertragen. Aber weil seine politische Analyse auf einem grundsätzlichen Menschenbild beruht, ergeben sich doch Hinweise für uns, die der Beachtung wert scheinen. Der Erfahrungen unseres Jahrhunderts mit totalitären, nationalistischen Regimen hat beides bestätigt: Wie sehr der Mensch erniedrigt und geknechtet werden kann, aber auch daß die Übertreibung dieser Unterdrückung des Volkes notwendiger Weise Gegenkräfte zur Befreiung auf den Plan ruft. Das Schicksal der sozialistischen Staaten haben Pestalozzis Sicht bekräftigt, wie schnell eine humanistische Idee in ihr Gegenteil umschlagen und einen Terror hervorrufen kann, wenn sie in eine totalitäre Ideologie hinübergeht.

Jeder Staat, auch der demokratische Rechtsstaat, bedarf eines Korrektivs, das die eigene Machtbefugnis einschränkt. Der Staat kann nicht das Glück der einzelnen herstellen, vielmehr zeigen unsere Erfahrungen wie schnell dies in terroristische Macht umschlägt, weil alles, was diesem geplanten Glücksstreben entgegensteht, gemordet werden muß. Sondern Glück und Zufriedenheit müssen von jedem einzelnen selbsttätig in Angriff genommen werden, und der Staat kann und muß dazu die Rahmenbedingungen herstellen: die ökonomischen, damit jederman sich durch seiner eigenen Hände Arbeit unterhalten kann; die rechtlichen, damit jederman vor Übergriffen durch andere, auch des Staates selber, sicher ist; und die erzieherischen, damit jederman eine Bildung erhält, die seine individuellen Fähigkeiten und Möglichkeiten entwickelt. Nur ein sich selbst beschränkender Staat wird vor den Gefahren des willkürlichen Machtmißbrauchs sicher sein, doch ein solches Ziel wird nicht als Zustand einmal erreicht, sondern es muß ständig neu zu verwirklichen versucht werden. Erziehung und Bildung spielen in diesem Staat, der nicht wie die Revolution auf Gewalt, sondern auf beharrliche Reform zum besseren setzt, eine große Rolle.

5.2. Textauszug

„Was will der Mensch eigentlich, wan er Freyheit sucht? Ich sehe nichts anders, als er will ungehemmt die Hinternisse, welche die Verirrungen der Regierung seinem bürgerlichen Wohlstand in den Weg legen konten, aus demselben wegräumen. Alle Privilegien, alle Rechte, alle Freyheiten der Völker scheinen nichts anders zu seyn, als geselschafftliche Maaßreglen zu diesem Zwekk.

Auch heißt man bestimmt diejenigen Völker frey, die auf eine rechtsbeständige Art gegen solche Hinternisse, die die Regierungen ihrem Wohlstand in den Weg legen konten, gesichert sind, nicht freye hingegen diejenigen, die nicht also dagegen gesichert sind.“ (X/144)

„Da aber alle Maassreglen, die diesen Endzwek würklich erzihlen sollen, einen demselben genugthuenden Grad von gesäzlich gesicherter Volkskraft voraussezen, so bestehet das Wesen der bürgerlichen Freyheit offenbahr in einem demselben also genugthuhnden Grad von gesäzlich gesicherter Volkskraft gegen die Regierungsverirrungen, und das Wesen der Sklaverei hingegen im Mangel derselben.“ (X/144f)

„Und da es ganz offenbahr gegen alle Endzweke der bürgerlichen Vereinigung streitet, irgend einer Klaß von Theilhabern dieser Verbindung einen genugsamen Grad von Sicherheit gegen die Verirrungen der andern zu versagen, so ist es unstreitig, daß die bürgerliche Freyheit nichts anders, als eigentliche Sicherung des Menschenrechts im geselschaftlichen Zustande, folglich ein wesentlicher Zwek aller bürgerlichen Verbindung, und das Erbtheil eines jeden Menschen, der in einer wahrhaft gut organisierten Staatsverfassung lebt.

Aber worum fließen dan Ströme von Blut, wan ein Volk frey sein will?

Der Grund ist heiter. Die Naturtriebe der Menschheit bleiben ewig stärker als ihre gesellschaftliche Weisheit. Der Mensch im Besiz des phisischen Übergewichts läßt sich auch im Mißbrauch seiner Macht nicht einschränken, bis er muß. Der Stärkere hält die Unterjochung der Schwächeren immer für sein Recht, bis der Schwächere der Stärkere wird, und dieses geschiehet gemeiniglich dadurch, daß er den Schwächern durch die Verirrungen seiner Ansprüche wühtend macht und in diesem Zustande Kräfte fühlen läßt, die er vorher nicht an sich kante.“ (X/145)

„Die Geschichte sagt also laut: Die Freyheit hat der Menschheit allenthalben Gutes gethan, wo sie sich erhalten, und die ganze Menschenrace ist allenthalben schlechter, geringer und unglüklicher geworden, wo dieses gesellschafftliche Bedürfnis unbefriedigt geblieben.

Wann wir denn aber fragen: Worauf ruhet diese gesezliche Volkskrafft, die, indem sie also den Verirrungen der Regierungen ein Zihl sezt, die Menschenrace veredlet und den Wohlstand der Landseinwohner allgemein erhöhet, so zeigt es sich, sie ruhet auf Brodrechten, Ehrenrechten und Sicherungsmaaßreglen vor Leib- und Lebensgefahren; und das Wesen dieser Rechte und dieser Maaßreglen besteht einerseits in gesezlich eingelenkten und gesicherten Bildungsanstalten, um es dem durch dieselben begönstigten Landseinwohner zu erleichtern, sich unabhängendes Brod, ungehudlete Tage, und ein ehrenhafftes Alter zu verschaffen, anderseits wieder in eben so gesezlich eingelenkten und gesicherten Vorsehungsanstalten, um die bürgerliche Obermacht zu verhindern, dem also gesezlich begönstigten Landseinwohner die Vortheile, die er aus seiner bürgerlichen Lag und aus seiner bürgerlichen Bildung zu ziehen im Stand und berechtiget ist, nicht willkührlich zu schmälern." (X/148)

„Der Zwek dieser Maaßreglen geht allgemein dahin, daß nicht leicht jemand, wer der auch seye, den gesezlich begönstigten Landeseinwohner an Leib, Ehr und Gut kränken und beeinträchtigen könne, daß dieser vielmehr vor allen diesen Gefahren, gegen jedermann, vorzüglich aber gegen den Mißbrauch der oberkeitlichen Gewalt wohl versichert lebe." (X/148f)

„Die Freiheit also ..., die, indem sie den Verirrungen der Regierungen ein Zihl setzt, die Menschenrace veredlet und den Wohlstand des Landes erhöhet, diese Freiheit ist also nichts weniger als ein Recht, alles das zu thun, was durch kein Gesäz verbotten ist.

Sie ist vielmehr eine gebildete Krafft des Bürgers, das zu thun, was ihn als Bürger vorzüglich glüklich, und das zu hinteren, was ihn als Bürger vorzüglich unglüklich machen könte." (X/149)

„Freylich ist ... unstreitig: der Übergang der Menschheit aus der Sclaverey in einen rechtlich gesicherten Zustand wird gewönlich durch eine Gemüthsstimmung des Volks veranlaßet und scheint oft sogar eine solche Gemüthsstimmung zu fordern, die der sittlichen Ordnung des gesellschafftlichen Zustandes geradezu entgegensteht.

Die Anarchie der Wenigen findet gewönlich nur in der Anarchie der Villen ihre Grenzen, und es ist unstreittig richtig: in dem Zeitpunkt der Blutfehde zwischen dem Freyheitswunsch und den Tyraneyansprüchen sind offt Tollkühnheit, Blutdurst, Lügen, augenblikliche Nachsicht für Raub und Mord und für das ganze Taumelleben der

Gesezlosigkeit, für die Sache der Freyheit ebenso vortheilhafft benuzt worden, als es für die Sach der Tyraney ein ganz Gewohntes ist, alle diese Dinge zur Erzielung ihrer Enzwecke, wo und wann man es immer dienlich findt, zu gebrauchen." (X/153)

„Es ist ferner wahr: Die Tyraney, die durch jede Freyheitsansprüche ihre Fassung gewönlich mehr als durch irgend etwas anders verliert, hat gar oft die Graüel dieses Übergangs absichtlich erhöhet und verlängert. Allemal aber ist richtig: die Sinnlichkeit, der Blutdurst und die Raserey der Völker, die für die Freyheit fechten, sind immer eine Folge des Zustands, aus welchem sie herausgehen, und nicht desjenigen, in welchen sie hineintretten wollen." (X/154)

„Ich kenne kein Mittel, ein Volk, das der Despotismus Jahrhunderte abrutiert, by erwachenden Freyheitsgefühlen im Respect für das Eigenthum, im Abscheu vor dem Blutvergießen zu erhalten, und ihns zu der Selbstüberwindung hinzulenken, auf welche alle burgerliche Freiheit der Menschen ruhen muß, als gesezgeberische Aufmerksamkeit auf die Erhaltung der reinen Gefühle einer fromen, religiosen Volksstimmung." (X/162f)

„Die Erfahrungen eines Lebens, das die Thorheiten der Glaübigen und der Unglaübigen bald alle durchlaufen, hat mich zur Überzeugung gebracht, die Stimmung der menschlichen Natur, bey welcher unser Geschlecht die wahre gesellschafftliche Freyheit allein wirklich genießen kann, ruhe unumgänglich auf einer beym einzeln Menschen allgemein reg gemachten Sehnsucht nach innerer Veredlung seiner selbst und auf einem redlich thetigen Bestreben, die Gewaltsamkeit seiner Neigungen zur Schrankenlosigkeit des Naturlebens und der Naturfreiheit in sich selber zu bekämpfen." (X/163)

„Soviel sahe ich bald,
die Umstände machen den Menschen,
aber ich sah eben sobald,
der Mensch macht die Umstände,
er hat eine Kraft in sich selbst,
selbige vielfältig nach seinem Willen zu lenken.“
(XII/57)

6. Anthropologie: „Der Mensch ist ein hohes Wunder im chaotischen Dunkel der unerforschten Natur“ – Meine Nachforschungen über den Gang der Natur in der Entwicklung des Menschengeschlechts (1797)

6.1. Zusammenfassende Beschreibung

Menschenbilder

Eltern, Kindergärtnerinnen, Heimerzieherinnen, Lehrerinnen haben, wenn sie praktisch erzieherisch tätig werden, ein Vorverständnis darüber im Kopf, was der Mensch ist und was er durch Erziehung werden kann. Meistens sind uns diese Annahmen nicht bewußt, und erst in außergewöhnlichen Situationen werden wir gezwungen, uns darüber Rechenschaft abzulegen. Ein wichtiger Aspekt in bezug auf die grundlegende Frage nach dem Menschen ist die Bewertung von „gut“ und „böse“. Ist der Mensch von Natur aus gut, und besteht Erziehung deshalb in der wohlwollenden Unterhaltung und Stützung der in dem Kind angelegten Triebkräfte? Oder neigt der Mensch von Natur aus zu egoistischem und schlechtem Verhalten, so daß Erziehung deshalb die Aufgabe hat, das Kind in seiner Triebhaftigkeit zu beschränken, ihm soziale Tugenden von außen beizubringen? In der Geschichte der Pädagogik bewegen sich die Antworten auf diese Fragen zwischen zwei entgegengesetzten Polen: Der Mensch ist gesehen worden als ein durch die

Erbsünde belastetes Wesen, dessen Schlechtigkeit und Unwissenheit durch Erziehung zu bekämpfen sei; und der Mensch ist gesehen worden als Ebenbild Gottes, als von Natur aus gut, das allenfalls durch gesellschaftliche Einflüsse zum schlechten verführt wird.

Die meisten der heutigen Erziehungsverständnisse sind getragen von einem optimistischen Menschenbild: Es gilt der Glaube an die Unschuld des Kindes, das seinen richtigen Wegweiser in sich hat und nichts böses denkt, fühlt und handelt, bevor es nicht durch schlechte äußere Einflüsse verdorben wird. Wenn wir bei dem Kind Handlungen beobachten, die das Gegenteil anzuzeigen scheinen, dann wird der Erzieher die Schuld nicht bei dem Kind, sondern bei den anderen – den Eltern, dem Fernsehen, der Ernährung, der Gesellschaft – suchen. Dies geht bis zu dem Punkt, an dem das Wort „Schuld“ ganz aus dem Vokabular gestrichen wird. Es gibt Verwicklungen unglücklicher Umstände, aber keinen Schuldigen, es gibt gesellschaftliche Ursachen, die aufzuklären sind, aber keine Einzelperson als letztliche Verursacherin des „Bösen“ (wieder so ein Wort, das lieber zu streichen wäre).

Betrachten wir Einzelszenen: Noch nicht ganz Zweijährige im Sandkasten. Alles erscheint friedlich: Eimer füllen und umschütten, mit dem Schippchen Sand anhäufen, mit den Händen im Sand graben. Einmal sind sie für sich allein in ihre Tätigkeit versunken, dann lachen sie sich voll Zufriedenheit an und plappern sich etwas zu. Plötzlich der Umschlag: Er zertrampelt ihre Sandburg, wirft Sand auf ihre Haare, bemächtigt sich ihres Eimerchens. Ihr Weinen steigert seine Aktivität; Glanz schwindet aus dem Kindergesicht und macht überlegener Großmannssucht Platz. Je schwächer sie wird, desto mehr wächst seine Aggressivität. Sie läuft schließlich zur Mutter, während er seine Beute ins Gebüsch rettet.

Die andere Seite: Wir leben jetzt in Deutschland seit 50 Jahren in einem Zustand des äußerlichen Friedens. Was Krieg bedeutet, wird durch Fernsehbilder veranschaulicht, für unser eigenes Fühlen und Denken ist es nicht vorstellbar. Und dann die Berichte des Krieges aus einem europäischen Land, das wie wir befriedet schien: menschliche Opfer von Massakern, aber auch deren menschliche Täter, Hunderttausende von Vertriebenen, aber auch deren Vertreiber, im Granatenhagel Ermordete, aber auch die Zünder der Granaten. Es gibt den Satz: „Der Mensch ist dem Menschen ein Wolf.“ Der Schweizer Schriftsteller Adolf Muschg hat diesbezüglich geschrieben, dieser Satz sei eine Verleumdung der Wölfe, er müsse heißen „daß der Mensch dem Menschen ein Mensch ist“.

Und schließlich die Selbstreflexion. Ich weiß mich von jeglicher Schuld frei, will in Zufriedenheit mein Leben leben, bin bemüht, das eigene Wohl und das meiner Nächsten zu fördern. Dann Vorwürfe gerade in den Beziehungen, in denen ich am meisten zu lieben gedachte. Sicherlich: meine Ungeduld, meine Heftigkeit, aber „du mußt doch wissen, daß ich gerade dir wohl wollte". Die Verstrickungen nehmen zu, man will – im Gegenteil zu Mephisto in Goethes Faust – das Gute und schafft das Böse.

Was ist der Mensch? Wie wird er zu dem, was er ist? Was kann der Mensch sein? Wie kann er zu dem werden, was er sein soll?

Gelenkstück

Pestalozzis jetzt zu beschreibendes Werk „Meine Nachforschungen über den Gang der Natur in der Entwicklung des Menschengeschlechts" beschäftigt sich grundlegend mit der Frage nach dem Menschen. Es ist nicht so einfach zu verstehen, auch weil der konkret-sinnliche Teil – im Gegensatz zu den vorher behandelten und auch zu den später zu bearbeitenden Texten – vollkommen hinter der Entfaltung des großen philosophischen Entwurfs verschwindet. Pestalozzi ist darüber hinaus auf Grund seiner schriftstellerischen Möglichkeiten nicht der Autor, der komplexe Zusammenhänge präzise und systematisch auf den Punkt zu bringen versteht. Schließlich tragen die ständigen, teilweise wortwörtlichen Wiederholungen nicht zu einem kurzweiligen Lesevergnügen bei. Man spürt die Mühe, die Johann Heinrich Pestalozzi über mehr als drei Jahre gehabt hat, das Fundament seiner Lebensanschauung zu legen, auf das sich seine pädagogischen und politischen Überlegungen aufbauen.

Die „Nachforschungen" lassen sich als Gelenkstück in Pestalozzis schriftstellerischer Arbeit ansehen. Hier bringt er zusammen, was er ab der Entstehungszeit der „Abendstunde eines Einsiedlers" an Gedanken zu Mensch, Politik und Erziehung zusammengetragen hat, und er schafft sich eine Plattform, von der aus er sowohl praktisch wie schriftstellerisch weiter wirken wird. Zieht man die ersten 20 Jahre seines Lebens als Kind und Jugendlicher ab, so sind ca. dreißig Jahre – ausgefüllt mit vielen Aktivitäten und ein wenig Erfolg, aber auch mit viel Einsamkeit und einigen Enttäuschungen – bis zum Erscheinen der „Nachforschungen" vergangen, und eine fast eben so lange Lebensspanne liegt noch vor ihm – mit pädagogischen Aktivitäten und einer zweiten Erfolgswelle, aber auch wieder mit Einsamkeit und Enttäuschungen. Nachdem Pestalozzi mit diesem Buch die Grundlage seiner Menschen- und Weltanschauung gelegt hat, wird er fähig werden, in naher Zukunft praktisch erzieherisch tätig zu sein – ungewöhnlich spät für einen Mann von gut 50 Jahren.

Pestalozzi fragt, wer er selber sei, wie er zu dem geworden, der er jetzt ist, und welche Folgen seine Menschenerkenntnis für sein Denken und Handeln in der Zukunft haben werde. Dabei geht es nicht um eine biographische Aufarbeitung, sondern um die grundsätzliche Menschenerkenntnis, so daß die Beantwortung der Fragen für alle Menschen – unabhängig von Raum und Zeit – Gültigkeit haben. Einleitend macht er klar, auf welchem Weg er seine Untersuchungen anzustellen gedenkt: Er gelangt zu seinen Ergebnissen nicht durch eine gelehrte Abhandlung, er zitiert nicht Belege aus der Geschichte der Philosophie oder von damals aktuellen Versuchen zeitgenössischer Autoren (von denen es viele gab, die er teilweise auch kannte); sondern Pestalozzi gelangt zu seinen Ansätzen durch eine verallgemeinernd selbstreflexive Innenschau. Es gilt, „die Wahrheit, die in mir selbst liegt" (XII/6f), zu entdecken, und weil es um das am Menschen geht, was allen gemeinsam ist, so muß auch jeder andere Mensch die von Pestalozzi zu Papier gebrachten Erkenntnisse unmittelbar an sich bestätigen können.

In Kurzform: Pestalozzi begründet den Menschen als ein Wesen, das aus drei Schichten („Zuständen") besteht:

Jeder Mensch ist tierisches Wesen,
jeder Mensch ist gesellschaftliches Wesen,
jeder Mensch ist sittliches Wesen.

Der Ablauf der Geschichte der Menschheit zeigt ebenso wie die Entwicklung des einzelnen Menschen ein Nacheinander dieser drei Phasen, aber auch in meinem jetzigen Leben als Erwachsener sind alle drei Schichten in unterschiedlichen Mischungsverhältnissen präsent: als Triebwesen verlange ich die Befriedigung meiner aktuellen Bedürfnisse, als soziales Wesen muß ich mich in die Gemeinschaft einpassen, und als ethisches Wesen bin ich frei zu entscheiden, das von mir erkannte Gute zu wollen und zu tun.

Tier und Gesellschaft

Der Mensch ist wie das Tier ein Wesen aus Fleisch und Blut. Als solches hat er physische Kraft, um sich seine Bedürfnisse befriedigen zu können: Er geht auf die Jagd, tötet das Tier, zerlegt und brät es auf dem Feuer, um es zu verspeisen. Geleitet wird er von seinen Instinkten: Sie sagen ihm, wann die Zeit zum Angriff und wann die Zeit zum Rückzug gekommen ist. Ich muß nicht nachdenken, sondern handele unmittelbar „aus dem Bauch heraus". Weil ausschließlich instinktgeleitet, kann ich bei diesem tierischen Menschen nicht im moralischen Sinne von „gut“ und „schlecht“ sprechen: Die Triebe drängen sich dem Handelnden mit Zwangsläufigkeit auf. Sie beschränken aber auch deutlich seinen Aktionsradius: Gehandelt wird, wenn ein Bedürfnis unmittelbar vorhanden ist, und das Handeln wird eingestellt, wenn das Bedürfnis befriedigt wurde. Es gibt so keine vorausschauende Planung, und der Wert der Dinge wird danach bemessen, was sie zur aktuellen Befriedigung beitragen, und nicht danach, was sie später einmal bedeuten könnten. Die Bedürfnisse sind beschränkt auf körperliche Aspekte: Tritt im Körper ein Ungleichgewicht auf (z.B. Hunger oder Durst), wird gehandelt, ist das Gleichgewicht wieder hergestellt, so schläft, döst und träumt der „tierische“ Mensch und das Tier. Dies Ganze geschieht in einem unendlichen Kreislaufprozeß immer wieder neu, und eigentlich gibt es keine wirkliche Veränderung, sondern nur kurzfristige Störungen, die instinktartig ausgeglichen werden, damit wieder der Zustand der Ruhe eintritt.

Pestalozzi unterscheidet zwischen einem unverdorbenen und einem verdorbenen tierischen Zustand des Menschen. In dem ursprünglich unverdorbenen Zustand leistet das Instinktprogramm das, was es leisten soll. Der Mensch vereinigt seine triebmäßige Selbstsucht – die Welt so zu behandeln, wie er es für seine aktuellen, natürlichen, körperlichen Bedürfnisse braucht – mit einem tierischen „Wohlwollen“: Es tötet selbstverständlich das andere Tier, wenn er es zur Sättigung seines Hungers benötigt, aber er tötet nicht um des Tötens willen, nicht eigentlich aus aggressivem Antrieb, um den anderen zu schaden. In diesem unverdorbenen Naturzustand herrscht eine völlige Harmonie von Kraft und Begierden: Man kann instinktmäßig das, was man zur Befriedigung seiner Bedürfnisse benötigt – nicht mehr, aber auch nicht weniger –, und man hat keine Bedürfnisse, die man nicht befriedigen kann. Deshalb kann Pestalozzi diesem Zustand folgende Charakterisierungen zuordnen: friedlich, gutmütig, wohlwollend, sorglos, harmlos, behaglich, keine Anstrengung, keine Schmerzen, keine Abhängigkeit. Der Mensch im unverdorbenen Naturzustand ist glücklich, weil er in einem vollkommenen Gleichgewicht lebt. Die Situation unmittelbar nach der Geburt ist für Pestalozzi eine solche Phase im Leben eines jeden Menschen, die jedoch sofort wieder verschwindet, wenn das Kind weint, weil es durch Schmerz oder Hunger getrieben, sich unbehaglich fühlt. Das Kind wird von diesem Punkt weg in all die anderen Zustände hineinkommen, die im weiteren zu beschreiben sind.

Das ursprüngliche tierische Wohlwollen ist dahin, wenn die Befriedigung der körperlichen Bedürfnisse nicht mehr so leicht gelingt, wenn die Instinkte nicht mehr mit Sicherheit funktionieren. Jetzt gerät das Gleichgewicht von Kraft und Bedürfnis ins Wanken, und der Mensch muß sich anstrengen, um Befriedigung zu finden. Der noch immer im tierischen Zustand sich befindende Mensch ist nicht mehr sorglos, sondern er wird entweder kraftlos oder angespannt aggressiv. Er mordet aus Mißtrauen heraus, aber er sieht sich auch den Gefahren der Übergriffe durch andere ausgesetzt. Aus Selbstschutz wird er jetzt etwas tun, was er in seiner Selbstsucht des unverdorbenen Naturzustandes nicht getan hätte: Er wird sehen, mit seinen Mitmenschen einen Vertrag abzuschließen, der die Gefahr des aggressiven Übergriffs ausschließt. Damit schränkt er sich aber gleichzeitig in seiner eigenen tierischen Instinktfreiheit ein. Der Mensch geht vom tierischen in den gesellschaftlichen Zustand über.

Weil der Mensch aus dem Paradies des unverdorbenen Naturzustandes vertrieben wurde, wird er zur gesellschaftlichen Vereinigung gezwungen. Tierische Selbständigkeit, Freiheit und Bedürfnisbefriedigung sollen nun durch gesellschaftliche Selbständigkeit, Freiheit und Bedürfnisbefriedigung ersetzt werden. Doch dieser Prozeß gelingt nicht gradlinig, sondern er schafft typische Widersprüche, unter denen der Mensch leidet. Auf der einen Seite soll der gesellschaftliche Mensch mehr sein als der natürliche, die soziale Vereinigung soll ihm helfen, seine (immer noch tierischen) Bedürfnisse mit mehr Sicherheit befriedigen zu können; auf der anderen Seite bleibt der Mensch im gesellschaftlichen Zustand das egoistische, selbstsüchtige Tier. Der „Krieg aller gegen alle“, der den Menschen als Naturwesen auszeichnet, bleibt auch in der Gesellschaft erhalten, wenngleich seine Formen sich durch die Einführung gesetzlicher Spielregeln ändern, zivilisierter zu werden scheinen. Im gesellschaftlichen Zustand ändert sich das Verhältnis von Kraft und Bedürfnis, wobei dies oft auf eine Weise geschieht, die für die Glückseligkeit des Menschen nicht förderlich ist: Die Instinktkräfte des Menschen werden geschwächt, und in einer immer ausdifferenzierteren Berufswelt erlernt der einzelne Mensch einseitige Fähigkeiten. Durch die Arbeitsteilung erhöhen sich die gesellschaftlichen Kräfte insgesamt, so daß Leistungen erbracht werden können, an die vordem nicht zu denken war. Gleichzeitig steigt dadurch aber auch die Abhängigkeit der Menschen untereinander, wobei der Mensch am wenigsten zu ertragen vermag, Einschränkungen in seiner Selbständigkeit hinnehmen zu müssen. Erhöhen sich so durch die gesellschaftliche Arbeitsteilung die Fähigkeiten enorm, so hilft dies zur Befriedigung des Menschen wenig, weil gleichzeitig die Bedürfnisse immer mehr anwachsen. Es entstehen gekünstelte Wünsche, ohne deren Befriedigung der Mensch nicht mehr glaubt leben zu können, die aber nur seine Abhängigkeit erhöhen. Der gesellschaftliche Mensch strebt immer höher hinaus, aber er kann nicht mehr auf einem Punkt stehenbleiben und sein Leben ruhig genießen.

Die Folgen des gesellschaftlichen Zustandes, wie sie Pestalozzi beschreibt, sind für den Menschen nicht positiv: Er gerät aus dem Gleichgewicht, weil er nicht mehr bei sich selber bleiben kann, und die Zerstörung seiner Harmonie bedingt vor allem eine ständige Unruhe. Man mag sich ihn vorstellen wie einen Verdurstenden, der aus einem Salzmeer trinkt. Der unruhig hin und her getriebene Mensch gelangt zu keiner wirklichen Befriedigung, mißtrauisch beäugt er seine Mitmenschen, ob sie sich ihm gegenüber in Vorteil setzen wollen, und er verhärtet so immer mehr. Er behält seinen Egoismus, doch er verliert sein „tierisches Wohlwollen".

Nochmals zurück: Zweck des gesellschaftlichen Zustandes des Menschen ist die Möglichkeit größerer Sicherheit in der Befriedigung der Bedürfnisse. Dies soll erreicht werden, indem durch Absprachen und Verträge Rechtsstaatlichkeit erzielt wird. Jeder einzelne opfert so etwas von seiner Selbständigkeit und Freiheit, aber die Einschränkung des Egoismus garantiert das Überleben und steigert die Kraftentfaltung des Menschen.

Nun hat die ganze Geschichte aber einen Haken: Der Mensch bleibt in der Gesellschaft unverändert das egoistische „Tier", das er vorher war. Wenn er Macht hat, versucht er diese zu benutzen und immer mehr auszudehnen, um seine Mitmenschen zu unterdrücken. Er mißbraucht das Recht, damit er andere ausbeuten kann, und er setzt seine eigenen Bedürfnisse zum Maßstab des Handelns und entfremdet so die Mitmenschen als Mittel zu seinen Zwecken. Gewalt, Unterdrückung, Ausbeutung, Entfremdung sind die „natürlichen" Folgen des gesellschaftlichen Zustandes, weil die Maßlosigkeit der Macht durch nichts eingeschränkt wird. Recht und Ordnung wird in Rechtlosigkeit und Unordnung umgewertet. Wie kann dieser Prozeß, der die Menschlichkeit und Menschheit insgesamt bedroht, gestoppt werden?

Sittlichkeit

Pestalozzi spricht von einem „salto mortale auser dich selbst" (XII/39), um diesen Umkehrungsprozeß zu kennzeichnen. Wenn der Mensch über seinen tierischen Zustand hinausgeht, wenn er lernt, sich nicht instinktartig zu verhalten, sondern wenn sein Handeln durch bewußte Gedanken gesteuert wird, wird er sich sittlich verhalten. Nur der Mensch, der lernt, „mitten in den Banden des Fleisches göttlich zu leben" (XII/125), wird sich selbst vervollkommnen und dadurch erst ein Mensch werden, der sich vom Tier unterscheidet. Sittlich gebildet bin ich dann, „wenn ich mir das, was ich soll, zum Gesez dessen mache, was ich will" (XII/105). Ich verhalte mich dann nicht orientiert an kurzfristigen, egoistischen Vorteilen, sondern ich kann die Folgen meines Handelns daraufhin reflektieren, was sie für die anderen Menschen bedeuten. Meine Ziele ergeben sich dann aus der Berücksichtigung meines eigenen Wohlergehens mit dem der anderen. Gerechte ökonomische Verhältnisse, Gleichverteilung politischer Macht, friedfertiger mitmenschlicher Umgang, Aufhebung von Ausbeutung, Unterdrückung und Entfremdung – solche, dem Menschen eigenen Ziele ergeben sich nicht, wenn der Mensch triebgesteuert oder gesellschaftlich egoistisch sich verhält, sondern nur durch eine bewußte Steuerung des durch den Willen gelenkten Handelns.

Für unsere Ohren klingt ein Wort wie „Sittlichkeit" oft hohl, und Ziele, wie die oben wiedergegebenen, können Assoziationen einer weltfremden Heiligenideologie hervorrufen. Andere mögen an den verknechteten Menschen denken, der nicht nach seinen Bedürfnissen handelt, sondern sich an dem orientiert, was andere von ihm fordern. Wenn wir „Sittlichkeit" und „sollen" hören, mögen Kindheitserinnerungen an den gestreckten Zeigefinger hochkommen. Einige Erläuterungen mögen deshalb angebracht sein.

Gemeint ist mit Sittlichkeit nicht die Entfremdung, sich nach den Sollensvorschriften anderer zu richten, sondern im Gegenteil ein „Zu-sich-selber-Kommen" des Menschen. „Sittlichkeit", so sagt Pestalozzi, „ist ganz individuell, sie besteht nicht unter zweien. Kein Mensch kann für mich fühlen: Ich bin. Kein Mensch kann für mich fühlen: Ich bin sittlich" (166). Meine Triebe mögen mich zwingen, mich so oder so zu verhalten, und auch der gesellschaftliche Druck bewirkt nämliches. Allein im sittlichen Zustand bin ich es, der handelt und der Verantwortung für das eigene Handeln übernimmt. Auf Grund meines freien Willens entscheide ich, wie ich mich verhalte. Ich kann versuchen herauszufinden, was das Gute und Rechte sei, und ich kann mein Handeln danach ausrichten. Ich kann mich auch frei für das Schlechte und Falsche entscheiden, nur ich bin es, der sich entscheidet. Da helfen dann keine Ausreden: meine angeborene Veranlagung, die Erziehung durch meine Eltern, der gesellschaftliche Druck – der Mensch ist als sittliches Wesen von solchen Zwängen frei, er sagt selbst „ja" oder „nein" und gestaltet die Welt und vor allem sich selbst nach seinem eigenen Willen. Pestalozzi formuliert deshalb, wenn er von dem Menschen im sittlichen Zustand spricht, der Mensch sei „Werk seiner selbst".

Die Kraft zur Sittlichkeit, die Möglichkeit des Menschen, „Werk seiner selbst" zu werden, ist in der Natur des Menschen selbst angelegt. Wir müssen nochmals den bei Pestalozzi vielfältigen Naturbegriff aufgreifen. Natur meint einerseits das Instinkthafte, das uns durch unsere Erbanlagen Mitgegebene. Diesen Anteil hat der Mensch mit dem Tier gemeinsam. Die eigentlich „menschliche Natur" läßt sich darin jedoch nicht finden, denn dies würde den Menschen mit dem Tier gleichsetzen. Das genuin Menschliche muß dagegen in dem liegen, was den Menschen vom Tier unterscheidet, und dies ist seine Möglichkeit, sich gemäß vernünftiger Reflexion entscheiden zu können, und damit frei zu sein. Diese Kraft ist in der Natur des Menschen angelegt – nicht als erbgesteuertes Programm, sondern als die Fähigkeit des Gewissens und Willens, die jeder Mensch für sich selbst aufbauen und ausgestalten muß. Das Wesen (die Natur) des Menschen ist nicht „tierisch", sondern „göttlich".

Wenn der Mensch so Werk seiner selbst wird, kehrt er kreis- besser gesagt spiralförmig zu der paradiesischen Situation seines unverdorbenen Naturzustands zurück. „Thierisches Wohlwollen, sorgenlose Ruhe, Abscheu vor dem Blut, Glauben an das Lächeln der Menschen, diese Merkmale der Unverdorbenheit meiner Natur sind auch die ersten Kennzeichen, an denen ich die Beschaffenheit meines Geistes, von welcher meine Sittlichkeit ausgeht, wie in ihrer Knospe, ehe sich noch ihre Blühte entfaltet, zu erkennen vermag. Und wenn ich dann diese Beschaffenheit meines Geistes wieder bis an die äusersten Grenzen meiner sittlichen Vollendung verfolge, so finde ich auf den äusersten Punkten, auf denen ich die Vollendung der gereiften Früchte der Sittlichkeit zu erkennen vermag, eben diese Heiterkeit einer unumwölkten Stirne, eben diesen Frieden der Seele, eben diesen Abscheu vor dem Blut und eben diese Neigung zum Glauben an das Lächeln der Menschen." (XII/111) Und wenig später heißt es: „Wir kennen von der Sittlichkeit unserer Natur eigentlich wenig ausser dieser Arbeit an unserm verschütteten Selbst." (XII/112)

6.2. Textauszug

„Ich sehe den Menschen in seiner Höhle, er wandelt in derselben als ein Raub ieder Naturkraft dahin; das stärkere Thier zerreißt ihn, das schwächere vergiftet ihn; die Sonne trocknet seine Quelle auf, der Regen füllet seine Höhle mit Schlamm; Flüsse durchfressen den Damm seiner Wohnung, und er findet in sandigen Ebenen sein Grab; ... und wenn er drei Tage keinen Fisch und keine Ratte findet, so stirbt er.

Dennoch erhält er unter allen Himmelsstrichen sein Daseyn, und siegt allenthalben über alle Uebel der Erde.

Sein Leichtsinn ist unaussprechlich, wo ihm Nichts mangelt, da schläft er, wo er nichts fürchtet, da sonnet er sich, wo er sich nicht sonnet, da geht er auf Raub aus.

Allenthalben trieft er von dem Blut seines Geschlechts, er schüzt seine Höhle wie ein Tyger, und tödtet sein eigen Geschlecht, er spricht die Gränzen der Erde als sein an, er thut unter der Sonne, was er will.

Er kennt kein Recht, er kennt keinen Herrn; sein Wille ist sein einziges Gesez, und von der Sünde fragt er, was ist sie?

Aber wie sehr sie ihn auch reizt, die bluttriefende Freiheit der Erde, er kann sie nicht tragen, er erschlaft unter dem sonnigten Palmbaum: wo er Ueberfluß findet, da tödtet ihn eine Mükke, wo er Mangel leidet, da thötet ihn selber sein Ingrimm.

In allen Lagen sehnet er sich nach einem bessern Recht, als nach dem Recht seiner Keule.

In allen Lagen wird er müde des Kriegs mit seinem Geschlecht; in allen Lagen sehnet er sich nach der Vereinigung mit den Menschen, die er mordet.“ (XII/44)

„Schüchtern, aber nicht wild, geht er unter einem milden Himmel aus seiner Höhle, ein Stein ist ihm zu schwer, ein Ast ist ihm zu hoch, er fühlt: wenn noch ein Mensch bei mir wäre, ich höbe den Stein, ich pflückte den Ast; iezt sieht er einen Mann neben dem Stein, unter dem Ast; es drängt ihn ein Gefühl wie der Hunger und der mächtige Durst; er muß zu dem Mann neben dem Stein und unter dem Ast; iezt steht er neben dem Mann, in seinem Auge strahlt ein Blick, der noch nie darin strahlte, es ist der Gedanke, wir können uns dienen; im Auge des Nachbars strahlt der nämliche Blick; ihre Busen wallen, sie fühlen, was sie noch nie fühlten; ihre Hände schlingen sich in einander, sie heben den Stein, sie pflükken den Ast; iezt lachen sie ein Lachen das sie noch nie lachten; sie fühlen, was sie vereinigt vermögen.

Sie geniessen ihre Erkenntniß, ihre Kraft wächst mit ihrer Erkenntniß, ihr Genuß mit ihrer Kraft, die Zeichen ihrer Vereinigung vermehren sich, der Laut ihres Mundes wird Sprache.

Sie reden.

Jezt ist es geschehen, wie das Meer am Felsengestade, also findet die bluttriefende Freiheit meines Geschlechts am Wort des Menschen ihr Ziel.

Denn öde war sie und wüste, ehe der Hauch seines Mundes, ehe das Wort des Menschen über die Erde schwebte.

Aber mit dem Hauch seines Mundes baut der Mensch seinen Welttheil, und mit seinem Wort bauet er sich selber.

Er ist stumm, er ist ein Vieh.

Er redet, er ist ein Mensch geworden." (XII/45)

„Also ist es nicht wahr, daß der Urmensch friedlich lebte auf Erden, es ist nicht wahr, daß er die Erde ohne Gewalt ohne Unrecht und ohne Blut vertheilt hat; es ist nicht wahr, daß der Ursprung des Meins und des Deins in meinem Gefühle der Billigkeit und des Rechts zu suchen ist.

Es ist im Gegentheil wahr, das Menschengeschlecht theilte die Erde, ehe es sich auf ihr vereinigte, der Mensch riß an sich, ehe er etwas hatte, er frevelte, ehe er arbeitete, er richtete zu Grunde ehe er etwas hervorbrachte, er unterdrückte, ehe er versorgte, er mordete, ehe er antwortete ...

Ich war thierisch verdorben, ehe ich menschlich gebildet wurde, die Zeit meiner thierischen Unschuld gieng wie ein Augenblick vorüber, mein thierisches Verderben war plözlich da, und dauerte lange, und ich schmiegte mich nur durch das Elend seiner Folgen gebeugt, ins Joch des bildenden gesellschaftlichen Lebens.

... aller Koth der Erde hat nun seinen Herrn." (XII/46)

„nun wird deine Höhle ein Haus; dein Haus trennt dich von der Erde, bindet dich an das Deinige, und das Deinige vereiniget dich wieder mit deinem ganzen Geschlecht. Du bist iezt Eigenthümer; du dehnest deine Sorge aus über Geliebte und Mitarbeiter; du sorgest über dein Grab hinaus ...

Du findest auf Millionen Wegen Mittel, durch Anstrengung, Ordnung und Kenntnisse mit der Würde des Rechts, das du dir selber gegeben, menschlich zu benuzzen, was du thierisch ungenuzt liessest.

Auf unübersehbaren Haiden wachsen im freien Gemisch namenlose Pflanzen; du tödtest sie alle, und bauest auf den unabsehbaren Haiden ein nüzliches Korn. ...

Du missest die Kreise der Sterne, und irrst in dem Schatten der Welten in tausend Jahren um keine Stunde. ...

Ein Mann redet ein Wort, und die Erzeugnisse der Welttheile wechseln sich wie die Erzeugnisse nachbarlicher Gärten.“ (XII/47)

„Der Mensch ist schon in seiner Höhle nicht gleich; unter dem Dach, hinter Riegel und Wänden wächst diese Ungleichheit mächtig, und wenn er zu hunderten und tausenden zusammen steht, so ist er gezwungen ob er will oder nicht will, er muß zu dem Starken sagen, sei du mein Schild, zu dem Listigen, sei du mein Führer, und zu dem Reichen, sei du mein Erhalter. ...

Nicht die Macht, der Mensch, der sie in der Hand hat, ist schuld an dem Verderben seines Geschlechts.

Alle Folgen der Macht sind heilig und gut, so lange der Mensch, der sie in seiner Hand hat, treu ist, und sein Wort ein biederes Wort, und seine Treue unbeweglich, wie die unbeweglichen Sterne.

Aber wenn der Mensch sich nicht zum Göttersinn der Treue zu erheben vermag, wenn sein Wort ein Rohr ist, das der Wind bewegt, wenn er sich im Besiz der Macht nicht höher fühlt, als das Geschlecht, dessen Recht in seiner Hand ist, wenn er untreu ist wie der Mensch, dessen Schwäche auch ihm zu Leib geht, so zertrümmert er, mit der Kraft die in seiner Hand liegt, das Recht des Menschengeschlechts, das aber nicht sein Recht ist, und düngt mit dem Blut der Menschen, denen er nicht Wort hält und kein Recht läßt, die Erde, die er verwüstet.“ (XII/49)

„Nach ewigen, ehrnen, unwandelbaren Gesezzen lenkt sich der Sterblichen Wesen immer zum Uebergewichts seines Thiersinns und seiner Thierkraft, und ewig sagt der Mensch, der mächtig und thierisch zugleich ist, zu der Schwäche seines Geschlechts: Du bist um meinetwillen da; und spielt über die gereiheten Schaaren derselben wie über gereihete Saiten des Hackbrets, was achtet er das Springen der Saiten, es sind ia nur Saiten, so viel Männer im Land sind, so viel hat er ia Saiten, so viel ihrer zerspringen, so viel wirft er weg, und so viel er wegwirft, so viel spannt er wieder über sein löcherichtes, klimperndes Bret, es sind ia nur Saiten.

Ha es sind Menschen! Und sie werden in der namenlosen Erniedrigung eines rechtlosen Diensts wie die Pfoten an den Klauen des Bären, sie wissen gar nicht was das murrende Thier will, das auf ihren Vieren steht, aber sie klammern sich vest in die Eingeweide, eines jeden gegen den es brummt. ...

Wenn die Macht einmal zur Untreue versunken, und das Unrecht des Wortbruchs mit kaltem Geschwäz zu übertünchen gelernt hat, so ist das Recht des Menschengeschlechts von der Erde gewichen.“ (XII/50)

„Der Mensch findet in seiner Natur keine Beruhigung, bis er das Recht seiner thierischen Sinnlichkeit in sich selbst verdammt hat, gegen sich selbst, und gegen sein ganzes Geschlecht. Aber er scheint die Kraft nicht zu besizzen, diesem Bedürfniß seines Wesens ein Gnüge zu leisten. Die ganze Macht seiner ganzen thierischen Natur sträubt sich gegen diesen ihr so schrecklichen Schritt. Aber er sezt die Kraft seines Willens der Macht seiner Natur entgegen.

Er will einen Gott fürchten, damit er recht thun könne; er will einen Gott fürchten, damit der Thiersinn seiner Natur, den er an sich selber verachtet, ihn nicht länger in seinem Innersten entwürdige. Er fühlt was er in dieser Rücksicht kan, und macht sich nun das, was er kan, zum Gesez dessen, was er soll. Diesem Gesez, das er sich selber giebt, unterworfen, unterscheidet er sich von allen Wesen, die wir kennen.

Ihm allein mangelt die Schuldlosigkeit des Instinkts, durch dessen Genuß das Vieh beruhiget, auf dem Punkt bleibt, den dieser ihm anweist.

Er allein vermag es nicht, auf diesem Punkt stehen zu bleiben, er muß sich entweder über denselben erheben, oder unter denselben versinken. Er hat eine Kraft, getrennt vom Instinkt, Ueberlegung und Gedanken in sich selbst wollen zu lassen, auch gegen den Instinkt." (XII/39)

„Er hat eine Kraft, in sich selbst den Gedanken herrschen zu lassen über den Instinkt. Er kann aber im Gebrauch dieser Kraft von dem gedoppelten Gesichtspunkt, entweder dessen, was er soll, oder dessen, was er gelüstet, ausgehen.

Wenn er im Gebrauch derselben von dem lezten ausgeht, so führt sie ihn dahin, ohne alle Aufmerksamkeit auf den Trug und das Unrecht seiner thierischen Natur zu handeln, sie führt ihn auf die Höhe des Tempels, zeigt ihm alle Reiche der Welt, und lispelt ihm zu, das alles ist dein, wenn du nur willst.

Dann lebt der Mensch im Glauben an das Wort seiner thierischen Selbstsucht, unter seinem Geschlecht ein Verderber. Sein Auge glühet gegen den Mann der seyn will was Er ist, auf seiner Lippe ist Hohn gegen die Wahrheit, und gegen das Recht seines Geschlechts, er liebt die Trägheit, die Gewaltthätigkeit, die Galeeren, die Monopole, die Chikane, den Eigensinn, und die gesellschaftliche Kraft des Eigensinns, die willkührliche Gewalt. – Wenn er aber im Gebrauch dieser Kraft von dem ausgeht, was er soll, so führt sie ihn zu einer Gemüthsstimmung in der der Trug und das Unrecht, die Trägheit, die Gewaltthätigkeit, die Galeeren, die Chikane, die Monopole, der Eigensinn und die willkührliche Gewalt von ihm verachtet werden, in der er tief fühlend, mit der ganzen Fülle seines Wesens strebend nach dem Besten, Edelsten, das er zu erkennen vermag, nur innere Vollkommenheit sucht und nichts anders." (XII/40)

„I. Als Werk der Natur:

Als solches bin ich ein Werk der Nothwendigkeit, das gleiche thierische Wesen, das nach Jahrtausenden kein Haar auf seinem Haupt, und keine auch die leiseste Neigung seines Wesens in sich selbst auszulöschen vermöchte. Als solches lenkt mich die Natur, ohne Kunde der Verhältnisse, die ich selber erschaffen, als lebte ich im schuldlosen thierischen Zustande, mit dem Gesez ihrer Allmacht zum Sinnengenus hin wie der Adler zum Aas, das Schwein in die Pfüzze, den Ochsen auf die Triften, die Ziege auf den Felsen, und den Haasen unter die Staude.

II. Als Werk meines Geschlechts, als Werk der Welt.

Als solches bin ich ein Tropfen der von der Spizze der Alpen in einen Bach fällt.

Unsichtbar, ein nichtiges Wesen, falle ich belastet mit dem Staub seines Mooses von meinem Felsen, glänze bald in silbernen Strahlen der Sonne, fliesse bald im Dunkel der Höhlen, stehe hier im reinen Wasser der Seen, dort im Koth der Sümpfe gleich still, falle aus Sümpfen und Seen dann wieder ins Treiben der Flüsse, und schwimme in der Gewalt ihrer Wogen bald hell bald trüb, bald sanftwallend, bald wirbelsprudelnd, bald zwischen reinen Gefilden, bald zwischen stinkenden Stätten, bald zwischen gräßlichen Ufern dahin, bis ich in den ewigen Meeren des Todes meine Auflösung finde.

III. Als Werk meiner selbst.

Als solches grabe ich mich selbst in mich selbst; ein unveränderliches Werk – keine Welle spühlt mich von meinem Felsen, und keine Zeit löscht die Spur meines Werks aus, das ich als sittliches Wesen in mir selber vollende." (XII/122f)

„Ich wollte eigentlich durch meinen Versuch beweisen, daß die Vorzüge, die die häusliche Erziehung hat, von der öffentlichen müsse nachgeahmt werden“ (XIII/7)

7. Sozialpädagogik: „meinen Kindern alles in allem zu seyn“ – Brief an einen Freund über meinen Aufenthalt in Stanz (1799)

7.1. Zusammenfassende Beschreibung

Idealismus und Verhärtung

Eine Erzieherin oder Sozialpädagogin, die ihre Ausbildungsstätte verläßt, mag hoffnungsfroh an ihre erste Arbeitsstelle gehen. Sie freut sich auf eine Schar fröhlicher Kinder, die ihr gegenüber aufgeschlossen ist, wenngleich sie weiß, daß es auch schwierige Kinder gibt, doch durch ihre Zuneigung wird sie auch diese bald gewinnen. Eine solch positive Haltung ist entstanden durch die Berufsmotivation, Menschen helfen zu wollen, und sie wird verstärkt durch eine Ausbildung, die den Glauben an das Gute des Menschen zur Basis hat, während das Schlechte durch die gesellschaftlichen Einflüsse entsteht, die sozialpädagogisch korrigiert werden müssen und können. Nun ist es andererseits so, daß viele sozialpädagogische Einrichtungen ihre Existenz der Tatsache verdanken, daß ein buntes Gemisch von Problem“fällen“ in ihnen angesammelt wird: Kinder mit enormen Beeinträchtigungen, mißtrauische, aggressive, depressive Kinder, die teilweise schon ein Lebensschicksal hinter sich haben, das für einen gesunden Erwachsenen ausreichen würde, ihn mürbe zu machen. Die Kinder schließen sich nicht liebevoll der Erzieherin an, sondern es entsteht ein tagtäglicher Kampf um das Überleben. Gerät die junge Erzieherin in diesen Kreislaufprozeß, so mag sie bald ihren Glauben an das Gute im Menschen verlieren, oder sie wird anfangen, an ihrer eigenen Berufstüchtigkeit zu zweifeln.

Es gibt auch junge Erzieherinnen, die erst gar nicht mit solchen

„Rosinen im Kopf" ihre Arbeit beginnen. Sie „wissen" durch Erzählungen von Freundinnen oder rudimentäre Praktikumserfahrungen, daß pädagogische Arbeit „Krieg" bedeute, daß man sich gleich zu Anfang durchsetzen müsse, damit die Kinder einem nicht auf der Nase herumtanzen etc. Die idealistisch gesinnte Sozialpädagogenausbildung ändert hier gar nichts. Man weiß zu unterscheiden zwischen der schönen, menschenfreundlichen Ideologie und dem pädagogischen Leben, wie es wirklich ist. Man denkt, sagt und schreibt das erste in die Konzeption, aber man handelt bewußt oder unbewußt nach dem zweiten.

Pestalozzi stand in seiner Arbeit im Stanzer Waisenhaus vor der Situation, 80 verwahrloste, chaotische Kinder zu erziehen, und aus seinem Bericht läßt sich auch für uns heute noch entnehmen, einen Weg zwischen der idealistisch naiven Verblendung einerseits und der scheinbar realistischen Verhärtung andererseits zu finden. Man kann lernen, daß sozialpädagogisch zwei Dinge gleichzeitig wichtig sind: genau hinsehen, wie die Situation und die Menschen in ihr sind, und trotzdem nicht die Zielsetzung, für das gegenwärtige und zukünftige Lebenswohl der Betroffenen einzustehen, aus dem Auge lassen.

Rahmenbedingungen

So wie die im letzten Kapitel beschriebenen „Nachforschungen" als das theoretische Gelenkstück im Schaffen Johann Heinrich Pestalozzis beschrieben werden können, so bildet die halbjährige Tätigkeit im Stanzer Waisenhaus das praktische Gelenkstück. Er, der fast 20 Jahre ohne konkrete, handfeste Arbeit gewesen war, nahm hier seine Versuche wieder auf, die mit der Armenerziehungsanstalt auf dem Neuhof begonnen hatten. Sowohl seine politischen wie pädagogischen Pläne, die er inzwischen auf ein festes anthropologisches Fundament gestellt hatte, konnte er jetzt in der Wirklichkeit erproben. Auf der anderen Seite leitet Stanz zu einer Lehrer- und Lehrerausbildungstätigkeit hinüber, die ihn zur Entfaltung einer fundierten Erziehungstheorie bringen wird.

Im Anschluß an die französische Revolution gab es in den 90er Jahren des 18. Jahrhunderts auch in der Schweiz heftige politische Unruhen. Es ging um die Aufhebung der einseitigen Machtverteilung zu Gunsten der wenigen Patrizierfamilien in den großen Städten und um die Schaffung einer einheitlichen Helvetischen Republik, die an die Stelle der relativ großen Autonomie der einzelnen Kantone treten sollte. Die rechtliche Unmündigkeit und die ökonomische Ausbeutung der breiten Landbevölkerung sollten beendet werden. 1798 siegten nach langen blutigen Kämpfen schließlich die revolutionären Kräfte, auch weil sie die Unterstützung der französischen Truppen unter Napoleon erhielten. Die kriegsähnlichen Zustände hielten jedoch an, da in einigen Kantonen gegenrevolutionäre Kräfte aktiv waren, die durch Österreich militärisch gestützt wurden.

Pestalozzi, der „Revolutionär wider Willen" (Liedtke), unterstützte in Eindeutigkeit die Sache der Helvetischen Republik. Er verfaßte politische Artikel, die über die Hintergründe und die Folgen der politischen Umwälzung aufklären sollten, und er wurde schließlich als Herausgeber einer Regierungszeitung so etwas wie ein „Regierungssprecher" der neuen Machthaber. Doch in dieser Umbruchsituation hoffte Pestalozzi auf etwas anderes, nämlich darauf seine Lieblingsidee wieder aufgreifen zu können, die er Zeit seines Lebens nicht aus dem Auge verlor: die Gründung einer Armenerziehungsanstalt. Er entwickelte entsprechende Pläne, und da er durch Freund- und Bekanntschaft mit einigen Ministern des neuen Schweizer Staates verbunden war, erfreute er sich auch entsprechender Unterstützung. Man wollte, daß er durch eine Lehrerausbildungsstätte multiplikatorisch wirken sollte, doch Pestalozzi selbst entschloß sich, erstmal einen eigenen Erziehungsversuch zu starten. Diese Absicht wurde schließlich durch die in Aussichtnahme finanzieller Förderung unterstützt.

Daß die Anstalt ausgerechnet in Stanz eingerichtet wurde, hatte politische Ursachen: Stanz liegt in der Nähe des Vierwaldstätter-Sees im Kanton Unterwalden. Mehrheitlich war es katholisch, und die Bevölkerung war der neuen Regierung feindlich gesinnt. Es brachen gegenrevolutionäre Unruhen aus, die mit Hilfe der französischen Truppen unterdrückt wurden. Nach diesem blutigen Ereignis sah sich die Zentralregierung vor der Aufgabe, die Kriegswaisenkinder zu versorgen. Außerdem mußte durch eine Verbesserung der sozialen Verhältnisse die Bevölkerung des Kantons für die Sache der Revolution günstig gestimmt werden. Das jetzt von Pestalozzi geleitete Waisenhaus sollte für beide Aufgaben eine Rolle spielen. Nehmen wir es gleich vorweg: Auch für das Ende des nur halbjährigen Erziehungsversuchs in Stanz sind politische Ursachen ausschlaggebend. Auf schweizerischem Boden kämpften französische und österreichische Truppen gegeneinander, und das von Pestalozzi benutzte Gebäude wurde in ein französisches Militärhospital umgewandelt.

Untergebracht war das Waisenhaus in einem Teil eines ehemaligen Klosters. Die Räumlichkeiten waren anfangs beschränkt, weil sie erst für den neuen Zweck hergerichtet werden mußten, waren nachdem aber recht großzügig bemessen (siehe Bd. XIII, S. 495). Finanziell wurde es von der Regierung unterstützt, die in dem Heim so etwas wie eine Musterversuchsanstalt gesehen haben muß. Diesen positiven äußeren Faktoren standen jedoch eine Reihe negativer gegenüber. Als erste erwähnt Pestalozzi die massive Ablehnung der Bevölkerung der Anstalt gegenüber, die in politischen und religiösen Gründen ihre Ursachen hatte. Pestalozzi galt als Vertreter der neuen Machthaber, die man erbittert bekämpft hatte, und er war reformierter Christ, dem die mehrheitlich katholische Bevölkerung nicht die Erziehung ihrer Kinder überlassen wollte.

Diese prinzipiell ablehnende Haltung der Bevölkerung drückte sich auch in dem Widerstreben der Eltern aus. Pestalozzi beschreibt, wie ein Teil der Eltern ihre Kinder gegen ihn aufhetzte und wie ein anderer versuchte, ihm die Kinder wieder abzuwerben, weil sie als Bettelkinder für das Familieneinkommen aufkommen sollten. Andere Eltern schließlich nutzten die Anstalt als zeitweilige Unterkunft der Kinder, um sie dann wieder zurückzuholen, wenn die Kinder von Krankheiten geheilt und neu eingekleidet waren. Schließlich wird noch von Eltern berichtet, die von Pestalozzi Geld forderten, weil sie ihm ihre Kinder überließen. Eine kontinuierliche Aufbauarbeit war unter diesen Umständen nur schwer möglich.

Der Widerstand der Eltern blieb auch auf die Kinder nicht ohne Wirkung, so daß Pestalozzi sich deren Wohlwollen hart erarbeiten mußte. Dies gelang aber eher als bei den Eltern, und über den Weg der Kinder erreichte Pestalozzi schließlich auch die Zustimmung einiger Erwachsener. Die gesundheitliche Verfassung vieler Kinder muß katastrophal gewesen sein, und es bedurfte vieler pflegerischer Bemühungen, die verschiedenen Krankheiten ausheilen zu lassen. Ähnlich wie einige Eltern die zeitweise Unterbringung ihrer Kinder nutzten, um sie aufpäppeln zu lassen, sahen einige Kinder in der Anstalt eine Art von „Hotel", dessen Vorteile sie egoistisch genießen wollten, ohne selbst etwas zu geben.

Schließlich mußte (oder wollte) Pestalozzi ohne direkte Unterstützung durch Mitarbeiter auskommen – eine Haushaltshilfe ausgenommen. Pestalozzi argumentiert, daß ausgebildetes Personal ihm nicht hätte helfen können, weil es seine pädagogische Konzeption nicht verstanden hätte: „keine künstlichen Hülfsmittel, sondern blos die die Kinder umgebende Natur, die tägliche Bedürfnisse, und die immer rege Thätigkeit derselben selbst als Bildungsmittel derselben zu benutzen." (XIII/7) Nichtausgebildete Helfer konnte er noch weniger brauchen, da er damals über keine schriftliche Unterlage verfügte, mit der er ihnen hätte ihre Aufgaben erklären können. Die alleinige Verantwortung für 60 bis 80 Kinder für 24 Stunden am Tag, die Pestalozzi schließlich physisch und psychisch überforderte, schien ihm inhaltlich notwendig. Er benötigte die dichte Erfahrung, um den Grundstein seiner Erziehungsmethode legen zu können; er mußte selbst alles tun, von der täglichen Versorgung über die Pflege bis zu Erziehung und Unterricht, um den Umfang der pädagogischen Aufgabenstellung erfassen zu können.

Erziehungsziele

Pestalozzi beschreibt das Ziel des Erziehungsversuchs – und hier kann er an seine theoretischen Vorarbeiten anknüpfen – als Unterstützung der Selbständigkeit der armen Kinder. Dies bedeutet konkret:

- die Kinder müssen in der Zukunft arbeitsfähig sein, um sich und ihre Familie durch ihrer eigenen Hände Arbeit ernähren zu können;
- die Kinder müssen ein richtiges Wissen erwerben, um sich in der Welt orientieren zu können;
- die Kinder müssen vor allem sittlich gebildet werden, um als Mensch leben zu können.

Aus dieser Zielsetzung ergeben sich eine Reihe von pädagogischen Prinzipien. Zunächst: die Erziehung muß sich auf die soziale Situation beziehen, aus der die Kinder kommen, und in der sie leben werden. Dies allein vermittelt ihnen ein wirklich brauchbares Wissen, um nicht auf ein Wolkenkuckucksheim vorbereitet zu werden. Nur dadurch ist auch gegeben, daß die Kinder ein sinnliches Fundament der Anschauung haben, auf das alles spätere Lernen aufbauen, an das es anknüpfen muß. Zweitens muß die professionelle Erziehung auf den Prinzipien der familiären beruhen. Dies bedeutet für Pestalozzi nicht die bruchlose Übernahme häuslicher Erziehungsmaßnahmen, was faktisch schon angesichts der größeren Kinderzahl nicht funktionieren würde; sondern es meint, daß alle Erziehung auf Liebe zu dem einzelnen Kind und auf umfassender Besorgung aller seiner Bedürfnisse beruhe. Drittens schließlich muß in der Erziehung der armen Kinder Arbeit und Lernen miteinander verbunden werden. Ziel der Arbeitserziehung ist nicht der ökonomische Gewinn durch Kinderarbeit, sondern die Vorbereitung der Kinder auf eine zukünftige Berufstätigkeit, um sich selbständig ernähren zu können. Pestalozzi bedauert, daß er in Stanz diesen dritten Aspekt nicht in gewünschter Weise hat realisieren können, da die geplante Baumwollspinnerei nur anfänglich hat organisiert werden können.

In seinem Stanzer Brief geht Pestalozzi differenzierter auf die Aspekte der sittlichen Erziehung und des ersten „Schul"unterrichts ein. Da wir den zweiten Punkt im nächsten Kapitel näher berühren, schließen wir dieses Kapitel mit Pestalozzis Äußerungen zur sittlichen Erziehung ab.

Pestalozzi beginnt seine Arbeit mit einer großen Schar schwieriger Kinder: Aggressivität, Mißtrauen, Egoismus, Ausnutzen des kurzfristigen Vorteils, äußere und körperliche Verwahrlosung, psychische Verwilderung bestimmen das Bild. Wie wird man mit einer solchen Situation fertig, in der die Fehler der Kinder sich noch gegenseitig bestärken und steigern? Wie wird man damit nicht nur fertig, sondern gestaltet sie pädagogisch, da die Kinder nicht nur verwahrt werden sollen, sondern ihnen eine Perspektive eröffnet werden muß? Wenn Pestalozzi der Erziehung zur Sittlichkeit die erste Stelle zumißt, so liegt einer der Gründe dafür darin, daß bei solchen Kindern zunächst ein Fundament der psychischen Ausgeglichenheit und des sozialen Miteinanders gelegt werden muß, bevor an Lernen und Arbeit zu denken ist. Bei den konkreten, bis ins methodische hineinreichenden Antworten, die Pestalozzi zu dem Fragenkreis der sittlichen Erziehung gibt, muß man Zeitgebundenes von dem trennen, was uns auch noch heute zu denken geben kann.

Zunächst ist abzugrenzen: Sittlichkeit wird nicht erzielt durch den großen Plan, die Konzeption, die man dann in der Praxis umsetzen könnte, sondern durch das sich Einlassen des Erziehenden auf die konkreten Kinder. Im Kontakt mit ihnen müssen die Möglichkeiten entwickelt und erprobt werden. Sittlichkeit wird zum zweiten nicht durch Aufsetzen einer äußeren Ordnung erzielt. Deren Regeln, so hilfreich sie für ein funktionierendes Sozialwesen sind, würden in der Anfangssituation nicht helfen, im Gegenteil, sie würden die Kinder noch mehr verhärten. Priorität muß haben, daß die verwahrlosten Kinder Vertrauen zum Erziehenden bekommen, und dieses werden sie erst entwickeln, wenn sie hinreichend lange gespürt haben, daß der Erziehende sie wirklich liebt. Drittens schließlich wird Sittlichkeit nicht durch „Redenhalten" gewonnen. Einem Kind wortreich Moral zu predigen – selbst wenn es die richtige wäre – hilft nichts, wenn dem Kind die Erfahrungen des Wohlversorgtseins mangeln. Ein verwahrlostes Kind kann sich weder zu sich selbst noch zu anderen gut verhalten, weil es nicht „bewahrt" worden ist, weil es nicht hat erleben können, daß es geliebt wird und daß sich um der Liebe willen auch Anstrengung und Verzicht lohnen.

Pestalozzi nennt drei Bereiche einer sittlichen Erziehung:

1. Sittliche Gemütsstimmung,
2. Übungen der Selbstüberwindung,
3. Vorstellungen und Begriffe von Recht und Pflicht.

Der erste Punkt wurde gerade schon angedeutet. Der Erziehende muß dem Kind zunächst seine Liebe geben, d.h. konkret, seine unmittelbaren Bedürfnisse müssen befriedigt werden. Das Kind muß körperlich spüren: Der Erziehende will mir wohl, ich kann mich auf ihn verlassen, er wird auch morgen auf meine Wünsche eingehen. Die Entwicklung der „Geschwisterlichkeit" nimmt desnächsten eine wichtige Stellung ein. Durch die Bildung einer sozialen Gemeinschaft wird das Kind lernen müssen, Einschränkungen hinzunehmen, denn es gibt andere, die ein Recht auf die Liebe des Erziehenden haben, aber es wird in den anderen Kindern auch eine neue Quelle von Freude und Befriedigung finden können. Wenn so ein gewisses Fundament gelegt ist, wird der Erziehende dem Kind seine positiven Zukunftsmöglichkeiten eröffnen. Dadurch wird ihm verdeutlicht, daß es lernen und Einschränkungen hinnehmen muß, will es sein gegenwärtiges Glück auch späterhin genießen. Die Möglichkeit, sich selbst Beschränkungen aufzuerlegen, folgt dann aber nicht einem erzieherischen Druck von außen, sondern der Selbstentscheidung des Kindes.

Die „Übungen der Selbstüberwindung" erinnern teilweise an Maria Montessoris Übungen der Stille. Auf durchaus auch spaßhafte Art wird das Kind zu äußeren Gesten aufgefordert, die ihn zu einer inneren Konzentration bringen sollen. Pestalozzi handelt hier auch das Problem der Strafen ab. Ausführlich legitimiert er die Notwendigkeit seiner körperlichen Bestrafungen, wobei das ganze an Rechtfertigungsstrategien des schlechten Erziehergewissens erinnert, die auch heute noch im Schwange sind: die Ohrfeige könne dem Kind nicht schaden, da es ja durch seine sonst positiven Erfahrungen wisse, daß er ihm gut wolle; die große Kinderzahl und der hohe Arbeitsdruck ließen einem keine andere Wahl; später seien ihm die Kinder dankbar, so zur Ordnung gewiesen worden zu sein etc. Alles nicht gerade „ein starkes Stück Pestalozzi".

Bei dem dritten Aspekt, der Vermittlung von Vorstellungen und Begriffen von Recht und Pflicht, geht es nicht um wortreiche Erklärungen, sondern um die bewußte Beschränkung auf wenige Grundüberzeugungen. Die Idee einer gerechten politischen Verfassung, die Grundlagen ethischen Handelns, insbesondere gegenüber den Armen, der klare Wunsch, sein Leben selbständig meistern zu können – werden dem Kind diese wenigen Vorstellungen vermittelt, dann entwickeln sie einen Maßstab für ihr eigenes sittliches Handeln, und um einen solchen Maßstab geht es, nicht um ein auswendig gelerntes Gesetzbuch. Auch bei diesen bewußten Grundüberzeugungen ist wichtig, daß sie auf einem sinnlichen Fundament ruhen, indem das Kind das, was es selbst Gutes tun soll, an sich selber erfahren hat.

7.2. Textauszug

„Ich wußte, wie sehr die Noth und die Bedürfnisse des Lebens selbst dazu beitragen, die wesentlichsten Verhältnisse der Dinge dem Menschen anschaulich zu machen, gesunden Sinn und Mutterwitz zu entwickeln, und Kräfte anzuregen, die zwar in dieser Tiefe des Daseyns mit Unrath bedeckt zu seyn scheinen, die aber vom Schlamm dieser Umgebungen gereinigt, in hellem Glanze strahlen. Das wollte ich thun. Aus diesem Schlamm wollte ich sie herausheben, und in einfache, aber reine häusliche Umgebungen und Verhältnisse versetzen. Ich war gewiß, es brauchte nur dieses, und sie würden als höherer Sinn und höhere Thatkraft erscheinen, und sich als Tüchtigkeit zu allem erproben, was nur immer den Geist befriedigen, und das Herz in seiner innersten Neigung ansprechen kann.

Ich sah also meine Wünsche erfüllt, und war überzeugt, mein Herz werde den Zustand meiner Kinder so schnell ändern, als die Frühlingssonne den erstarrten Boden des Winters.

Ich irrte mich nicht; ehe die Frühlingssonne den Schnee unserer Berge schmelzte, kannte man meine Kinder nicht mehr.“ (XIII/6)

„Ob ich also wollte, oder nicht, ich mußte erst eine Thatsache durch mich selbst aufstellen, und durch das, was ich that und vornahm, das Wesen meiner Ansichten klar machen, ehe ich auf fremde Unterstützung in dieser Hinsicht rechnen durfte. Es konnte mir in dieser Stellung im Wesentlichen kein Mensch helfen. Ich mußte mir selbst helfen.

Meine Ueberzeugung war mit meinem Zweck Eins.

Ich wollte eigentlich durch meinen Versuch beweisen, daß die Vorzüge, die die häusliche Erziehung hat, von der öffentlichen müsse nachgeahmt werden, und daß die leztere nur durch die Nachahmung der Erstern für das Menschengeschlecht einen Werth hat.

Schulunterricht ohne Umfassung des ganzen Geistes, den die Menschenerziehung bedarf, und ohne auf das ganze Leben der häuslichen Verhältnisse gebaut, führt in meinen Augen nicht weiter, als zu einer künstlichen Verschrumpfungsmethode unsers Geschlechts.“ (XIII/7)

„Jede gute Menschenerziehung fordert, daß das Mutteraug in der Wohnstube täglich und stündlich jede Veränderung des Seelenzustandes ihres Kindes mit Sicherheit in seinem Auge, auf seinem Munde und seiner Stirne lese.“ (XIII/7f)

„Sie forderte wesentlich, daß die Kraft des Erziehers reine, und durch das Daseyn des ganzen Umfangs der häuslichen Verhältnisse allgemein belebte Vaterkraft sey.

Hierauf baute ich. Daß mein Herz an meinen Kindern hange, daß ihr Glück mein Glück, ihre Freude meine Freude sey, das sollten meine Kinder vom frühen Morgen bis an den späten Abend, in jedem Augenblick auf meiner Stirne sehen, und auf meinen Lippen ahnden.

Der Mensch will so gerne das Gute, das Kind hat so gerne ein offenes Ohr dafür; aber es will es nicht für dich, Lehrer, es will es nicht für dich, Erzieher, es will es für sich selber. Das Gute, zu dem du es hinführen sollst, darf kein Einfall deiner Laune und deiner Leidenschaft, es muß der Natur der Sache nach an sich gut seyn und dem Kind als gut in die Augen fallen. Es muß die Nothwendigkeit deines Willens nach seiner Lage und seinen Bedürfnissen fühlen, ehe es dasselbe will.

Alles, was es lieb macht, das will es. Alles, was ihm Ehre bringt, das will es. Alles, was große Erwartungen in ihm rege macht, das will es. Alles, was in ihm Kräfte erzeugt, was es aussprechen macht, ich kann es, das will es.

Aber dieser Wille wird nicht durch Worte, sondern durch die allseitige Besorgung des Kindes, und durch die Gefühle und Kräfte, die durch diese allseitige Besorgung in ihm rege gemacht werden, erzeugt. Die Worte geben nicht die Sache selbst, sondern nur eine deutliche Einsicht, das Bewußtseyn von ihr.“ (XIII/8)

„Es war überhaupt weder das Oekonomische, noch irgend ein anderes Aeußeres, von dem ich in meinem Gange ausgehen, und womit ich den Anfang machen konnte und sollte, meine Kinder aus dem Schlamm und der Rohheit ihrer Umgebungen, durch den sie in ihrem Innern selbst gesunken und verwildert waren, heraus zu heben. Es war so wenig möglich, gleich Anfangs durch Steifigkeit den Zwang einer äußern Ordnung und Ordentlichkeit, oder durch ein Einpredigen von Regeln und Vorschriften, ihr Inneres zu veredeln, daß ich bei der Zügellosigkeit und dem Verderben ihrer diesfälligen Stimmung sie vielmehr gerade dadurch von mir entfernt, und ihre vorhandene wilde Naturkraft unmittelbar gegen meine Zwecke gerichtet hätte. Nothwendig mußte ich erst ihr Inneres selbst und eine rechtliche und sittliche Gemüthsstimmung in ihnen wecken und beleben, um sie dadurch auch für das Aeußere thätig, aufmerksam, geneigt, gehorsam zu machen.“ (XIII/13f)

„Suche deine Kinder zuerst weitherzig zu machen, und Liebe und Wohlthätigkeit ihnen durch die Befriedigung ihrer täglichen Bedürfnisse, ihren Empfindungen, ihrer Erfahrung und ihrem Thun nahe zu legen, sie dadurch in ihrem Innern zu gründen und zu sichern, dann ihnen viele Fertigkeiten anzugewöhnen, um dieses Wohlwollen in ihrem Kreise sicher und ausgebreitet ausüben zu können.“ (XIII/14)

„Endlich und zuletzt komme mit den gefährlichen Zeichen des Guten und Bösen, mit den Wörtern: Knüpfe diese an die täglichen häuslichen Auftritte und Umgebungen an, und sorge dafür, daß sie gänzlich darauf gegründet seyen, um deinen Kindern klarer zu machen, was in ihnen und um sie vorgeht, um eine rechtliche und sittliche Ansicht ihres Lebens und ihrer Verhältnisse mit ihnen zu erzeugen. Aber wenn du Nächte durchwachen müßtest, um mit zwey Worten zu sagen, was andere mit zwanzig erklären, so laß dich deine schlaflose Nächte nicht dauern.“ (XIII/14f)

„Die eigentlichen Vortheile der menschlichen Kenntnisse und des Wissens bestehen für das Menschengeschlecht in der Sicherheit der Fundamente, von denen sie ausgehen, und auf denen sie ruhen. Der Mensch, der viel weiß, muß mehr, und künstlicher als jeder andere zur Einigkeit seiner selbst mit sich selbst, zur Harmonie seines Wissens mit seinen Verhältnissen, und zur Gleichförmigkeit in der Entwicklung aller seiner Seelenkräfte geführt werden. Ist dieß nicht, so wird sein Wissen in ihm selber ein Irrlicht, das Zerrüttung in sein Innerstes bringt, und ihn äußerlich der wesentlichen Lebensgenießungen beraubt, die ein einfacher, gerader, mit sich selbst einstimmiger Sinn dem unentwickeltesten und gemeinsten Menschen gewährt. Dieß, lieber Freund, sind die Gesichtspunkte, um deren willen ich es für so wichtig achte, daß diese Harmonie der Seelenkräfte, zu der unsere Natur und und unsere ersten Verhältnisse hinführen, nicht durch die Irrthümer der menschlichen Kunst verdorben werden.“ (XIII/25)

„Was würdest du thun, wenn du einem einzelnen Kinde
den ganzen Umfang derjenigen Kenntnisse
und Fertigkeiten beybringen wolltest,
die es nothwendig bedarf, um durch eine gute Besorgung
seiner wesentlichsten Angelegenheiten,
zur innern Zufriedenheit mit sich selbst zu gelangen?"
(XIII/334)

8. Methode: „in allem Denken lieben und in aller Liebe denken" – Wie Gertrud ihre Kinder lehrt (1801)

8.1. Zusammenfassende Beschreibung

Praxisrelevanz

„Praxisrelevanz" heißt das Zauberwort, durch das sich die Erwartungen in der sozialpädagogischen Aus- und Fortbildung ausdrücken. Die Studierenden beurteilen die Qualität eines Seminars wesentlich danach, inwieweit sie dort Dinge lernen, die sie auf die vorgestellte Praxis vorbereiten; eine Fortbildung, die die Präsentation von Inhalten verspricht, die morgen in der eigenen Einrichtung weitergegeben werden können, wird eine ebenso große Anmelderzahl hervorrufen, wie diejenige, die Techniken im Umgang mit schwierigen Kindern und deren Eltern verspricht; einem Buch mit dem Titel „Methoden in der ..." wird man eine hohe Auflage voraussagen können. Da hilft kein Predigen, der Anspruch, in der Aus- und Fortbildung etwas für das eigene, konkrete Handeln Wichtiges zu lernen, ist berechtigt. Die Frage ist nur, was das ist, was sich hinter dem Zauberwort „Praxisrelevanz" verbirgt? (Schon wieder so eine ablenkende Frage, denn genau das ist mit „Praxisrelevanz" nicht gemeint: das ständige Problematisieren.)

Ziehen wir einen Vergleich heran, indem wir uns eine Medizinerausbildung vorstellen, in der die Auseinandersetzung mit der Geschichte der Medizin im Vordergrund stünde. Dieses Angebot würde ergänzt durch medizinsoziologische Seminare: Welche Gesellschaftsschicht wird mit welcher Häufigkeit welche Krankheit erleiden, und welche finanziellen und sozialen Ressourcen hat sie, sich Hilfe zu nehmen. Komplettiert würde diese Medizinerausbildung noch durch medizinpsychologische Vorlesungen, in denen erklärt würde, daß es organische Krankheit eigentlich gar nicht gäbe, sondern daß sie nur in unseren Köpfen existiere. Mit dieser Karrikatur haben wir das Bild vor uns, das teilweise von der Sozialpädagogenausbildung gezeichnet wird. Ein so ausgebildeter Arzt würde über vieles klug zu reden wissen, aber er könnte nicht mehr diagnostizieren, daß dies Krankheit „A" sei, zu deren Linderung man das Medikament „B" einsetzen müsse, und er könnte nicht mehr den chirurgischen Schnitt ausführen, der das Übel „C" bekämpft.

Es wäre schön, wenn die Sozialpädagogik über einen reich differenzierten Handwerkskasten von Methoden verfügte, der diagnostische Verfahren und ein den Störungen zugeordnetes Hilfsmittelrepertoire enthielte. In der Ausbildung könnte jungen Menschen die Grundausstattung vermittelt werden, und die Fortbildung ergänzte diese – jeweils auf dem neuesten Stand der Technik. Das Sozialpädagogiklernen wäre einfacher, konkreter, handfester, und die Professionalität und damit das Ansehen des Berufsstandes wäre höher (nicht wie jetzt, wo jede Mutter meint, sie könne es genausogut wie die ausgebildete Erzieherin).

Ein Blick in die Geschichte der Pädagogik zeigt, daß große Pädagogen sich den Erwartungen an Praxisrelevanz ebenso ausgesetzt sahen. Sie selber waren in den meisten Fällen praktische Pädagogen, die ihre Systeme von konkreten erzieherischen Problemen aus dachten, und ihre theoretischen Entwürfe waren Versuche, mit den Schwierigkeiten der eigenen pädagogischen Aufgabenstellung fertig zu werden. Der Universitätspädagoge, der abgehoben von der eigenen Erfahrung Bücher über Pädagogik schreibt, ist recht jungen Datums, und bis in unser Jahrhundert hinein sind die befruchtendsten Klassiker der Pädagogik (z.B. Maria Montessori und Janusz Korczak) keine Pädagogikprofessoren gewesen, sondern Männer und Frauen, die selbst in der Praxis standen.

Ein Blick in die Geschichte der Pädagogik zeigt aber auch, daß die Werke der Klassiker, die die größte Praxisrelevanz zu haben scheinen, oft die zeitbedingtesten und hinfälligsten sind. Ihre Methoden, ihre Beschreibungen dessen, was sie unmittelbar in ihrer Erziehungswirklichkeit entwickelt und angewandt haben, sind häufig eher Stücke aus einem Kuriositätenkabinett, als daß sie Hinweise liefern würden, die wir umsetzen könnten. So auch bei Johann Heinrich Pestalozzi. Nehmen wir seine Empfehlung an die

Mutter, die einzelnen Buchstaben des Alphabeths sollten den Babys „täglich repetirt werden ... selbst ehe es noch im Stande ist, einen einzelnen auszusprechen“ (XIII/259f); seine Ausführung, danach die einzelnen Vokale mit einem Konsonanten systematisch zu kombinieren, dann Drei-Buchstaben-Silben zu bilden usw., dann können wir in dieser „Tonlehre“ nur ein unnützes Element sehen, das zur lebendigen Sprachbildung wenig beiträgt. Es ließen sich noch weitere Proben der Künstlichkeit solch praxisrelevanter Vorschläge liefern, doch gehen wir lieber den Gang weiter, das darzustellen, was für uns und für die Anregung unseres Nachdenkens wirklich Bedeutung haben kann.

Rahmen

Pestalozzi war Lehrer an einer Burgdorfer Schule, und er hatte in dem dortigen Schloß eine Lehrerausbildungsstätte eingerichtet, als er „Wie Gertrud ihre Kinder lehrt“ schrieb. In diesem Buch entwickelt er die Grundlagen dessen, was seine „Elementarbücher“ genannt wurden, Handbücher für die unmittelbare Unterrichtsvorbereitung der Lehrer oder der Erziehung der Mütter. Im Mittelpunkt steht der Begriff der „Methode“, ein Wort, das wir nicht gemäß unseres Sprachgebrauchs verstehen dürfen, bewegt sich der Inhalt dieser Schrift doch auf einer allgemeinen Ebene. Es geht darum, den Anknüpfungspunkt zu finden, von dem aus sich alle übrigen Schritte der konkreten pädagogischen Vorgehensweise wie von selbst ergeben. Es geht nicht um „Methoden“ im Plural, um eine Summe von Handlungsvorschriften, die angeben, wann eine Erzieherin was zu tun hat – solche Methoden kann es viele geben, und sie sind alle mehr oder weniger falsch, weil sie nur auf die Vermittlung spezifischer Fähigkeiten des Kindes zielen. Es geht Pestalozzi um die „Methode“ im Singular, um die Grundlage einer Erziehungstheorie, die die grundsätzliche Haltung einer Erzieherin bestimmt – eine solche Methode ist einmalig, und sie ist dann für alle Zeiten und alle Menschen gültig, wenn sie die psychische Selbstentwicklung des Kindes, die durch Erziehung unterstützt werden soll, in richtiger Weise erfaßt. Die Methode zielt auf die Pädagogik des ganzen Menschen, nicht auf einzelne Fähigkeiten, sondern auf seinen „sittlichen Zustand“, um es mit dem Zentralwort aus den „Nachforschungen“ zu sagen.

Pestalozzi lehnt sich vom Stil her an den im letzten Kapitel dargestellten „Stanzer Brief“ an. „Wie Gertrud ihre Kinder lehrt“ besteht aus vierzehn Briefen, die er an seinen Verleger richtet. Diese

Briefform ermöglicht es ihm, Persönliches und Inhaltliches miteinander zu verschränken. So finden wir in dieser Schrift eine Reihe biographischer Hinweise, vermischt mit theoretischen Passagen. Pestalozzi begibt sich mit dem Briefadressaten auf eine gemeinsame Reise, er stellt seine Erkenntnisse nicht nur begründet dar, sondern er zeichnet den Prozeß seines Erkennens nach. So sehen wir in dieser Schrift Johann Heinrich Pestalozzi, wie er mit sich selbst ringt, um auf manchmal großen Umwegen zur Lösung seiner Probleme zu gelangen.

Der Titel „Wie Gertrud ihre Kinder lehrt" wurde von dem Verleger eigenmächtig hinzugefügt, weil er sich durch die Popularität des Buches von „Lienhard und Gertrud" eine Umsatzsteigerung erhoffte. In Wirklichkeit ist die jetzt zu behandelnde Schrift nichts weniger als ein Roman, und „Gertrud" kommt in ihr an keiner Stelle vor. Auch der Untertitel des Buches – „ein Versuch den Müttern Anleitung zu geben, ihre Kinder selbst zu unterrichten" – ist irreführend. Es wendet sich nicht an die Mütter, dafür ist es schon sprachlich viel zu schwierig zu lesen, und es ist auch keine „Anleitung", die praktische Hinweise wie in einem Elternratgeber lieferte.

Kritik

Jeder pädagogische Neuerer steht vor der Aufgabe, die alten Erziehungsformen zu kritisieren, um dadurch die Berechtigung für seine innovativen Pläne zu gewinnen. Die Zurechtweisung der traditionellen Pädagogik fällt dabei zumeist recht drastisch aus, weil sie als schlechtes Gegenbild das Neue dadurch in einem glänzenderen Licht erscheinen läßt (daß die Argumente der radikalen Schul- und Erziehungskritik oft auch noch nach Jahrhunderten nichts von ihrer Aktualität eingebüßt zu haben scheinen, mag dabei zu denken geben).

So auch bei Pestalozzi, der drastische Vergleiche benutzt, um seine Kritik am damaligen Bildungswesen zu verdeutlichen: So vergleicht er es beispielsweise mit einem Haus, „dessen oberstes Stockwerk zwar in hoher vollendeter Kunst strahlt, aber nur von wenigen Menschen bewohnt ist", während im untersten Stockwerk „eine zahllose Menschenheerde" wohnt, die „im eckelhaftem Dunkel fensterloser Löcher sich selbst überlassen" bleibt, und denen, wenn sie nur das Licht des obersten Stockwerks betrachten wollen, die Augen gewaltsam ausgestochen würden (XIII/242). Die Wirkung der Ruhigstellung des kindlichen Körpers beim Schuleintritt eines Kindes, das bislang frei herumlaufen konnte, vergleicht Pestalozzi mit der Wirkung des Schwertschlags, „der durch den Hals geht und den Verbrecher vom Leben zum Tode bringt“ (XIII/199).

Pestalozzis Kritik an der traditionellen Schule richtet sich auf folgende Punkte: Er wirft ihr vor, die Freiheit der Kinder unnötig einzuschränken und sie mit toten Buchstaben zu langweilen. Die Schule sei eine einseitige Wortschule, die „Wortnarren“ und zu einseitigem „Maulbrauchen“ (XIII/318) erziehe. Das Kind könne in der Schule keine wirkliche Anschauung von den Dingen erwerben, so daß sein Kopf leer bliebe und durch das Auswendiglernen von Definitionen angefüllt würde, deren Sinn die Kinder nicht verstehen könnten. Weil so Worte ohne Sinn im Mittelpunkt stehen, vermittele die Schule keine für die Kinder später wirklich brauchbaren Fähigkeiten, „ausgenommen zu dem Menschenmord, dessen militärische Organisation alles verschlingt, was man dem Volke, oder vielmehr was das Volk sich selbst schuldig ist“ (XIII/335). Insbesondere bei den Kindern der Unterschicht werden nicht die Kräfte gefördert, die sie besitzen und haben müssen, um ihr Leben selbständig gestalten zu können. Die Kritik an dem Klassencharakter der Schule ist überhaupt der häufigste Vorwurf Pestalozzis: Während den Kindern der Reichen eine hohe Bildung vermittelt, ihnen viel Zeit zur eigenen Entwicklung eingeräumt wird, bleibt die Masse der Kinder, die Kinder der Armen, entweder von der Bildung ganz ausgeschlossen, obwohl gerade sie zur Befriedigung ihres Lebens der Erziehung bedürften, oder es wird ihnen eine stumpfe Zwangsbildung verabreicht, die sie gewaltsam ruhig stellt.

Eine so heftig kritisierte Erziehungswirklichkeit läßt sich nicht durch kleine, vereinzelte Reformen verändern. Diese würden lediglich dies Verhehren „überkleistern“ (XIII/242), und seine negativen Auswirkungen auf die Kinder und auf die Gesellschaft nur noch verschlimmern. Es bedarf vielmehr der grundlegenden, radikalen Reform, der Entwicklung einer ganz neuen Plattform, von der die Neugestaltung des Erziehungs- und Bildungswesens ihren positiven Ausgang nehmen kann. Diese findet Pestalozzi, indem er die Begriffe „Natur“ und „Kunst“ in der Erziehung in das richtige Verhältnis zu setzen versucht.

Natur und Kunst

Jedes Kind hat von Beginn seines Lebens an einen Trieb in sich, die eigene Entwicklung vorwärts zu treiben, immer mehr von der Welt außen verstehen und immer mehr von seinem eigenen Ich in der Außenwelt darstellen zu können. Diesen Trieb dürfen wir uns nicht wie zumeist in heutigen Psychologien als einen Trieb zu Egoismus und Rücksichtslosigkeit vorstellen, sondern es ist im Gegenteil ein Trieb, sich selbst immer mehr zu vervollkommnen, immer mehr seine eigene Menschlichkeit darzustellen. Dieser Selbstentwicklungstrieb ist es, den Pestalozzi mit „Natur" bezeichnet. Er bildet die Form vor, in der die Entwicklung eines jeden Menschen abläuft, und diese Form der Entwicklung ist unveränderlich, sie bildet die Reihenfolge der Kräfte, durch die der Mensch sich selbst und die Außenwelt begreift. Die Inhalte dessen, was ein Kind lernt, sind wandelbar, weil sie abhängig von der jeweiligen Gesellschaft sind, während die Struktur seiner Entwicklung unveränderbar ist. Durch falsche Erziehung kann der Selbstentwicklungstrieb des Kindes unterdrückt werden, wenn der Erwachsene meint, dem Kind etwas aufpressen zu müssen. Doch auch bei einem sehr unterdrückten Kind bleibt die Kraft der Selbstentfaltung latent vorhanden und wird wieder zum Vorschein kommen, wenn das Kind in richtige Erziehungsverhältnisse versetzt wird.

Nach dieser ständig positiven Heraushebung der „Natur", die als ewig und „göttlich" beschrieben ist, wird man erstaunt sein zu lesen: „Wo du die Erde der Natur überlässest, da trägt sie Unkraut und Disteln, und wo du ihr die Bildung deines Geistes überlässest, da führst du dasselbe weiter nichts als – in den Wirrwarr einer Anschauung; die weder für deine noch für die Fassungskraft deines Kindes so geordnet ist, wie ihr es für den ersten Unterricht bedürfet." (XIII/324) In der natürlichen Umgebung des Kindes und noch vielmehr in seinem gesellschaftlichen Umfeld herrscht ein großes Chaos, eine Überflut an Reizen, die keine Ordnung haben. Würde das Kind der natürlichen und gesellschaftlichen Umwelt hilflos ausgesetzt, müßte es in ihm untergehen. Weder seine geistige noch seine moralische Entwicklung würde sich zum Guten wenden, würde das Kind alleine gelassen.

Aus dieser doppelten Bestimmung der Natur – negativ als das Chaotische, positiv als die Selbstentfaltungskräfte des Kindes – ergibt sich auch die Notwendigkeit einer geplanten und reflektierten Erziehung (= Kunst). Durch bewußte Erziehung wird die Umgebung so gestaltet, daß sie den jeweiligen Kräften des Kindes entspricht: Die Dinge, die das Kind lernen soll, werden in die richtige Reihenfolge gebracht, und das für das Leben des Kindes wirklich Wichtige wird hervorgehoben, während das Unwichtige abgeschwächt wird. Es kommt so zu einer Passung zwischen der inneren Kraftentwicklung des Kindes, die es nur selber leisten kann, und den erzieherisch herausgehobenen Umwelteindrücken. Diese Passung ergibt sich nicht automatisch, „natürlich", sondern muß von dem Erwachsenen „kunstvoll" gestaltet werden. Deshalb kann Pestalozzi sagen: „Der Mensch ... wird nur durch die Kunst Mensch" (XIII/244).

Pestalozzi begründet in dieser Weise eindeutig die Notwendigkeit der bewußten Erziehung für ein gesundes Aufwachsen des Kindes. Gleichzeitig gilt jedoch die Unterordnung der „Kunst" unter die „Natur": Da der „Gang der Natur" unveränderlich und ewig ist und nur die Kunst der freien Gestaltung des Menschen unterliegt, muß der Erzieher seine Maßnahmen so einrichten, daß sie mit der Natur in Übereinstimmung stehen. Priorität hat die pädagogische Aufgabe, die Selbstentfaltungskräfte des Kindes zu erkennen. Erziehung kann auf diesem Fundament nur aufbauen, es aber nicht verändern; sie kann nicht „führen", sondern nur „aufladen auf einen Wagen, der von sich selbst geht" (XIII/202).

Kognitive Erziehung

Wir sind es gewohnt, die Lernziele in kognitive, affektive und soziale aufzugliedern. Eine etwas anders akzentuierte Aufteilung nimmt auch Pestalozzi vor, wenn er die Bereiche der Kenntnisse, der Fähigkeiten und der Sittlichkeit sondert. Der Mensch muß lernen, das Gute zu wollen, und das kann er nur, wenn er die Welt und sich selbst richtig erkennt. Das Nachdenken hilft ihm allerdings wenig, wenn er keine Handlungsmöglichkeiten hat, sein Wollen und Erkennen auch in die Tat umzusetzen. In „Wie Gertrud ihre Kinder lehrt" beschäftigt sich Pestalozzi hauptsächlich mit der kognitiven Erziehung des Kindes. Dies hat ihm den Vorwurf eingebracht, durch diese Hervorhebung des Intellektuellen den moralischen Bereich zu sehr zu vernachlässigen. In seiner vier Jahre später erschienenen Schrift „Geist und Herz in der Methode" versucht er dieses Mißverständnis auszuräumen, indem er die Vorrangstellung der sittlichen vor der kognitiven Erziehung betont: „Die Unterordnung der intellectuellen Bildungmittel unter die sittlichen ist eine imediate Folge der Anerkenung des lesten Zwekks der Erziehung, der Emporhebung unsrer selbst zum Gefühl der inern Würde unserer Natur und des reinen, höhren, göttlichen Wesens, das in uns selbst ligt." (XVIII/37)

Ein neugeborener Säugling und die große Welt: Wie gelangt dieses Außen in den kleinen Kopf? Wie entwickelt das bewußtlose Kind ein Verständnis von sich selbst? Wie baut es in seinem Kopf die Grenze zwischen der Außenwelt und sich selber auf? Solche Fragen sind zentral, wenn wir uns mit der kognitiven Entwicklung des Kindes beschäftigen. Auch Pestalozzi sucht nach diesen Anknüpfungspunkten, und er findet sie zum einen zeitlich und zum anderen räumlich. Die Entwicklung des Kindes und damit seine Erziehung beginnt mit der Geburt: „das Erwachen des jezt vollendeten Thiers, das Mensch werden will und Mensch werden soll." (XIII/197) Der (räumliche) Ausgangspunkt der Erkenntnis ist für Pestalozzi nicht die Welt außen, sondern es ist das eigene Selbst: „Alles was ich bin, alles was ich will, und alles was ich soll, geht von mir selbst aus. Sollte nicht auch meine Erkenntniß von mir selbst ausgehen?" (XIII/248) Das schon in dem Kapitel über die Abendstunden eines Einsiedlers erwähnte Denken in konzentrischen Kreisen ist für Pestalozzi auch hier bestimmend: Die kognitive Entwicklung geht von dem eigenen Selbst aus, bevor die nahen und entfernteren häuslichen Verhältnisse erkannt werden. Erst am Schluß stehen Beruf und Gesellschaft.

Wie gewinnt ein Kind Erkenntnis von den Gegenständen der äußeren Welt? Pestalozzi skizziert eine Stufenfolge von vier Schritten: Anschauung, Bestimmtheit, Klarheit, Deutlichkeit. Konstruieren wir ein einfaches Beispiel, und stellen wir uns ein Kind am Strand vor, das eine Muschel in seinen Kopf aufnehmen will. Das erste, was es machen muß, ist eine Anschauung von der Muschel zu gewinnen. Dazu muß es aus dem chaotischen Durcheinander all dessen, was es auf dem Boden sieht, die Muschel als Einzelstück hervorheben. Es wird eine „bestimmte" Erkenntnis von der Muschel haben, wenn es sich in seinem Kopf sagen kann: Das ist ein Ding, das so und so geformt ist, und zu diesem sagt man „Muschel". (Pestalozzi spricht von Zahl, Form und Wort als den Grundbestandteilen der Erkenntnis.) Die Erkenntnis wird zu einer „klaren" werden, wenn das Kind darüber hinaus sieht: diese Muschel hat eine rötliche Farbe, und wenn es mit seinen Fingern die geriffelte Oberfläche erspürt. (Pestalozzi spricht von den übrigen Eigenschaften, die erkannt werden.) Schließlich wird die Erkenntnis der Muschel zu einer „deutlichen", wenn es alle Eigenschaften zusammennehmen und in einer Definition („Eine Muschel ist ...") verbinden kann. Die Erkenntnis der Muschel ist jetzt vollendet, weil das Kind in seinem Kopf einen Beurteilungsmaßstab hat, mit dem es alle Gegenstände des Strandes absuchen und danach einteilen kann, ob sie zu der Klasse der Muscheln gehören oder nicht.

Es sollen Pestalozzis diesbezügliche Ausführungen nicht in aller Breite beschrieben werden – auch viel Zeitgebundenes und Mechanisches befindet sich darunter –, sondern auf zwei Aspekte soll abschließend aufmerksam gemacht werden. Der erste ist sein ständiges Insistieren auf der Anschauung als dem Fundament aller weiteren geistigen Entwicklung. Anschauung ist dabei nicht nur als „sehen“ zu betrachten, sondern als vollständige Erfassung des Gegenstandes durch alle Sinne. Bevor wir über Sprache lernen, müssen wir konkrete, handfeste Erfahrungen gemacht haben. Wenn das nicht der Fall ist, so können wir über Dinge palavern, nicht wirklich wissend, worüber wir reden. Dies gilt zwar besonders für das Kind, das gerade erst dabei ist, sich die Welt zu erobern, aber auch für uns Erwachsene. Bevor wir über eine Sache reden, ein Urteil über sie abgeben können, müssen wir über ein festes sinnliches Fundament verfügen, auf das sich das Nachdenken aufbauen kann. Hiermit hängt eng Pestalozzis ständige methodische Mahnung zusammen, das Einfache vor dem „Verwickelten“ zu beachten. Kinder und auch Erwachsene werden eine neue, komplexe Situation verstehen, wenn sie zunächst das ihnen bereits Bekannte und Vertraute sehen können. Danach werden sie die Vielfalt der Natur in einfache Grundbestandteile aufgliedern, die sie sich nach und nach aneignen. Nur wenn in der Erziehungsmethode so vorgegangen wird, werden die Kinder das Wichtige lernen und nicht irgendwelche Nebensächlichkeiten. Die Anschauung muß deshalb zur „Anschauungskunst“ weiterentwickelt werden, weil es in der Erziehung darum gehen muß, dem Kind das Wesentliche einer Sache zu verdeutlichen. Ein Kind, das ohne bewußte Erziehung groß wird, wird auch die es umgebenden Dinge anschauen, aber es ist abhängig von den blinden Zufällen des Augenblicks. Es mag sich dann so verhalten wie der Erwachsene, der die Bücher in seinem Regal nach Farben ordnet. Soll das Kind aber nicht von der Willkür der Erscheinungen geleitet werden, sondern soll es die Dinge richtig (= wesensmäßig) erkennen, ihre Bedeutung für sein jetziges und zukünftiges Leben erfassen, so bedarf es einer bewußt gestalteten Erziehung.

8.2. Textauszug

„der Mensch ist gut und will das Gute; er will nur dabey auch wohl seyn, wenn er es thut; und wenn er böse ist, so hat man ihm sicher den Weg verrammelt, auf dem er gut seyn wollte. O es ist ein schrekliches Ding um dieses Wegverrammeln! – und es ist so allgemein, und der Mensch ist deshalb auch so selten gut! Aber dennoch glaube ich ewig und allgemein an das Menschenherz und gehe jezt in diesem Glauben meine bodenlose Straße, wie wenn sie ein römisch gepflasterter Weg wäre.“ (XIII/244)

„Der Mensch ... wird nur durch die Kunst Mensch, aber so weit sie auch geht, ... so muß sie sich in ihrem ganzen Thun dennoch fest an den einfachen Gang der Natur anketten. Was sie immer leistet, und wie kühn sie uns aus dem Stande und selbst aus dem Rechte unsers thierischen Daseyns heraushebt, so ist sie doch nicht im Stande, zu dem Wesen der Form, durch welche unser Geschlecht sich von verwirrten Anschauungen zu deutlichen Begriffen erhebt, auch nur ein paar hinzufügen. Sie soll es auch nicht. Sie erfüllt ihre Bestimmung zu unsrer Veredlung wesentlich nur dadurch, daß sie uns in dieser und in keiner andern Form entwickelt und wirft uns, sobald sie es in irgend einer andern zu tun versucht, dadurch in so weit in jedem Fall in den nicht humanen Zustand zurück, aus dem sie uns herauszuheben von dem Schöpfer unsrer Natur bestimmt ist. Das Wesen der Natur, aus welchem die Form der Entwiklungsweise, deren unser Geschlecht bedarf, entquillt, ist an sich selbst unerschütterlich und ewig, und in Rüksicht auf die Kunst ist und muß es ihr ewiges und unerschütterliches Fundament seyn. ... So unermeßlich das Resultat der Kunst an sich selbst und in seinem ganzen Umfang' ist, so klein und unmerklich ist in jedem Falle das Einzelne, was die Kunst zum Gang der Natur hinzusezt, oder vielmehr auf das Fundament desselben anbaut. Ihre Maasnahmen zur Entwiklung unsrer Kräfte beschränken sich wesentlich darauf, daß sie das, was die Natur zerstreut, in großer Entfernung und in verwirrten Verhältnissen uns vorlegt, in einen engern Kreiß und in regelmässigen Reihenfolgen zusammenstellt und unsern fünf Sinnen nach Verhältnissen näher bringt, welche unser Erinnerungsvermögen erleichtern, und unsere Sinne selbst dahin erheben, uns die Gegenstände der Welt täglich zahlreicher, dauerhafter und richtiger vorzustellen. Auch ruhet ihre ganze Kraft auf der Ueberstimmung ihres Einflusses und ihrer Wirkungen mit den wesentlichen Wirkungen der physischen Natur selber – ihr ganzes Thun ist mit demjenigen dieser Natur eins und ebendasselbe." (XIII/244f)

„Mensch! ahme es nach, dieses Thun der hohen Natur, die aus dem Kern auch des größten Baumes, zuerst nur einen unmerklichen Keim treibt, aber dann durch eben so unmerkliche, als täglich und stündlich fliessende Zusätze, zuerst die Grundlage des Stammes, dann diejenigen der Hauptäste, und endlich diejenige der Nebenäste, bis an das äusserste Reis, an dem das vergängliche Laub hängt, entfaltet. Faß' es in's Auge dieses Thun der hohen Natur, wie sie jeden einzeln gebildeten Teil pfleget und schützet und jeden neuen an das gesicherte Leben des alten anschließet." (XIII/245)

„Faß es in's Auge, wie sich ihre glänzende Blüthe aus tief gebildeten Knospen entfaltet; wie sie dann den blumenreichen Glanz ihres ersten Lebens schnell verliert, und als schwache, aber im ganzen Umfang ihres Wesens vollständig gebildete Frucht jeden Tag immer etwas, aber etwas Wirkliches, zu dem was sie schon ist, hinzusezt, und so Monate lang stillwachsend am nährenden Ast hängt, bis sie vollends gereift und in allen ihren Teilen vollendet vom Baum fällt.“ (XIII/245f)

„Faß es in's Auge, wie die Mutter Natur schon bey dem Entfalten der ersten emporsteigenden Sprossen auch den Keim der Wurzel entfaltet, und des Baumes edelsten Theil tief in den Schooß der Erde vergräbt; wie sie hinwieder den unbeweglichen Stamm tief aus dem Wesen der Wurzel, die Hauptäste tief aus dem Wesen des Stammes und die Nebenäste tief aus dem Wesen der Hauptäste herausbildet, und allen, auch den schwächsten äussersten Theilen genugsam, aber keinem, keinem einzigen unnütze, unverhältnißmässige und überflüssige Kraft giebt.“ (XIII/246))

„1. Lerne deswegen erstlich deine Anschauungen ordnen, und das Einfache vollenden, ehe du zu etwas Verwickeltem fortschreitest. Suche in jeder Kunst eine Stuffenfolge der Erkenntniß zu reihen, in welcher jeder neue Begriff nur ein kleiner, fast unmerklicher Zusatz zu tief eingeprägten, und dir selbst unvergeßlich gemachten, frühern Erkenntnissen ist.

2. Bringe ferner alle wesentlich zusammengehörige Dinge in deinem Geist' in eben den Zusammenhang, in dem sie sich in der Natur wirklich befinden; unterordne alle unwesentliche Dinge in deiner Vorstellung den wesentlichen, und vorzüglich den Eindruck, den die Kunstansicht derselben auf dich macht, demjenigen der Natur und ihrer wirklichen Wahrheit, und gieb keiner Sache in deiner Vorstellung ein grösseres Gewicht, als sie verhältnißmässig für dein Geschlecht in der Natur selber hat.

3. Verstärke und verdeutliche die Eindrücke wichtiger Gegenstände dadurch, daß du sie dir durch die Kunst näher bringest, und durch verschiedene Sinne, auf dich wirken machest. ...

4. Achte alle Wirkungen der physischen Natur für unbedingt nothwendig, und erkenne in dieser Nothwendigkeit das Resultat ihrer Kunst, ... und laß die Kunst, mit der du durch den Unterricht auf dein Geschlecht wirkest, eben so die Resultate, die sie bezwekt, zur physischen Nothwendigkeit erheben, so daß in allem deinem Tun selbst das noch so heterogen scheinende Mittel zur Erreichung desselben Hauptzweckes wird.

5. Aber Reichthum und Vielseitigkeit in Reitz und Spielraum verursachen, daß die Resultate der physischen Nothwendigkeit das Gepräge der Freiheit und Selbständigkeit allgemein an sich tragen.

Laß auch du die Resultate der Kunst und des Unterrichts, wenn sie schon zur physischen Nothwendigkeit erhoben, durch Reichthum und Vielseitigkeit in Reitz und Spielraum das Gepräge der Freiheit und Selbstständigkeit an sich tragen.“ (XIII/247f)

„Alle diese Gesetze, denen die Entwiklung der Menschennatur unterworfen ist, wirbeln sich in ihrer ganzen Ausdehnung um einen Mittelpunkt, sie wirbeln sich um den Mittelpunkt unsers ganzen Seyns, und dieser sind wir selber.

Freund! Alles was ich bin, alles was ich will, und alles was ich soll, geht von mir selbst aus. Sollte nicht auch meine Erkenntniß von mir selbst ausgehen?“ (XIII/248)

„Die Welt ... liegt uns als ein in einander fliessendes Meer verwirrter Anschauungen vor Augen; die Sache des Unterrichts und der Kunst ist es, ... daß sie die Verwirrung, die in dieser Anschauung liegt, aufhebe, die Gegenstände unter sich sondere, die ähnlichen und zusammengehörigen in ihrer Vorstellung wieder vereinige, sie alle uns dadurch klar mache, und nach vollendeter Klarheit derselben in uns zu deutlichen Begriffen erhebe. ...

Also geht unsere Erkenntniß von Verwirrung zur Bestimmtheit, von Bestimmtheit zur Klarheit, und von Klarheit zur Deutlichkeit hinüber.

Aber die Natur hält sich in ihrem Fortschritte zu dieser Entwiklung beständig an dem großen Gesetze, das die Klarheit meiner Erkenntniß von der Nähe oder Ferne der Gegenstände, die meine Sinne berühren, abhängig macht. ... alles kommt dir in dem Grade bestimmt vor, und ist in dem Grade leicht, klar und dir deutlich zu machen, als es deinen fünf Sinnen nahe liegt.“ (XIII/254)

„Dieser Mittelpunkt aller deiner Anschauungen, du selbst, bist dir selbst ein Vorwurf deiner Anschauung; alles was du selbst bist, ist dir leichter, klar und deutlich zu machen, als alles, was ausser dir ist; alles, was du von dir selbst fühlest, ist an sich selbst eine bestimmte Anschauung; nur was ausser dir ist, kann eine verwirrte Anschauung für dich seyn; folglich ist der Gang deiner Erkenntnisse, sofern er dich selber berührt, eine Stufe kürzer, als in sofern er von irgend etwas ausser dir ausgeht. Alles, was du dir von dir selbst bewußt bist, dessen bist du dir bestimmt bewußt; ... folglich öffnet sich der Weg zu deutlichen Begriffen auf dieser Bahn leichter und sicherer, als auf irgend einer andern, und unter allem, was klar ist, kann jezt klarer nichts seyn, als die Klarheit des Grundsatzes: die Kenntniß der Wahrheit geht bey dem Menschen von der Kenntniß seiner selbst aus.“ (XIII/254f)

„alle mögliche Gegenstände haben unbedingt, Zahl, Form und Namen, die übrigen Eigenschaften aber, die durch die fünf Sinne erkennt werden, besizt kein Gegenstand so mit allen andern gemein, sondern nur mit dem einen diese, mit dem andern jene; ... Ich sah jezt, durch das Bewußtseyn von der Einheit, Form und Namen eines Gegenstandes wird meine Erkenntniß von ihm eine bestimmte Erkenntniß; durch allmählige Erkenntniß aller seiner übrigen Eigenschaften wird sie in mir eine klare Erkenntniß; durch das Bewußtseyn des Zusammenhangs aller seiner Kennzeichen, wird sie eine deutliche Erkenntniß." (XIII/256f)

„Nichts, nichts wird mich hintern ...,
nichts auf der Erde
höher zu achten als das Ziel,
in den Müttern des Zeitalters
das ... so sehr zerrüttete Gefühl,
was sie ihren Kindern von Gottes wegen
seyn könnten und seyn sollten,
in ihnen von neuem wieder zu wecken"
(XVI/ 355).

9. Mutterpädagogik: „Besorge dein Kind! Liebe dein Kind! Versäume es nicht" – Buch der Mütter (1803)

9.1. Zusammenfassende Beschreibung

Mutterinstinkt

Nur wenige Gedanken werden von Johann Heinrich Pestalozzi im Verlaufe seines langen Schriftstellerlebens so kontinuierlich durchgehalten wie der von der Vorrangstellung der Mutter für die Erziehung des Kindes. Das Kind kommt vollkommen hilflos zur Welt, in der es sofort untergehen müßte, würde die Mutter ihm nicht mir ihrer Hilfe entgegenkommen. Dabei ist sowohl die Fähigkeit des Kindes, die Hilfe der Mutter anzunehmen, wie die Bereitschaft der Mutter, diese dem Kind zu geben, von Natur aus angelegt. Mutterliebe ist für Pestalozzi ein Instinkt, eine natürliche Kraft, die wie von selbst aus der Mutter fließt. Durch gesellschaftliche Einflüsse kann diese Kraft geschwächt werden, so daß die Mutter ihre Aufgaben dem Kind gegenüber nicht mehr sieht und wahrnimmt. Die Ablehnung wirklicher Mutterschaft hat negative Auswirkungen für die Eltern, denn wenn sie ihren Mutterpflichten nicht mehr nachkommt, weicht sie von ihrer eigentlichen, natürlichen Bestimmung ab, und sie hat negative Folgen für den Fortbestand der Gesellschaft, denn dadurch wird der Erziehung des Kindes ihr Fundament genommen, und die nachwachsende Generation wird ihr Verhalten noch stärker egoistisch und gewalttätig ausrichten. Ein

Kreislaufprozeß ist in Gang gesetzt: Die entfremdete Gesellschaft schwächt die instinktartige Mutterliebe, so daß die Mutter ihre Kinder nicht mehr natürlich erzieht, was zur Konsequenz hat, daß der Entfremdungsprozeß der Gesellschaft weiter fortschreitet, und die Mutterliebe noch mehr untergraben wird.

Betrachten wir aber erst einmal, was „normal“ wäre: In den ersten Wochen des neugeborenen Lebens ist die Mutter-Kind-Beziehung total. Die Mutter stillt ihr Kind und gibt damit die Voraussetzung für das physische Überleben, sie wickelt das Kind und schirmt es vor den allzu grellen Außenweltreizen ab. In der Totalität der Beziehung der ersten Wochen wird das Fundament für die weitere Entwicklung gelegt. Wird es geschwächt, so wird die Gefahr groß sein, daß das Kind sich nicht gesund entfalten kann. Alles kommt also darauf an, daß die Basis der Verbindung gestärkt wird, und dies wäre eigentlich auch nicht besonders schwierig, weil der natürliche Trieb dazu allen Müttern angeboren ist, wenn nicht die Gesellschaft störend dazwischen träte.

Die Mutter wird für das Kind zu einer Brücke, über die es gehen muß, um späterhin zur Welt, zur Gesellschaft, zu Gott und zu sich selbst zu gelangen. Das Gelingen der Mutter-Kind-Beziehung ist Voraussetzung für die kognitive, affektive, soziale und religiöse Entwicklung des Kindes. Die Mutter zeigt dem Baby Gegenstände und bringt sie ihm nahe, so daß es sie be“greifen“ kann. Dabei achtet sie auf eine Passung zwischen den sich entwickelnden Fähigkeiten des Kindes und den Materialien und Aufgaben, die sie an das Kind heranbringt. Sie wird dieses weder über- noch unterfordern, und weil das Kind die ersten Schritte in die Welt in ihrem Beisein macht, wird sich seine Angst vor dem Neuen legen, und es wird mit Sicherheit und Vertrauen auf das Fremde zugehen können.

Über die Mutter wird sich die Beziehung zu anderen Menschen aufbauen: Das Kind spürt die Liebe der Mutter zum Vater, und es kann deshalb seine eigene Liebe zur Mutter auf den Vater übertragen. Des weiteren folgen die Geschwister, die Freunde und Bekannten, die Nachbarschaft. Der Grundgedanke ist immer der gleiche: Weil das Kind die Intensität der Mutterliebe erfahren hat, kann es Vertrauen entwickeln, um sich – zunächst an der Hand der Mutter – auf andere Menschen zuzubewegen. Dies reicht bis hin zum Aufbau der Beziehung zu Gott. Nicht daß Pestalozzi die Mutter mit Gott gleichsetzte, aber der Weg des Kindes zu Gott führt nur über die feste Erfahrung des sich aufgehoben Fühlens in der stabilen Beziehung zur Mutter. Daraus entwickelt sich in dem Kind Liebe, Dank und Vertrauen, und das älter werdende Kind kann diese von der Mutter auf Gott übertragen. Ist dieses emotionale

Fundament nicht gegeben, so mag der Mensch später eine Wortreligion erwerben, er mag über Gott als Ergebnis von Gedankenüberlegungen plappern können, aber es kommt ihm kein tieferliegenes Gefühl entgegen, und so bleibt diese Religion leer. Das Kind bedarf der sinnlichen Basis tief erlebter, totaler Liebe, um wirklich Religion in sich entwickeln zu können.

Nochmals zurück zu dem Anfang der Mutter-Kind-Beziehung. Pestalozzi vergleicht die Situation des menschlichen Neugeborenen mit dem tierischen und stellt fest, daß sich der Mensch durch eine viel stärkere und länger anhaltende Hilflosigkeit auszeichnet. Das Tier wird relativ schnell seine instinktartigen Kräfte entwickeln und unabhängig von der Tiermutter werden, während das menschliche Kind ganz von der Mutter abhängt, und es viele Jahre dauern wird, bis es selbst soweit seine Kräfte entfaltet hat, daß es unabhängig wird. In dieser Tatsache sieht Pestalozzi den anthropologischen Sinn, daß der Mensch durch die Abschwächung seiner tierischen Instinke „Sittlichkeit" aufbauen kann. Gerade weil der Mensch lange abhängig bleibt, kann er Freiheit entfalten. Erziehung darf deshalb nicht der Anpassung dienen, sondern muß auf die eigenständige, selbstverantwortete Entscheidung vorbereiten. Pädagogisch folgt daraus, daß es nicht viel Sinn gibt, möglichst viel Zeit einzusparen, damit das Kind schnell selbständig wird, sondern es geht eher um die Verlängerung der Abhängigkeit, eine Abhängigkeit aber, die in rechter Weise erzieherisch gestaltet werden muß, nämlich als Vorbereitung der Freiheit des Kindes.

Die ursprüngliche, bei der Geburt des Neugeborenen sich entwickelnde Mutter-Kind-Beziehung ist natürlich, instinktartig gegeben. Doch dabei darf sie nicht stehen bleiben. Gerade weil sie die Voraussetzung für alle Erziehung ist, gerade weil sie den Beziehungsaufbau des Kindes zur Welt, zu anderen Menschen, zu sich selbst und zu Gott grundlegt, muß die Mutter ihre Beziehung zu dem Kind bewußt reflektieren und gestalten, mit dem Wort Pestalozzis: Sie muß zur „Kunst" werden. Dies ist auch deswegen notwendig, weil es ein Widerspruch wäre, würde man behaupten, aus einem „Instinkt" ließe sich „Sittlichkeit" – das dem „Instinkt" diametral entgegengesetzte – entwickeln. Zum dritten schließlich ist die „Mutterkunst" notwendig, weil die Gesellschaft in vielen Müttern die natürliche Beziehung zu ihren Kindern so verdorben hat, daß sie nicht mehr automatisch funktioniert.

Pestalozzi hat gemeinsam mit einem Mitarbeiter ein „Buch der Mütter" geschrieben, in dem er für die ersten Lebensjahre der Kinder den Versuch macht, die „Mutterkunst" darzustellen. Dieser Versuch ist ihm gründlich mißlungen. Die dort vorgestellten

„Übungen“ zeichnen sich durch eine solche Künstlichkeit (im negativen Sinne verstanden) aus, daß sie jede Mutter-Kind-Beziehung abtöten müßten, würde jemals eine Mutter sie anzuwenden versucht haben. Pestalozzi ist ein schlechter Methodiker, und er scheint es in diesem Fall gewußt zu haben, ist der geplante zweite Band des „Buchs der Mütter“ doch nie zur Ausführung gekommen. Bevor wir uns die wenigen Stellen anschauen, die aus dem Buch für uns heute ein Nachdenken lohnen, wollen wir jedoch noch die Gegenseite betrachten, die Erscheinung des Mißlingens der Mutter-Kind-Beziehung, seine Ursachen und seine Folgen für die Kinder. Wir ziehen diesbezüglich einen Text zu Rate, der Fragment geblieben ist und in der Pestalozzi-Literatur unter der Überschrift „Weltweib und Mutter“ bekannt wurde.

„Weltweib“

Für Pestalozzis sozialpädagogisches Denken ist charakteristisch, daß er das Fehlerhafte, Verdorbene, um des Menschen und der Gesellschaft willen Verbesserungsnotwendige hauptsächlich und ursprünglich nicht in den unteren, sondern in den oberen Schichten sucht. Nicht die arme Landfrau erzieht ihre Kinder falsch, sondern vor allem die reiche Mutter. Zwar können arme Menschen so weit unterdrückt, ausgebeutet, entfremdet werden, daß ihnen nur noch der Kampf um das nackte Überleben bleibt und sie so ihre Menschlichkeit verlieren, aber diese Pervertierung ist eine Folge der Gewalttätigkeit der Oberen. Zumeist hat die arme Mutter noch mehr natürliche Mutterliebe in sich, sie ist durch eine falsche Aufklärung noch nicht so weit von ihrem Kind entfernt wie die reiche Mutter.

Pestalozzi benötigt das „Weltweib“ (und den „Mann der Welt“) als negative Gegenfigur, um das Bild der „natürlichen Mutter“ in um so hellerem Licht erstrahlen zu lassen. Das „Weltweib“ verliert sich in den Außenreizen, es liebt den Schein des momentanen Glücks, verstrickt sich in die gesellschaftlich angebotenen Befriedigungen sinnlicher Triebe. Indem es an dem Äußerlichen, Zufälligen hängt, kann es zu dem Wesentlichen nicht vordringen und keine Ruhe in sich selber finden. Eine solche Frau ist voll von Widersprüchen, und während sie immer mehr äußere Befriedigung sucht, wird sie faktisch immer weniger erhalten. Die Beziehung dieser Mutter zu ihrem Kind kann nur oberflächlich bleiben, weil alles an ihr Oberfläche ist. Behält sie ihr Kind, so kann sie es nicht natürlich erziehen, sondern sie bildet es nach ihrem eigenen Vorbild. Das Kind wird genau so wie seine Mutter an Äußerlichkeiten hängen, immer mehr Befriedigung in äußeren Dingen suchen, aber es wird so nie eine Chance haben, wirklich zu sich selber zu gelangen.

Häufig aber geben solche Mütter ihre Kinder ab, da diese sie bei ihren Vergnügungen stören. Kommt das Kind jetzt in Erziehungsverhältnisse, die den Mangel kompensieren, indem sie dem Kind wirkliche Liebe spüren lassen, so könnte für das Kind ein Ersatz geschaffen werden. Doch die Ursprungsmutter verwickelt sich nun in einen weiteren Widerspruch: Sie ist zwar nicht natürliche Mutter, aber sie will „Mutter scheinen". Die Anhänglichkeit des Kindes an die Ersatzmutter kann sie eifersüchtig machen, so daß sie versucht, auch diese zweitbeste Lösung für das Kind zu zerstören. Sie entfremdet die Ersatzerzieherin dem Kind, so daß es jetzt ganz orientierungslos wird.

Was sind die Erziehungsgrundsätze solcher „Weltweiber", die das Prädikat, Mutter zu sein, für sich nicht in Anspruch nehmen dürfen? Während richtige Erziehung von der Mutter Anstrengung und Geduld fordert, damit das Kind innerlich reifen kann, bringen die „Scheinmütter" gerade diese nicht auf. Sie wollen den schnellen Erfolg sehen, und Pestalozzi gibt das Bild von Leuten, die einen Obstzweig abhauen, in Wasser stellen und ihm Wärme geben. Der Zweig wird schneller als in der Natur blühen, aber es ist nur eine Scheinblüte, die schnell vergeht und keine Früchte hervorbringt. Und das ist, was das „Weltweib" überhaupt und auch in bezug auf ihr Kind erstrebt: „Viel, und viel Schein, ist, was sie wollen." (XVI/360) Die natürlichen Erziehungsgrundsätze können sie nicht anwenden: keine Bodenhaftung, keine Ordnung, keine Konzentration auf das Wesentliche, kein Ausgehen von der konkreten, sinnlichen Erfahrung ist in ihrer Erziehung.

So erzogene Kinder werden zu dem geführt, was ihre Eltern auch sind: „zu einem unheiligen Umherschweifen und Maulbrauchen über alles, was außer dem Wesentlichen und Heiligen der Menschennatur im Himmel und auf Erden, im Meer und in aller Tiefen ist." (XVI/361) Die Kinder erwerben den Schein – Scheinwissen, Scheinbefriedigung –, aber nicht wirkliches Wissen, was sie benötigen würden, um tiefe, dauerhafte Befriedigung zu erlangen. Sie lernen den Menschen und sich selbst nicht im wirklichen Leben kennen, sondern ihre aus Romanen und rührseligen Theaterstücken gewonnene Menschenkenntnis führt sie zu einer Verachtung der Menschen, insbesondere der armen Menschen.

Brücken

Durch das Gegenbild des „Weltweibs“ ist deutlich geworden, was Pestalozzi unter wirklicher Mutterschaft versteht. Die Mutter muß ihr Kind selber erziehen, nur so wird seine geistige Entwicklung angeregt, nur so wird es zu sich selbst gelangen, nur so wird es soziale Beziehungen zu anderen Menschen aufbauen. Die Annahme der Mutterschaft wird auch der Frau tiefe, wirkliche Befriedigung geben. Das Erleben der Entfaltung der intensiven Beziehung zu ihrem Kind, das Erleben der Liebe, des Dankes und des Vertrauens des Kindes ist auch für die Mutter eine einmalige Erfahrung, die sie in anderen Beziehungen nicht erleben kann.

Nun muß Pestalozzi zu seiner Zeit erfahren, daß die Welt nicht so ist, wie sie sein sollte. Die Gesellschaft liefert vielmehr vielerlei Maßnahmen, die Mütter von ihren Kindern zu entfremden. Was ist zu tun? Pestalozzi bleibt zweierlei: auf der einen Seite der immer wiederkehrende Appell, die Mutterschaft zum Nutzen des Kindes und zum eigenen wirklich als Hauptaufgabe anzunehmen, und auf der anderen Seite der Versuch, durch das „Buch der Mütter“ das Band zwischen Mutter und Kind wieder fester zu knüpfen. Es soll ein Lehrbuch für die Mütter sein, damit sie den Kontakt zu ihren Kindern wieder so gestalten können, daß die Basis für die geistige und sittliche Erziehung des Kindes gelingt. Das Buch ist nicht für die Kinder gedacht, sondern diese sollen durch den Umgang mit den wirklichen Gegenständen ihrer natürlichen und sachlichen Umwelt lernen. Aber die Mutter soll das Buch lesen und für sich verarbeiten, um dann sensibilisiert dafür zu sein, die Chancen im alltäglichen Umgang mit ihrem Kind richtig zu nutzen. Sie soll dazu vorbereitet werden, die Kinder auf die Gegenstände der Umgebung aufmerksam zu machen, die für das Kind bildend sind, und sie soll lernen, den handelnden Umgang des Kindes mit den Gegenständen zum verständnisvollen Spracherwerb zu nutzen. Ausgangspunkt soll dabei – und Pestalozzi knüpft hier an einen Gedanken aus „Wie Gertrud ihre Kinder lehrt“ an – der eigene Körper des Kindes sein. Die zehn Übungen, von denen sieben ausgeführt wurden, sollen aufmerksam machen auf die einzelnen Körperteile, ihre Eigenschaften, ihre richtige Benutzung und Pflege.

Wir sprachen weiter oben schon davon, daß Pestalozzis Versuch, durch das „Buch der Mütter“ die Beziehung zwischen Mutter und Kind neu zu beleben und die geistige, emotionale und sittliche Erziehung anzuregen, mißlungen ist. Überspitzt formuliert: Man könnte der Mutter auch ein Anatomiebuch in die Hand drücken, um den gleichen Effekt zu erzielen. Durch die unendliche Aufzählung der einzelnen Körperteile, ihre Lage, ihre Eigenschaften, der mit ihnen möglichen Verrichtungen wird eine Äußerlichkeit hergestellt, die weder mit der geistigen und emotionalen Entwicklung der Kinder zusammengebracht werden kann, noch eine Vorstellung darüber vermittelt, wie sich in solch gekünstelten Situationen eine vor allem affektiv bestimmte Mutter-Kind-Beziehung ergeben soll. Es liegt ein Widerspruch in den rührenden, ans Herz gehenden Appellen Pestalozzis an die Mütter einerseits und der über weite Strecken langweilenden Auflistungen im „Buch der Mütter" andererseits.

Ließe sich dieser Widerspruch noch durch den schlechten Methodiker Pestalozzi erklären, und kann man den Versuch als zeitgebunden zu den Akten legen, so gibt es diesbezüglich noch eine Frage, die auch für uns aktuell ist. Gehen wir davon aus, daß ein Kind für seine gesunde Entwicklung einerseits eine stabile Familienerziehung benötigt, daß andererseits durch verschiedene gesellschaftliche Einflüsse der Realisierung einer intensiven Eltern-Kind-Beziehung Hindernisse in den Weg gelegt werden, so ergibt sich die Frage, wie diese Diskrepanz aufgehoben, zumindest verringert werden kann. Pestalozzis Versuch, diesen Weg über ein „Buch" zu gehen, muß zu kurz greifen, da dies bedeutet, die Macht der gesellschaftlichen Hemmnisse zu bagatellisieren. Eine Mutter, die in gutem Kontakt zu ihrem Kind steht, benötigt ein solches Buch (und auch ein anderes) nicht, und eine Mutter, die ihre Verpflichtungen ihrem Kind gegenüber nicht annehmen will oder kann, wird sich durch ein Buch wenig überzeugen lassen (und wenn doch überzeugen lassen, dann wird sich ihr schlechtes Gewissen erhöhen, ohne daß sich an der faktischen Zuwendung etwas grundsätzlich änderte). Der von Fröbel gewiesene Weg, durch die Einrichtung von Kindergärten Mütter zu entlasten und ihnen einen neuen Zugang zu ihrem Kind zu eröffnen, scheint für uns heute aussichtsreicher.

Gegenwartsbezug

Pestalozzi singt das hohe Lied der Mütterlichkeit, und für unsere Ohren klingt die Melodie teilweise fremd; vor allem das Pathos, mit dem er es vorträgt, mag zum Einstimmen nicht einladen. Was ist ein „Instinkt" wert, der so leicht durch Außeneinflüsse gestört werden kann, wie die scheinbar von Natur jeder Frau eingepflanzte Mutterliebe? Ist diese Mütterlichkeit nicht eher eine Ideologie der Männer, damit Frauen in die Familie eingeschlossen werden, um durch eigene Berufstätigkeit die Karrieren der Männer nicht zu gefährden? Wir leben in einer Zeit, in der zunehmend mehr auf die Karte der professionellen, institutionellen Erziehung gesetzt wird, und die Tendenz läßt sich für die Zukunft absehen, daß der Anteil immer früherer, immer längerer Betreuung für immer mehr Kinder in pädagogischen Einrichtungen eher noch steigen als sinken wird. Das, was Pestalozzi schreibt, ist unserem Zeitgeist zuwider.

Entkleiden wir Pestalozzis Äußerungen von dem uns fremden Pathos, und schauen wir, was sachlich geboten ist. Ein Kind bedarf eines festen Fundaments an Vertrauen, um sich mit Vergnügen auf die Welt einlassen zu können. Bevor es dieses stabil in sich selbst finden kann, muß es in tagtäglichen Erfahrungen die Zuverlässigkeit durch den Aufbau intensiver Beziehungen erlebt haben. Indem es von Außen als individuelle, einmalige Persönlichkeit identifiziert wird, kann das Kind sich als Individuum sehen und bilden. Indem es in der herausgehobenen Beziehung sich als bedeutsam erfährt, kann es Bedeutung und Sinn aufbauen. Diese emotionale und kognitive Fundierung bildet Strukturen aus, die uns ein Leben lang erhalten bleiben, von denen – wie die Psychoanalyse gezeigt hat – unsere Probleme, von denen aber auch unsere positiven Möglichkeiten und Chancen abhängen. Das Kind wird notwendiger Weise über diese erste Beziehung hinausgehen, aber es kann erst „Vater und Mutter verlassen", wenn es diese zunächst besessen hat.

Nun müßten es nicht die biologischen Eltern sein, an denen das Kind diese existentielle Fundierung erlebt. Aber die faktischen Schwierigkeiten, die wir bezüglich eines tiefergehenden und langfristigen Beziehungsaufbaus zwischen Erwachsenen und Kindern im Bereich der Heimerziehung und auch des Pflegekinderwesens beobachten können, zeigen doch, daß Alternativen schwierig sind. Selbst christlich oder anthroposophisch orientierte Lebensgemeinschaften weisen Probleme angesichts der Fluktuation der Mitarbeiter auf. Mutter- und Vatertätigkeit läßt sich unter den Bedingungen professioneller erzieherischer Arbeit – Arbeitszeitregelungen, Tarifvertrag etc. – nicht realisieren, emotionale Betroffenheit gegen Entgelt nicht bezahlen, die Dauerhaftigkeit der Elternschaft mit der wechselhaften Planung der eigenen Berufskarriere nicht vereinbaren.

Auf der anderen Seite erleben wir eine hohe Nachfrage nach institutioneller Erziehung. Nicht nur bei versagenden Familienverhältnissen, sondern als „Normalfall" gilt der Wunsch, Kinder über einen immer längeren Abschnitt des Tages und einen immer größeren Anteil ihrer Lebenszeit in Einrichtungen betreuen zu lassen. Im Bereich der Heimerziehung, die die Familie vollständig ersetzen muß, aber auch in den Tageseinrichtungen für Kinder beobachten wir zunehmend mehr Kinder, deren Defizit an „Mutterliebe“ durch die Beziehung zu der Erzieherin ausgeglichen werden muß. Die teilweise lückenhafte Intensität und tagtägliche Dauerhaftigkeit in der Eltern-Kind-Beziehung ist dabei häufig nicht Ausdruck einer freiwilligen Entscheidung der Mutter und des Vaters. Vielmehr ist der Wunsch nach stabilen und intensiven familiären Beziehungen bei den meisten Erwachsenen als tiefes Bedürfnis fest verankert. Es ergibt sich so eine Widersprüchlichkeit zwischen diesem Wunsch und der faktischen Familienwirklichkeit, die durch Unsicherheit und Ungewißheit oft gekennzeichnet ist.

Wenn unsere familiale Situation heute mit diesen wenigen Strichen richtig gezeichnet ist, so zeigt sich, daß sie von derjenigen, die Pestalozzi beschreibt, nicht weit entfernt ist. Die existentielle Notwendigkeit der persönlichen Identifikation für die gesunde Entwicklung des Kindes, der Wunsch von Eltern nach Familie und die Schwierigkeiten, diesen Wunsch in unserer gesellschaftlichen Realität zu verwirklichen – sind unveränderte Elemente. Wir sind nicht mehr so sicher wie Pestalozzi in der Argumentation für die Natürlichkeit des Mutterinstinkts, aber gerade weil wir das nicht mehr sind, bedarf die Mutter-Kind-Liebe einer großen gesellschaftlichen Stärkung. Appell und Predigt reichen da nicht hin. Tageseinrichtungen für Kinder, die Eltern in ihrer Erziehungsaufgabe unterstützen, haben deshalb auch die Aufgabe zu erfüllen, die Pestalozzi sich von seinem „Buch der Mütter“ erhoffte: die Beziehung zwischen Eltern und ihren Kindern wieder zu stärken.

9.2. Textauszug

„Alle innere Wahrheit und Sicherheit der sittlichen Kraft und alle Fundamente richtiger, auf innerer Anschauung ruhender Begriffe über diese Gefühle stehen von ihrem Entkeimen an bis zu ihrer Vollendung im innigsten Zusammenhange mit der ersten mütterlichen Besorgung.

Also vergiß es nicht, Mutter! Der Anfangspunkt des Redenlehrens deines Kindes über sittliche Gegenstände ist von der Natur an die Besorgung desselben und an die Gefühle, die diese Besorgung beleben, ebenso und noch weit mehr angekettet, als der Anfangspunkt des Redenlehrens deines Kindes über sinnliche Gegenstände von der Natur an diese Besorgung und an die Gefühle, die diese Besorgung beleben, angekettet ist; und wenn du dein Kind jetzt über sittliche Gegenstände reden lehren willst, so gehe auch hier den Gang der hohen Natur. So wie du dasselbe die Namen Kopf, Auge, Ohr, Hand etc. nicht aussprechen machst, und nicht einmal aussprechen machen kannst, ehe das Bild des Kopfes, des Auges, des Ohrs und der Hand durch tausendfache Anschauung seinem Geist fest eingeprägt ist, also mache es auch die Worte Liebe, Dank und Vertrauen nicht aussprechen, bis diese Gefühle selbst durch tausendfache innere Anschauung in seinem Geiste unauslöschlich gemacht worden sind. Es spreche das Wort Liebe nicht aus, ohne reges Fühlen der Liebe; es spreche das Wort Dank nicht aus, ohne reges Fühlen des Dankes; es spreche das Wort Vertrauen nicht aus, ohne langes Bewußtseyn eines wahren Vertrauens.“ (XV/386)

„Ich weiß, was ich fordere, aber Gott und die Natur fordern, was ich fordere, und die Welt und du selbst überladen dich mit dem, was Gott und die Natur nicht fordern, darum allein ist es schwer, was Gott und die Natur von dir fordern. – Die Welt und du heben dich ganz aus dem hohen Fühlen der großen Naturverkettung unserer Kräfte und ihrer Entwickelung mit der ersten Besorgung deines Kindes auf deinem Schooße heraus; und ohne hohes und warmes Fühlen dieser großen Verkettung wirst du freylich, jeden Augenblick hingerissen, das Wort Liebe ohne reges Fühlen der Liebe auszusprechen, und es hinwieder dein Kind also aussprechen zu machen. Arme Mutter! Was thut die Welt an dir, was thust du selbst an dir! Kehre zurück von deiner Verirrung; entreiße dich den Klauen der rasenden Welt, erhebe dich dahin, das große Geheimniß deiner höchsten Kraft, ohne das du nicht Mutter bist, ohne das du nicht werth bist, Mutter zu seyn, jeden Augenblick festzuhalten, und sichere dich, versäume eher alles auf Erden, wenn du Mutter bist, versäume eher alles andere auf Erden, und sichere dich des innern Reifens der Gefühle der Liebe, des Dankes und des Vertrauens in deinem Kinde, durch die innere Wahrheit dieser Gefühle in dir selbst und durch eine nur bey dieser innern Wahrheit dieser Gefühle in dir selbst die erreichbare Reinheit und Heiligkeit der Besorgung deines Kindes.“ (XV/386f)

„Mutter! Mutter! Es ist die mit hoher Reinheit auf die Besorgung deines Kindes hingeheftete und angewandte Wahrheit dieser Gefühle, die dich als Mutter der Welt entreißt und dich dir selbst und deinem Kinde wiedergiebt; ja Mutter! es ist nur diese hohe Reinheit deiner innern Gefühle, die dich als Mutter für dein Kind von Wahrheit zu Wahrheit, von Kraft zu Kraft emporhebt.“ (XV/387)

„Mutter! Mutter! Sie führt dich zu der Quelle deiner Wahrheit, sie führt dich zu der Quelle deiner Kraft, sie führt dich zu deinem Gott und zu deinem Schöpfer, sie führt dich zu deinem ewigen Vater, zum ewigen Vater deines Kindes; in der Umarmung deines Kindes zeigt sie dir Gott, in der Besorgung deines Kindes lehrst du es Gott kennen, in der Umarmung deines Kindes, in der Besorgung deines Kindes lernt dein Kind Gott erkennen, wie du ihn kennst. Es ist eine Glaubensneigung in der Menschennatur, die bey jedem wahren Entkeimen der Liebe, des Dankes und des Vertrauens sich in ihrem Innersten entfaltet, wie die Frühlingsblume sich auf ihrem Stengel entfaltet. – Mutter! dein Kind glaubt gern an ein Wesen, dem du lieb bist und das für dich sorgt, wie du für es sorgest; du sprichst den Namen deines Gottes kaum aus, und es lächelt des Namens deines Gottes; aber spreche ihm diesen Namen nicht vor, laß es diesen Namen nicht nachsprechen, ohne im innigsten Zusammenhang mit den Gefühlen der Liebe, des Dankes und des Vertrauens, und vergiß es nie, auch der erste Eindruck des Namens deines Gottes ist von der Wahrheit, der Reinigkeit und Heiligkeit der Besorgung deines Kindes abhänglich. So wie diese Besorgung Liebe ist, so wird es schon im Dunkel seines sinnlichen Daseins bei dem ersten Aussprechen des Namens deines Gottes Liebe ahnden und Liebe fühlen, und so wie in dieser Besorgung ihm dieses hohe reine Gefühl mangelt, so wird es in diesem Dunkel dieses bloß sinnlichen Daseyns beim Namen deines Gottes nichts fühlen, nichts denken, der Name deines Gottes wird ihm ein leerer Schall seyn. Ach! wenn du es nicht liebst, wenn es in diesem Dunkel seines sinnlichen Daseyns die Ankettung deiner Liebe an seine Besorgung nicht sieht, hört, schmeckt und fühlt, so muß ihm der Name deines Gottes ein leerer Schall sein. Mutter! Mutter! Wenn es in diesem Zeitpunkte nicht schmeckt und sieht, wie freundlich du bist, so sieht und schmeckt es in diesem Zeitpunkte noch weniger, wie freundlich der Herr ist, und wahrlich, wahrlich, es sieht und schmeckt dann dieses schwerlich nachher, es sieht und schmeckt es dann schwerlich jemals." (XV/387f)

„Also, Mutter! ist die Erreichung des Zwecks des Redenlehrens über sittliche Gegenstände an innere Anschauung und an die damit verbundene Besorgung deines Kindes gekettet, eben so wie die Erreichung des Zwecks des Redenlehrens über sinnliche Gegenstände an äußere Anschauung und an die damit innig verwobene Besorgung deines Kindes gebunden ist." (XV/388)

„Mutter! fürchte dich nicht vor dem Lachen deines Kindes – aber fürchte dich hingegen und fürchte dich sehr vor dem Aufhören seines Lachens oder vielmehr seines Frohsinns, daraus das Lachen entkeimt! Der Verlust dieses Frohsinns ist immer Zeuge und Folge seiner verwirrten und geschwächten Natur, er ist Zeuge und Folge von Übeln, von großen Übeln, die an seinem Wesen nagen. Ja, Mutter! wenn dir dein Kind lieb ist, so hüte seinem Lachen und der heiligen Quelle desselben – seinem Frohsinn! Ach, du kannst ihn ihm so leicht, du kannst ihn ihm hundertmal, ohne daß du daran denkst, untergraben und zu Grunde richten, du kannst ihn ihm mit Zucker und Kaffee, mit Flaumfedern, mit Stillsitzen, mit Schulmeisterelendigkeiten und mit tausend dummen Treibhauskünsten des Kopfes und des Herzens untergraben und unwiederbringlich zu Grunde richten. Frische Luft, Milch und Habermus, Springen, Laufen, Arbeiten, seine Kräfte brauchen, aber alle, alle mit einander, alle vernünftig, und keine zuviel, – das ist, Mutter! was deinem Kinde das Lachen und den frohen Muth erhalten, das ist, was ihm seine rothen Backen sichern und machen kann, daß es diese im zwanzigsten Jahre noch hat, wie im fünften, und im zwanzigsten Jahre gerade, aufrecht, unverkrüppelt, ungebogen, mit gleichen Augen, mit gleichem Munde und mit gleicher Stirne vor dir stehen kann, wie es jezt im fünften, sechsten vor dir steht und dir lacht." (XV/412)

„Mutter! Mutter! du weißt nicht, was du thust, wenn du durch irgend eine Art von Verkünstlung, welche es auch immer seyn mag, das Lachen der Unschuld in der Brust des Kindes verlohren gehen machst. Erhalte dieses heilige Lachen! Alles Gute, was in seiner Natur sich entwickeln, reifen, sich vollenden und unter sich selbst in Harmonie kommen soll, wird bey der Erhaltung und Pflege desselben weit eher sich entwickeln, weit eher reifen und durch Harmonie unter sich selbst weit eher einer reinen menschlichen Vollendung sich nähern." (XV/412f)

„Mutter! Mutter! das ist der einzige Weg, dein Kind dahin zu bringen, daß es aus sich selbst und aus eigner Kraft da nicht lacht, wo es nicht lachen soll; es ist das einzige Mittel, mit Sicherheit zu verhüten, daß keine künstlich in ihm erzeugte Schwäche das Lachen seiner Unschuld in seiner Brust verderben und in ein Lachen der elenden Narrheit und der boshaften Tücke umwandeln könne. Gute Mutter! vergiß es nie: keine, auch noch so gebildete Vernunft kann deinem Kinde das Lachen seiner Unschuld wiedergeben, wenn es dasselbe einmal verlohren. Aber das volle Leben seines Frohsinns kann seine Vernunft dahin erheben, daß sich das Lachen seiner Unschuld immer erhält, daß es sich noch höher hebt und in ein Lachen der Weisheit umwandelt. Mutter! Mutter! es ist das Salz des Lebens" (XV/413).

„Unser Geschlecht bildet sich wesentlich
nur von Angesicht zu Angesicht,
nur von Herz zu Herz menschlich.
... Die Bildung zur Menschlichkeit ... (ist) ewig
die Sache des Individuums“
(XXIVA/19)

10. Erziehung und Politik: „Der Anfang und das Ende meiner Politik ist Erziehung“ – An die Unschuld, den Ernst und den Edelmuth meines Zeitalters und meines Vaterlandes (1815)

10.1. Zusammenfassende Beschreibung

Kruzifix

Es ist eine Binsenweisheit: Erziehung und Politik hängen zusammen – irgendwie. Aber wie? In Bierlaune mag eine Diskussionsrunde sich schnell darauf einigen, daß alles dahin dränge, die Kinder zur Anpassung an die Gesellschaft zu erziehen; die Erzieherin mag die allgemeine Diskussion um Einsparungen öffentlicher Haushaltsmittel am eigenen Leibe spüren, wenn die Kinderzahl in ihrer Gruppe sich erhöht oder finanzielle Kürzungen anstehen; – im Innern werden alle empfinden: Bei so kleinen Kindern ist das Politische noch weit weg, man soll doch alle Indoktrination von ihnen fernhalten. Der Staat mag so erscheinen als das Übergeordnete, der Bereich der Erziehung hat sich Nischen zu suchen, in denen sie frei sein kann, in denen das eigentlich Pädagogische geschieht, doch muß man auf der Hut sein, daß der Staat diese Nischen nicht zu sehr bedroht, weil irgendwelche Politiker mal wieder Einsparmöglichkeiten wittern.

Betrachten wir eine Szene aus unseren Tagen: Ein bayerisches Elternpaar findet es für seine Kinder unzumutbar, daß sie in ihren Klassenzimmern mit Kruzifixen konfrontiert werden. Der zwangsweise Anblick des sterbenden Christus vergewaltige ihre Seelen. Die Eltern klagen gegen eine bayerische Schulordnung, die das Aufhängen von Kreuzen in jedem Klassenzimmer zur Pflicht macht, und sie gehen dabei bis vor das Bundesverfassungsgericht. Dieses gibt den Eltern recht, und in der Öffentlichkeit entbrennt ein heftiger politischer Streit, der Kirchenpolitiker, Minister und sogar den Bundeskanzler sich mit markigen Worten äußern läßt. Wenn eine einzige Stimme ausreiche, um das Entfernen des Kreuzes zu verlangen, was heißt dann Toleranz? Muß nicht die Minderheit sich der Mehrheit beugen? Um das Kreuz im Klassenzimmer zu retten, schlagen liberalere Kirchenvertreter vor, man könne ja auch Symbole der Moslems im Klassenzimmer anbringen. Letztlich wird sogar das christliche Abendland in Gefahr gesehen. Konservative Politiker, die sich bislang – beispielsweise in der Frage des § 218 – auf das Bundesverfassungsgericht verlassen haben, diskutieren jetzt öffentlich über Widerstand gegen das höchste Gericht und über Umgehungsstrategien gegen das Urteil. Die andere Seite, in diesem Fall liberale und sozialdemokratische Politiker, begrüßt dagegen das Urteil. Staat und Kirche seien auch vom Grundgesetz her zu trennende Bereiche, und der Staat zu religiöser und weltanschaulicher Neutralität verpflichtet. Ich verfolge den Streit und denke daran, daß ich auch ein Kreuz in meinem Kindergartenraum aufgehängt hatte. Nie wäre ich damals auf die Idee gekommen, daß dieses Symbol in unserer Zeit eine politische Debatte von solcher Emotionalität auslösen könnte. Meine erzieherische, politische Naivität?

Noch ein Beispiel zum Vorverständnis. Wenn wir Berichte über Kindergartenerziehung und sozialpädagogische Arbeit insgesamt in der Zeit des Nationalsozialismus lesen, so sind wir erschrocken über die unverhohlene Einmischung der Politik auch in den inhaltlichen Bereich der Pädagogik: Kinder, die auf den Führer verpflichtet werden, die Durchsetzung des entwürdigenden faschistischen Menschenbildes, die Vorbereitung auf die Wehrertüchtigung auch bei den Kleinsten. Erfahrungen von Kolleginnen aus der ehemaligen DDR zeigen, daß derartige Erscheinungen eines totalitären Staates noch vor wenigen Jahren in der erzieherischen Praxis aktuell waren, als bis zur Erziehung des Naseputzens alles seine politische Legitimation fand. Dies erscheint uns, die wir in einem demokratischen Rechtsstaat groß geworden sind, weit, weit weg: die Rahmenbedingungen der pädagogischen Arbeit – ja, da hat die Politik das Sagen; aber in der inhaltlichen Gestaltung – da sind wir frei. Ausdruck politischer Einfältigkeit?

Testament

Johann Heinrich Pestalozzi ist über die Politik zur Pädagogik gekommen. Durch sein landwirtschaftliches Projekt, durch seine erste Armenerziehungsanstalt, durch seinen Volksroman und durch seine anthropologischen Schriften wollte er politisch wirken. In der Zeit der Revolution hat er sich aktiv politisch eingemischt, bevor es ihn zur Realisierung seiner Lieblingsidee trieb, der Entwicklung der Erziehung für benachteiligte Bevölkerungsgruppen. Nach dem Scheitern der Revolution hat Pestalozzi sich seine pädagogischen Nischen gesucht, und in der Gefährdung seiner Anstalten durch politische Außenereignisse hat er erleben müssen, wie sehr geschichtliche Abläufe die pädagogische Arbeit beeinflussen. Er hat seine Erziehungsversuche und die Lehrerausbildung immer als Versuche verstanden, die über die konkrete Arbeit hinaus auf das Allgemeine wirken sollten. Doch der Schwerpunkt seines Engagements lag jetzt darin, für pädagogisches Handeln ein neues Fundament zu finden.

Pestalozzi ist beinahe 70 Jahre alt, als er „An die Unschuld, den Ernst und den Edelmuth meines Zeitalters und meines Vaterlandes“ schreibt. Lange hat er sich nicht mehr in das politische Tagesgeschäft eingemischt, doch jetzt als alter Mann, der nicht weiß, wie lange er noch zu leben hat, drängt es ihn, die beiden Fäden seines Lebens zusammenzubinden. Sein Bestreben war es immer, in der Welt die Voraussetzungen für mehr Menschlichkeit zu verwirklichen, und er weiß, daß es dazu sowohl der Pädagogik wie der Politik bedarf. Die erste muß den Menschen vorbereiten, damit er zu sich selbst, zu seiner eigenen Menschlichkeit gelangen kann, die zweite muß durch Verfassung und Gesetz einen Rahmen für Freiheit und Gerechtigkeit schaffen.

Pestalozzi ist alt geworden, und er hat sehr verschiedene Staatsverfassungen kommen und gehen gesehen. Zuerst herrschte der Absolutismus in Europa, dann die Revolution, die Befreiung und Menschlichkeit versprach, aber in Blut und gewaltsame Unterdrückung bald endete, schließlich die Zeit der Unsicherheit nach dem Scheitern der Revolution, als Kriege Europa überzogen. Das Erscheinen der Schrift Pestalozzis fällt mit dem Beginn der Restaurationszeit zusammen. Die Frage war noch nicht entschieden, ob Europa den Weg zurück in die Monarchen- und Fürstenherrschaft gehen würde oder ob es eine Perspektive für Demokratie und den bürgerlichen Rechtsstaat geben könne. Daß ersteres eintrat und es noch über 100 Jahre dauern wird, bis nach dem I. Weltkrieg die Demokratie sich durchsetzt, bedroht und zeitweise vernichtet durch die Herrschaft des Faschismus – dies wußte damals niemand.

„An die Unschuld" ist so etwas wie ein erstes Testament Pestalozzis, sein politisches. Er hat sich in jungen Tagen an den aufgeklärten Fürsten gewandt, in der Hoffnung, daß durch die Vatergüte des Fürsten auch für die armen Menschen Gerechtigkeit hergestellt würde; er hat die Revolution begrüßt und sich in ihren Dienst gestellt, weil sie Freiheit, Gleichheit und Brüderlichkeit versprach; als die Revolution scheiterte, hat er sich in seine pädagogische Nische zurückgezogen, um eine Erziehungsmethode zu finden, die durch den Reformstaat politisch allgemein durchgesetzt das Glück des Menschen befördern werde. Doch alle drei Verfassungszustände, die Pestalozzi erlebt, haben bei ihrer diametralen Gegensätzlichkeit eins gemeinsam: Sie führten nicht zu mehr Recht, zu mehr Freiheit, zu mehr Menschlichkeit, sondern sie setzten den Egoismus der jeweiligen Machthaber durch, entfremdeten den Menschen immer mehr, beuteten die Armen aus, unterdrückten das Volk mit Gewalt.

Angesichts des Scheiterns der verschiedensten politischen Projekte muß Pestalozzi sich fragen, was die Ursachen dafür seien, und er muß diese Frage ins Grundsätzliche wenden, da es ja kein Zufall, kein Scheitern einzelner Politiker sein kann, wenn so unterschiedliche Systeme in der gleichen Folge der Gewalt enden. Darüber hinaus muß er, will er nicht resignieren, danach fragen, worin positiv die Funktion des Staates liege, und er muß drittens schließlich nach den grundsätzlichen Möglichkeiten fragen, wie ein das Menschenglück befördernder Staat sich realisieren lasse.

In Kurzform die Antworten Pestalozzis: Es ist die Selbstsucht, die den Menschen verdirbt und die die jeweiligen Machthaber dahin bringt, ihre Macht zu mißbrauchen. Politisch müssen deshalb Vorkehrungen gegenüber der Übermacht des Staates getroffen werden, indem zu unterscheiden ist, was des Staates und was des einzelnen Bürgers sei. Zur Herstellung von Gerechtigkeit, Freiheit und Menschlichkeit spielt die richtige Erziehung die entscheidende Rolle, da sie sich nicht an die Masse, sondern das einzelne Individuum richtet.

Zivilisation und Kultur

Um die Gründe für das Scheitern einer Staatsverfassung zu erklären, reicht es nicht hin, die Schuld bei einzelnen korrupten Politikern zu suchen. Wenn sehr unterschiedliche politische Ansätze, die alle das Glück der Menschen versprechen, sich sehr schnell in ihr Gegenteil verkehren, ja wenn die Perversion gerade dann am stärksten ist, wenn die politischen Ideen im hellsten Licht erscheinen, dann muß es Ursachen geben, die tief in der menschlichen Natur selbst liegen. Pestalozzi ist also gezwungen, sich erneut mit grundsätzlich anthropologischen Fragen zu beschäftigen. Er nimmt die Gedanken aus den „Nachforschungen" wieder auf, jedoch konkreter und mit präziseren Schlußfolgerungen für das Verhältnis von Erziehung und Politik. Hatte er damals drei „Zustände" unterschieden, so sind es jetzt zwei Grundkräfte, die den Menschen auszeichnen.

Der Mensch ist erstens ein Triebwesen, das danach strebt, seine sinnlichen Bedürfnisse zu befriedigen. Egoistisch und gewalttätig sucht er seine Interessen durchzusetzen, Vorstellungen von Gerechtigkeit sind ihm fremd, da seine eigenen Ziele im Vordergrund stehen. Kurzfristiger Erfolg ist das Ausschlaggebende. Kein reflektiertes Handeln ist ihm möglich, sondern er wird von seinen Bedürfnissen getrieben. Deshalb ist er nicht frei in seinen Entscheidungen. Die Befriedigung seiner Bedürfnisse kann ihn dabei nicht ruhig und glücklich machen, denn sie ist zu kurzfristig: Neue Bedürfnisse reizen ihn, und er muß ständig aufpassen, daß andere Menschen ihn nicht übervorteilen, so wie er andere ausnutzt. Auch wenn Pestalozzi die Triebhaftigkeit des Menschen in solch negativen Farben malt, kann man sie eigentlich nicht als schlecht verurteilen, denn sie ist das dem Menschen von Natur aus gegebene „Fundament". Schlecht wird sie erst dadurch, daß der Mensch diesen Anteil, den er mit allen Tieren gemein hat, verabsolutiert, daß er den anderen Teil seiner Menschlichkeit nicht mehr sieht.

Der Mensch ist nämlich zweitens ein Wesen, das sich von allen Tieren unterscheidet, und in diesem Anteil muß das eigentlich Menschliche liegen. Hatte Pestalozzi früher von dem „sittlichen Zustand" gesprochen, redet er jetzt von „den höhern Anlagen des menschlichen Geistes und des menschlichen Herzens" (XXIVA/19). Durch sie kann der Mensch sich über seine Triebgebundenheit erheben. Dies bringt Einschränkungen mit sich, weil die Bedürfnisse nicht kurzfristig durchgesetzt werden können, befreit aber auch zu dem, was den Menschen vor dem Tier auszeichnet: Gerechtigkeit, Menschlichkeit und Wahrheit werden nur so möglich.

Pestalozzi benutzt die Wörter „Civilisation" und „Kultur", um diese Widersprüchlichkeit des Menschen zu kennzeichnen. Der zivilisierte Mensch paßt sich an den anderen äußerlich an, aber nicht aus einer freien, eigenen Entscheidung heraus, sondern aus dem Verlangen, unter der Oberfläche des zivilisierten Verhaltens die eigenen Bedürfnisse egoistisch durchzusetzen. Der zivilisierte Mensch bleibt der „Wolf im Schafspelz", der rücksichtslos und gewalttätig auf den eigenen Vorteil aus ist. Als zivilisierter Mensch zählt er nicht als einzelner, sondern als Masse. „Kultur" ist dagegen der Begriff, der sich auf die Sittlichkeit des Menschen bezieht. Hier zählt die Individualität des Einzelnen, der von sich aus „in Selbständigkeit und Fryheit" sich „durch Recht und Kunst" (XXIVA/87) mit anderen Menschen vereinigt. Nur in der Kultur, nur in der Individualität des einzelnen kann wirkliche Menschlichkeit gewonnen werden. Hier zählt nicht die Gleichförmigkeit des Menschen, seine Konformität mit anderen, hier ist er mehr als der Wassertropfen im Strom (siehe XXIVA/93).

Die Erziehung des Menschen kann sich ausrichten an der Zivilisation oder an seiner Kultur. Tut sie ersteres, so entwickelt sich ein Mensch, der „oberflächlich", „schweifend", „einseitig verhärtet" ist, er ist „belebt für den Scheindienst, niederträchtig im Menschendienst und heuchlerisch im Gottesdienst" (XXIVA/139). Es ist klar, daß eine solche „Civilisationsbildung" nicht das Ziel wirklicher Erziehung des Menschen zur Menschlichkeit sein kann, sondern diese muß sich ausrichten an dem, was für den Menschen wesentlich und wichtig ist. Erziehung muß orientiert sein an der Individualität jedes einzelnen Menschen, und dieses Prinzip der Individualität gilt sowohl für die erzieherische Beziehung – Erziehung kann keine Massenveranstaltung sein – als auch für das Bildungsziel. Erziehung findet nur statt in einer lebendigen, menschlichen Beziehung eines Erwachsenen mit einem Kind. Dies setzt voraus, daß der Erzieher das einzelne Kind in seiner Individualität sieht und anerkennt, und es setzt voraus, daß der Erzieher sich in seiner Individualität dem Kind präsentiert. Alle Mechanisierung, alle Vorstellungen, die das konkrete Kind als Anwendungsfall der allgemeinen Kategorie „Kindheit" sehen, sind dem Pädagogischen zuwider. Individualität ist auch das Erziehungsziel: Es soll der Mensch gebildet werden, der selbständig und selbstbewußt entscheiden kann, der die Verantwortung für sein eigenes Handeln übernimmt, der Fähigkeiten hat, um sich selbst versorgen zu können, und der mit Rücksicht auf andere, insbesondere auf ärmere und schwächere Menschen handelt. Eine solche Erziehung ist ein schwieriges Geschäft, und Pestalozzi betont deshalb mit einer Deutlichkeit, wie er es vorher selten getan hat, daß Erziehung eine menschliche „Kunst" sein müsse.

Beziehen wir den Gedanken von „Civilisation" und „Kultur" noch auf die Staatsidee Pestalozzis. Staatliches Handeln gerät mit Notwendigkeit in einen Widerspruch hinein. Auf der einen Seite ist der Staat eine Massenveranstaltung, die sich nicht auf den einzelnen

Menschen richtet, sondern auf seine „collective Existzenz"; er hat insoweit die „Civilisation" des Menschen, nicht seine Kultur zur Voraussetzung. Auf der anderen Seite gilt: „Der Zweck der gesellschaftlichen Vereinigung ist ... Verbesserung und nicht Verschlimmerung des Naturzustands." (XXIVA/95) Staatliches Handeln gerät in eine Zwickmühle hinein: Es muß im Konfliktfall die kollektiven Ansprüche über die des einzelnen Individuums stellen, das Recht der Allgemeinheit muß dem Recht des Einzelnen vorgehen, wenn der Staat nicht aufhören will, als Staat zu existieren. Doch dieses kollektive Interesse führt nicht zu wirklich sittlichem Handeln, das ja gerade in der Selbstverantwortung des einzelnen seine Basis hat, sondern es führt zwangsläufig zum Egoismus und zur Gewalt, weil es sich nicht auf die „höhern Anlagen" des Menschen stützt, sondern auf seine tierische Natur. Der Staat vereinigt die Menschen nicht als Individuen, sondern führt sie als „Menschenhaufen" zusammen.

Das Verderben der verschiedenen Staatsverfassungen, die Pestalozzi erlebt hat, die schnelle Pervertierung der hehren politischen Ansprüche führt Pestalozzi auf diese Widersprüchlichkeit des Staates zurück. Die jeweiligen Machthaber, angetreten mit dem Versprechen des Volksglücks, nutzen ihre Macht aus, weil sie ihre egoistischen Ziele verfolgen. Der Staat wird notwendiger Weise zum Selbstbedienungsladen, der Oberen, die die Mehrzahl der Menschen unterdrücken und ausgebeuten.

Beschränkung des Staates

Angesichts der raschen Gefährdung jeder Staatsverfassung durch die Selbstsucht ergibt sich die Frage, was zu tun sei, damit ein gerechter Staat dennoch entstehen könne. Pestalozzis erste Antwort lautet, daß der Staat sich selbst beschränken müsse. Da die Tendenz der Ausbeutung der Unteren durch die Oberen immer vorhanden ist, muß ein Schutzmechanismus im Gesetzeswerk für die Schwächeren eingebaut sein, der sie vor den Übergriffen der Regierenden bewahrt. Nur angesichts der grenzenlosen Selbstsucht werden die Herrschenden diese Selbstbeschränkung gerade nicht vornehmen. Pestalozzi sagt, daß der Fürst als einzelne Person, die sich außerhalb des Machtspiels stellt, für das Recht des Schwächeren eintreten muß. Auch in Republiken ist dieser Kontrollmechanismus möglich, wenn von dem ganzen Volk die Macht ausgeht – vorausgesetzt, das Volk ist nicht selbstsüchtig und es ist kulturell gebildet. Nicht mehr ganz so emphatisch wie während der Zeit der Französischen Revolution kann Pestalozzi sagen: „ich bin ein Republikaner für kleine, aber edelmüthig republikanisch organisierte Stadt- und Landgemeinden" (XXIVA/10).

Der Staat muß sich auch in der Hinsicht beschränken, daß er sich nur auf die Bereiche bezieht, die einer kollektiven Regelung bedürfen, während er alles, was die Angelegenheit der Individuen betrifft, außer acht läßt. Im Sinne des Gewaltmonopols des Staates gehört das Militär und die Polizei zu dem ersteren, und sie müssen deshalb politisch organisiert und kontrolliert werden. Andererseits aber: „Kirchen-, Schul- und Armenwesen sind im Staate unwidersprechlich und vorzüglich als die Sache der individuellen Existenz unsers Geschlechts anzusehen." (XXIVA/107)

Familienerziehung

Die letzte und entscheidende Antwort Pestalozzis auf die Frage, wie angesichts der Selbstsucht des Menschen trotzdem der gerechte Staat geschaffen werden könne: Setzt nicht auf die Karte der Gewalt, sondern auf die der Erziehung. In der Formulierung Pestalozzis: „Laßt uns Menschen werden, damit wir wieder Bürger, damit wir wieder Staaten werden können" (XXIVA/30). Durch die Entwicklung der Erziehungskunst gibt es ein Mittel, den Menschen menschlich zu bilden, seine Selbstsucht einzuschränken und seine Sittlichkeit zu erhöhen. In einer solchen Erziehungskunst wird er nicht als Massenware, nicht als Kollektiv gesehen, sondern als einzelner Mensch, der auf die Freiheit seiner eigenverantwortlichen Entscheidung vorbereitet wird. Der so gebildete Mensch wird sich auch in seinen politischen Aktivitäten nicht an seinem Egoismus orientieren, sondern an dem Gemeinwohl aller. Die sittlich gebildeten Bürger können den Staat sittlich gestalten.

Eine solche Bildung und Erziehung – und hier schließt sich der Kreis zu der im letzten Kapitel dargestellten Mutterpädagogik – gelingt nur dort, wo jedes einzelne Kind als Individuum gesehen und geliebt wird. Vom „Heiligthum des häuslichen Lebens" (XXIVA/170) verspricht sich Pestalozzi deshalb alles. Sittlichkeit, Glaube, geistige und körperliche Entfaltung können hier gelingen, weil den Selbstentfaltungskräften, die jedes Kind von Natur in sich hat, hier passende Hilfsquellen entgegenkommen, die dem Kind genau das geben, was es zu seiner Höherentwicklung benötigt:

- Das Kind erlebt sich von der Familie geliebt – und auf dieses Fundament der Liebe baut sich Sittlichkeit und Glaube an Gott auf;
- das Kind erlebt seine nahe Umgebung als bedeutsam, weil die

Verrichtungen der Eltern und der anderen Hausbewohner Sinn ergeben – und auf dieses wesensmäßige Durchschauen baut die kognitive Entwicklung auf;

- das Kind erlebt die Tätigkeit der Eltern als notwendige Aktivitäten, um die Bedürfnisse der Familienmitglieder befriedigen zu können – und auf diese Erfahrung baut der Wunsch auf, späterhin das gleiche tun zu können, und daraus entwickeln sich die Kompetenzen, die notwendig sind, um diesem Wunsch nach „Selbstversorgungskräften" entsprechen zu können.

Diese hohe Leistungskraft der Familienerziehung ergibt sich nicht automatisch, nicht durch das bloße Zusammenleben der Eltern mit den Kindern, sondern sie setzt voraus, daß Mutter und Vater in diesem Sinne selbst gebildet sind, daß sie ihre Mutter- und Vaterschaft sehen und annehmen. Keine staatliche Erziehung kann die der Familie ersetzen, und kein Staat kann als Kollektiv die Individualität herstellen. Dies gelingt nur in der Familienbeziehung. Aber der Staat kann Rahmenbedingungen herbeiführen, damit wirkliches Familienleben entstehen kann. Auf diesem Fundament häuslicher Erziehung muß dann die „Volksschule" aufbauen, die keine Wortschule sein darf, sondern die die wissenschaftlich entwickelte „Elementarbildung" als Fortführung der ganzheitlichen Erziehung des Menschen anwendet.

10.2. Textauszug

„Wo kann der Mensch, und eben so der Staat, wenn er in sich selbst verirrt, Hülfe finden, gegen sich selbst; wo kann er Wahrheit und Recht finden gegen seinen Irrthum, gegen sein Unrecht? ... So offenbar die allgemeine Quelle des Civilisationsverderbens in allen seinen Erscheinungen und Formen in dem Übergewicht des Sinnlichen, Thierischen über das Sittliche und Geistige unsrer Natur zu suchen ist, so unleugbar ist es, daß die Quelle dieses Verderbens sich schon von der Wiege an wirksam erweiset. Wie die Natur im Thier selbst kunstlos durch seine Organisation schnell zur sinnlichen Lebendigkeit seiner Kräfte hinlenkt, so lenkt das Zeitweib, die bloß sinnliche Mutter, die durch das Civilisationsverderben ihren reinen Natursinn verloren, und sich darin nicht über den sinnlichen Standpunkt zu ihrer Bestimmung zu erheben vermag, mit thierischer Gewaltsamkeit eben dahin, daß ihr Kind gewandt werde, ehe es kraftvoll, listig, ehe es verständig, anmaßlich, ehe es gehorsam, muthwillig, ehe es ruhig ist, kurz, daß das Thierische seiner Kräfte sich schnell zum Nachtheil des Reinen, Edelen und Göttlichen seiner Natur entfalte; wodurch sie denn selbst im Heiligthum der Wohnstube den Urgrund zu allen Maßregeln und Einrichtungen legt, wodurch das Civilisationsverderben gleichsam als ein Resultat des öffentlichen und allgemeinen Einflusses der gesellschaftlichen Vereinigung auf das Individuum erscheint. ... Das gierige Streben des thierischen Sinns der Menschennatur entfaltet sich dann bey ihrem Kind nicht mehr erst beym Eintreten in die Welt ... Schon in den unmündigen Jahren werden dann im Kinde Gefühle der thierischen Anmaßung, der thierischen Gewaltsamkeit rege gemacht, Betrug und List, wie sie sich im Fuchs entfalten, werden im schnöden Buben belacht, und Affenzierde und Pfauenstolz dem Mädchen zur Natur gemacht" (XXIVA/41f).

„So wie der thierische Zustand des bürgerlichen Lebens ein Resultat dieses Raubes (der Wohnstube) ist, also ist der menschliche Zustand dieses Lebens ein Resultat der reinen Bewahrung dieser göttlichen Gabe. ... Wir können und sollen uns indessen nicht verhehlen, daß die Abweichung von diesem Pfade, ob er gleich der einzige wahre Pfad zu einer wahrhaft menschlichen Entfaltung unsers Geschlechts ist, einerseits in der Lebendigkeit unsrer sinnlichen Natur, also in uns selber große anziehende Reitze findet; ferner, daß diese Reitze andererseits im ganzen Umfang unsrer Umgebungen durch die allgemeinen Sitten und Lebensweisen der Zeit mit großer Kraft und Kunst unterstützt und belebt werden; daß also dieser höhere Weg der Natur sich nicht von selbst gibt, sondern dem Individuo unsers Geschlechts eigentlich eingeübt und gegeben, daß er durch Erziehung, und besonders durch ihren heiligen Anfangspunkt, durch die Weisheit, Liebe, Anmuth und Kunst der Wohnstube angebahnt, eingelenkt, unterstützt und geleitet werden muß. Aber die Welt, wie sie ist, steht dieser reinen Basis des Menschenglücks und der Menschenbildung mit täglich größerer Gewaltsamkeit entgegen; sie nimmt täglich mehr Theil an dem Wohnstubenraub, der wider Gott und die Menschennatur ist, indem er das reine menschliche Gemüth verhärtet, und gegen sein Unrecht und gegen sein menschlichkeits, lieb- und anmuthsloses, thierisch sinnliches Seyn und Treiben in allen Privat- und öffentlichen Verhältnissen des Lebens unempfindlich macht." (XXIVA/43f)

„Ich bleibe aber im Kreis meines Gegenstands. Das Weib der Zeit wird in allen Ständen täglich mit größerer Gewalt und mit mehr raffinirter Kunst aus der Reinheit ihres mütterlichen Seyns und ihrer mütterlichen Kraft herausgerissen. Die Einseitigkeit unsrer excentrischen Civilisation verwirrt sie täglich mehr im Innersten ihrer Natur.

Trügende Scheingenießungen eines eiteln verderblichen Tandes lenken sie immer mehr von den Realgenießungen ihres Muttersinnes, und von dem hohen Heilsgefühl eines steten, ununterbrochenen, sich hingebenden Lebens in aller Menschlichkeit der Muttertreu und der Mutterfreuden ab. Eine kulturlose, nur von der Sinnlichkeit ausgehende, aber auch mit großer Sinnlichkeitskraft eingeübte künstliche Lebensgewandtheit, wie sie es in Jahrhunderten nicht war, überwältigt die Unschuld und Schwäche der Natur in der Mehrheit der mütterlichen Wesen unsrer Zeit in dem Grad, daß sie im Gefühl ihrer innern Verwirrung sich nicht mehr selbst zu helfen im Stande sind." (XXIVA/44)

„Es ist gewiß, das Bedürfnis der Zeit ruft heute jedem edeln Mann, herrsche er als König auf dem Thron, diene er für das Volk dem König, sitze er als Edelmann in seinem Eigenthum und unter den Seinen, lebe er durch bürgerliche Thätigkeit in Verbindung mit dem Volke, sey er von Gottes wegen ihr Lehrer und Tröster, baue er das Land umgeben von Söhnen und Töchtern, von Knechten und Mägden in Wohlstand und Ehre, oder sitze er verborgen in der niedersten Hütte, nur seinem Weib, seinen Kindern und seinen Nachbarn als ein edler Mann bekannt, ihm und allen Edeln ruft der Zustand der Dinge heute zu, wie es seit Jahrhunderten nie geschehen: Was der Staat und alle seine Einrichtungen für die Menschenbildung und die Volkskultur nicht thun und nicht thun können, das müssen wir thun. Vaterland! Deutschland! Unter den Tausenden, die sich durch den Schrecken der vergangenen Jahre zur Besonnenheit einer gereiften Selbstsorge erhoben haben, ist nur eine Stimme: Wir müssen unsere Kinder besser und kraftvoller erziehn, als es bisher geschehen; und selber auch dem Staatsmann ... kann es ... durchaus nicht entgehen, daß es für unsre Staaten eben so noth thut, als für die Privatleute, daß die Kinder des Landes besser und kraftvoller erzogen werden, als dieses bisher geschehen." (XXIVA/49f)

„Täusche dich nicht, Vaterland! Die Freyheit wird unsern Kindern so wenig als eine gebratene Taube ins Maul fliegen, als sie je irgend einem Volk der Erde also gebraten ins Maul geflogen. Einzelnen Glückskindern regnet freylich zu Zeiten das Glück zum Dach hinein, Völker und Nationen sind und werden im allgemeinen nie glücklicher, als sie es verdienen." (XXIVA/83)

„Täuschen wir uns nicht, das Heiligthum des wahren innern Segens der Menschennatur geht wesentlich nicht aus seinem äußerlichen bürgerlichen Zustand hervor. Es ist im Gegentheil wesentlich individuell und geht eigentlich aus dem guten sittlichen und geistigen Zustand der Individuen unsers Geschlechts hervor. Wo es desnahen immer an der heiligen Sorge für die Individual-Veredlung unsers Geschlechts mangelt, da sind alle äußern Verfassungsvorzüge umsonst.“ (XXIVA/84)

„Wo eine Wunde in der Tiefe eitert, da muß sie auch in der Tiefe sondirt werden, und wo Menschenübel und Menschenverderben tief und lang in die Menschennatur eingegriffen, da müssen die Mittel, ihnen abzuhelfen, ebenso tief in der Menschennatur erforscht und aus derselben hergeleitet werden.

Das Weltverderben, wie es in aller Schamlosigkeit seiner Selbstsucht, und in aller Eitelkeit seiner Schwäche allgemein vor uns steht, ist offenbar ein Übel von dieser Natur. ... Darum können auch alte abgestorbene Verfassungen überhaupt nicht leicht, und besonders nicht leicht von Menschen, die im und vom Verderben eben dieser Verfassungen durch ihr ganzes Leben genährt, darin erzogen, gebildet, und zum Theil in demselben noch grau geworden (sind), erneuert, wiederhergestellt und in ein neues Leben gerufen werden.“ (XXIVA/158)

„Es ist wahr, alle Siege über die Folgen des Verderbens, in das wir versunken, helfen zum Wohl der Menschheit nichts, gar nichts, wenn wir die Ursachen derselben nicht mit eben dem Muth bekämpfen, mit dem wir einige ihrer Folgen überwunden.“ (XXIVA/160)

„Wohl wachsen Schwämme leicht aus dem Mist, wenn es nur regnet, aber Menschenwürde, Geistestiefe und Charaktergröße wächst nicht aus der Routine hervor, wenn ihr auch die Sonne scheinet, und der Geist des Abrichtens und das Wesen des Abgerichtetwerdens ist ihnen wie Gift entgegen. Das aber entscheidet über unsern Gesichtspunkt: würde-, geist- und charakterlose Menschen sind unfähig, unser Geschlecht menschlich und würdig zu regieren. -

Darum müssen solche Menschen immer dahin kommen, das Gewaltbrauchen und das Regieren mir einander zu vermischen, und die Mittel des Gewaltbrauchens und des Abrichtens, die physisch sind, für Regierungsmittel, die vom Geist, und für Regierungsweisheiten, die vom Herzen ausgehen sollen, ansehen. Ihr Irrthum ist groß. Die Mittel des Gewaltbrauchens sind an sich so wenig Mittel des Regierens, als die Axt, mit der man die Hochstämme im Walde umhaut, eigentlich ein Anpflanzungsmittel eines Hochwaldes ist. Solche Menschen überschätzen gewöhnlich nicht nur den Werth aller durch Abrichtung eingeübten Dienstkraft, sondern werden noch über das Wesen des Dienstes selber so blind, daß sie im gewandten Dienstmanne das Heilige der Diensttreue nicht einmal von der niedrigsten Dienstheucheley unterscheiden können, sondern in ihrer dießfälligen Blindheit sehr oft das Verbrechen des Letztern der Unschuld des Erstern weit vorziehen.“ (XXIVA/164)

„Es ist für den sittlich, geistig und bürgerlich gesunkenen Welttheil keine Rettung möglich, als durch die Erziehung, als durch die Bildung zur Menschlichkeit, als durch die Menschenbildung!

Es ist für die Erhebung des Welttheils und auch für deine Wiederherstellung, theures, gesunkenes Vaterland! kein Rettungsmittel wahrhaft wirksam, als eine psycholgisch tief erforschte Ausbildung der sittlichen, geistigen und Kunstanlagen unsers Geschlechts.“ (XXIVA/165)

„Das Auge will sehen, das Ohr will hören,
der Fuß will gehen und die Hand will greifen.
Aber eben so will das Herz glauben und lieben.
Der Geist will denken.“
(XXVIII/61)

11. Lebensbilanz: „der Zweck meines Lebens ist nicht verlorengegangen“ – Schwanengesang (1826)

11.1. Zusammenfassende Beschreibung

Biographisches

Eine weite Strecke sind wir mit Johann Heinrich Pestalozzi gegangen. Vor fast einem halben Jahrhundert hatte er „Die Abendstunde eines Einsiedlers“ geschrieben; in dem Jahr vor seinem Tod schließlich erscheint sein letztes vollständiges Buch, das den bezeichnenden Titel „Schwanengesang“ trägt. Das Lexikon sagt dazu: „Schwanengesang, letztes Werk eines Dichters oder Komponisten; nach dem auf Aischylos zurückgehenden Glauben, daß der Klagelaut des sterbenden Schwans wunderbar klinge.“ (Knauer, Bd. 12, S. 4590)

Eine wechselvolle Geschichte liegt hinter Johann Heinrich Pestalozzi: Zeiten großen Ruhms und Zeiten tiefer Einsamkeit, Zeiten schöpferischer Produktion und Zeiten resignativer Stagnation, Zeiten menschlichen Glücks und Zeiten verletzender Traurigkeit. In Yverdon hatte er anfänglich an die Erfolge von Burgdorf anknüpfen können: Er war umgeben von einem Kreis von Mitarbeitern, der ihn menschlich trug und Bausteine zu seinem Lebenswerk bearbeitete. Doch dann hat Pestalozzi erleben müssen, wie dieser Kreis der Freunde und Mitarbeiter sich immer mehr verfeindete, er hat nicht zusammenhalten können, was er hätte zusammenhalten müssen. Schließlich muß er Yverdon im Streit aufgeben, es bleibt ihm nur der Neuhof, auf dem er vor 50 Jahren nach dem Scheitern seiner landwirtschaftlichen Pläne lebte. Auch jetzt ist er wieder weitgehend allein – Freundschaften haben sich in Feindschaft verwandelt, der Sohn und die Frau sind ihm im Tod vorausgegangen, und Johann Heinrich Pestalozzi ißt sein Gnadenbrot bei seinem Enkel und dessen Frau.

Doch es würde zu seinem Lebensschicksal auch nicht passen, wenn Pestalozzi sein Leben als anerkannter Institutsleiter und erfolgreicher Schriftsteller beendet hätte, er, dessen Größe darin liegt, die Krisenpunkte der Biographie existentiell zu erleben und aus dem scheinbaren Scheitern heraus Perspektiven für ein menschlicheres Leben zu entwickeln. Man muß sich dies bis ins Körperliche vorstellen: der etwas senile Greis, vertrieben von dem Ort seines letzten Ruhms, hätte allen Anlaß, sich ins Bett zu legen, die Decke über den Kopf zu ziehen und zu sterben. Doch nicht so Johann Heinrich Pestalozzi: Noch einmal nimmt er alle physischen und geistigen Kräfte zusammen, die ihm als alten Mann verblieben sind, und er schreibt gegen den Schein des äußeren Mißerfolgs an. Mögen auch die Mauern der Schule und des Heimes aufgegeben worden sein, mögen auch Menschen, die er als Fortführer seines Erziehungswerks sich gewünscht hat, ihn verlassen haben – so sind doch die Ideen lebendig, die hinter dem praktischen Versuch standen. Sie sind es, die ihn überleben werden, die die Köpfe künftiger Generationen von Erziehern bis in unsere Tage hinein prägen werden.

Im „Schwanengesang“ faßt Johann Heinrich Pestalozzi seine pädagogischen Ideen zusammen. Nochmals beschäftigt er sich mit seinen großen Themen: die Frage, was der Mensch sei, die Bestimmung des Verhältnisses von „Natur“ und „Kunst“, die Reflexion der Grundsätze einer richtigen Erziehung und Bildung des Kindes, „Herz“, „Kopf“ und „Hand“ als die Grundpfeiler des menschlichen Lebens, die es zu integrieren gilt.

Natur und Kunst

Wie Zauberwörter geistern die Begriffe „Natur“ und „Kunst“ durch die Pädagogikgeschichte des 18. und 19. Jahrhunderts, so auch bei Johann Heinrich Pestalozzi. Versuchen wir das, was mit ihnen gemeint ist, in unsere Sprache zu übersetzen. „Erziehung“ kann in Analogie zu dem Wachstum einer Pflanze betrachtet werden: Ein Keim wird in die Erde gelegt, von selbst muß er seinen Trieb durch das Erdreich stoßen, er wird sich zu der Pflanze entfalten, die in dem Keim angelegt war, er wird Knospen bilden, blühen und Samen für die nächste Pflanzengeneration bilden, dann wird er welken und vergehen. Der Mensch kann diesen natürlichen Prozeß hemmen oder fördern: Ein Fußtritt mag das Leben dieser Pflanze auslöschen, in schlechten Boden gebracht wird der Keim kämpfen müssen, zumindest ein zartes Pflänzchen nach außen zu bringen. Ein guter Gärtner wird die Pflanze schützen, er wird ihr in trockenen Zeiten Wasser zuführen, er wird sie düngen, damit sie besser gedeiht, er mag sie beschneiden, um die Kräfte der Pflanze auf die Haupttriebe zu konzentrieren. Nur was immer der Gärtner tut, er wird an dem Wesen der Pfanze nichts ändern: Aus einer Rose wird eine Rose, aus einem Birnbaum ein Birnbaum; und er wird den Bauplan nicht umgestalten: Samen, Trieb, Blüte, Frucht, Vergehen – es war vor Tausenden von Jahren so, und es wird in Tausenden von Jahren noch genau so sein.

Die gegenteilige Analogie, an der Erziehungskonzeptionen sich orientieren, stammt aus der Welt technischer Prozesse: Es ist ein Mensch, der für einen von ihm bestimmten Zweck eine Maschine konstruiert. Er macht sich einen Plan, besorgt sich die notwendigen Materialien und Werkzeuge, um Schritt für Schritt ein Ding aufzubauen, das seinen Intentionen entspricht. Er zerreißt, behämmert, schmiedet sein Material, zersägt und schraubt zusammen, bis das, was er vorher in seinem Kopf hatte, materiell vor ihm steht. Es liegt nicht im Eisen, daß aus diesem Stück gerade diese Maschine geworden ist, sondern durch menschliche Kunst ist sie entstanden. Es gibt keinen im Eisen enthaltenen Bauplan, der sich von selbst entfaltet, sondern von außen wird es durch menschliche Tätigkeit bearbeitet.

Pestalozzis großes Vorbild seiner Jugendjahre, Jean Jacques Rousseau, hat ersteres gedacht. Der erste Satz seines großen Erziehungsromans „Emile" lautet: „Alles ist gut, wie es aus den Händen des Schöpfers kommt; alles entartet unter den Händen des Menschen." (9) Und an späterer Stelle heißt es: „Wenn es euch gelingt, nichts zu tun und zu verhindern, daß etwas getan werde, den Zögling gesund und stark bis ins zwölfte Lebensjahr zu bringen, selbst wenn er links von rechts nicht unterscheiden kann, so würde sich nun sein Geist von der ersten Lektion an der Vernunft öffnen. ... Bald wäre er unter euren Händen der weiseste Mensch. Ihr habt mit Nichtstun begonnen und endet mit einem Erziehungswunder." (72f) Erziehung ist so eigentlich die Kunst der Nicht-Erziehung, die Fähigkeit des Erwachsenen, sich zurückzuhalten, nicht einzugreifen in das Werk der Natur. Diese ist gut und vollkommen, menschliche Kunst stört oder zerstört sie nur. Die gegenteilige Erziehungsvorstellung kommt am prägnantesten in der einflußreichsten akademischen Psychologie der ersten Hälfte unseres Jahrhunderts zum Ausdruck: Der Mensch ist eine Maschine, die von außen konditioniert werden kann, wobei den Möglichkeiten der Gestaltung keine

Grenzen gesetzt sind. Aus jedem Menschen kann alles gemacht werden, der schlimmste Verbrecher ebenso wie der schöpferischste Künstler, wenn die Erziehung nur die richtigen Techniken zur richtigen Zeit anwendet.

Bei der Frage nach „Natur“ und „Kunst“ geht es also um die Möglichkeiten und Grenzen der Erziehung. Diese können sehr eng gesetzt werden, wenn die natürliche Selbstentfaltung als der alles entscheidende Faktor betrachtet wird, oder sehr weit, wenn der gestalterischen Möglichkeit des Erwachsenen viel Kraft zugetraut wird. Beide extreme Sichtweisen sind eigentlich nicht in der Lage, eine pädagogische Haltung zu begründen: Kommt alle Entwicklung aus dem Innern des Kindes, so kann ich schützen, pflegen und begleiten, aber nicht erziehen; ist andererseits die gestaltende Tätigkeit des Erwachsenen alles, so wird das Kind in eine passive Rolle gedrängt und der Manipulation Tor und Tür geöffnet. Es kommt deshalb darauf an, „Natur“ und „Kunst“ in richtiger Weise miteinander zu verschränken, um eine pädagogische Sichtweise von Erziehung zu gewinnen.

Für Pestalozzi liegt die „Natur“ des Menschen in dem, was den Menschen vor dem Tier auszeichnet, d.h. in seiner Fähigkeit, seine Kräfte nicht triebhaft zu gebrauchen, sondern gemäß vernünftiger Überlegungen und sittlicher Einsichten. Dies gibt ihm eine Freiheit, die das instinktgeleitete Tier nicht hat. Es bedingt aber auch, daß sich die menschliche Natur nicht von selbst ergibt, sondern daß es eines Erziehungsprozesses – und damit einer Erziehungs“kunst“ – bedarf, um den Menschen menschlich zu bilden. Die Möglichkeit, zu denken und sittlich zu empfinden, ist jedem Menschen von Natur eingegeben, aber die Realisierung dieser Möglichkeit ergibt sich nicht automatisch, naturwüchsig von selbst. Wir haben weder die Begriffe des richtigen Denkens noch die Vorstellungen des Guten und Gerechten in unserem Erbprogramm als Säugling mit auf die Welt gebracht, sondern wir müssen diese in einem Bildungs- und Erziehungsprozeß aufbauen. Die menschliche Entwicklung besteht dabei in einer Interaktion der Aktivität des Kindes mit der Tätigkeit des Erziehers.

Jedes Kind hat in sich einen Trieb, seine körperlichen, geistigen und sittlichen Kräfte zu entwickeln. In diesem Selbstentfaltungstrieben liegt die natürliche Basis der Erziehung. Wäre sie nicht vorhanden, so könnte der Erwachsene noch so viel Druck auf das Kind ausüben, wie er wollte, eine Weiterentwicklung des Kindes fände nicht statt. Dieser Selbstentfaltungstrieb benötigt aber die richtige „Nahrung“, um nicht ins Leere zu laufen. Diese „Nahrung“, die Umwelteinflüsse, sind aber nicht natürlich gegeben, sondern sie werden vom Menschen gestaltet. Damit Erziehung richtig gelingen kann, bedarf es einer Passung zwischen den Selbstentfaltungskräften des Kindes und den Eindrücken, Ideen, Vorstellungen, die dem Kind angeboten werden. Eine solche Passung herzustellen, ist Aufgabe der Erziehungs"kunst".

Aus diesem Gedanken ergibt sich eine Priorität der natürlichen Selbstentfaltungskräfte des Kindes im Erziehungsprozeß. Als Erwachsener kann ich nichts in dem Kind entwickeln, sondern es bedarf seiner eigenen Aktivität, um etwas in seinem Kopf, in seinen Händen, in seinem Herzen aufzubauen. Bei dem Kind, das sich nicht entwickeln will, oder das nicht in die Richtung einschlägt, die der Erzieher ihm vorgeben möchte, wird jeder Erwachsene auf Granit beißen, seine Zähne verlieren, aber an dem Felsen nichts verändert haben. Wir kennen solche Fälle aus der Praxis.

Noch mehr aber kennen wir aus der Praxis die Situation des unglücklichen Kindes, das Kräfte der Weiterentwicklung in sich trägt, die von den Erwachsenen jedoch nicht verstanden werden. Das Kind läuft unruhig hin und her, beschäftigt sich da- und dortmit, aber es findet in seiner Umgebung nicht die Aufgaben, die es benötigt, damit es seine Kräfte binden kann. Viele als „behindert" bezeichnete Kinder sind in dieser Situation: Sie finden keine Menschen, die ihre Selbstentfaltungskräfte sehen, verstehen und in richtiger Weise lenken können. Dieses scheinbar behinderte Kind wird sich hingegen auf seine Weise entwickeln, wenn ein solcher Zappelphilipp das Glück hat, auf einen Erzieher zu stoßen, der Erziehung nicht als Einschränkung, sondern als Perspektiverweiterung versteht, der ihm Materialien, Aufgaben und sich selbst anbietet, damit dieses Kind seine Kräfte entwickeln kann. „Normalisation", hat Maria Montessori dies genannt.

„Erziehungskunst", d.h. die bewußte, reflektierte Gestaltung der Beziehung des Erwachsenen zu dem Kind, ist notwendig, um dem Kind das anzubieten, was es für seinen Selbstentfaltungsprozeß benötigt. Ohne „Kunst" wäre die Entwicklung des Kindes – wie Pestalozzi formuliert – „langsam, unsicher und lückenvoll" (XXVIII/107), durch sie wird die Entwicklung „vergeschwindert" (XXVIII/68), kraftvoller und geordneter.

Gleichgewicht von Herz, Kopf und Hand

Für Pestalozzis Schreibweise außerordentlich systematisch entfaltet er im „Schwanengesang" die Bereiche der kindlichen Entwicklung, indem er sie in sittliche, geistige und physische scheidet. Im achten Kapitel (Methode) haben wir sie schon beschrieben, und wir wollen deshalb an dieser Stelle nur kurz zusammenfassen:

- Die sittliche Entwicklung hat ihre Grundlage in der Befriedigung der Bedürfnisse des Säuglings durch die Mutter. Dadurch gewinnt er Vertrauen in sich selbst und seine Umwelt. Dieses Erlebnis der körperlichen Besorgung des Kindes geht über in seinen Glauben an die Menschen – normalerweise die Mutter –, von denen es erfährt, daß sie ihm wohlwollen. Von diesem „menschlichen Glauben" ergibt sich ein Brückenschlag zu dem Glauben an Gott, wenn das Kind erlebt, daß auch die Mutter sich aufgehoben weiß in einer metaphysischen Beziehung.
- Die geistige Entwicklung gliedert sich in die Anschauung, die Sprache und das Denken. Auch im „Schwanengesang" wird Pestalozzi nicht müde herauszuheben, von welch zentraler Rolle dabei die sinnliche und handfeste Anschauung ist. Unser Reden und Denken wird leer bleiben, wenn es nicht durch ein hinreichendes Maß an Erfahrung gesättigt ist. Wir werden Schwätzer erziehen, die über alles klug zu reden wissen, ohne irgend etwas wirklich zu verstehen, wenn wir die Erziehung nicht vom Kopf auf die Beine stellen, und das heißt: größten Wert auf die sinnliche Erfahrung und auf den konkret-handelnden Umgang mit den Dingen legen.
- Erziehung hat damit zu tun, daß Eindrücke, Vorstellungen, Gedanken, Ideen in den Kopf des Kindes hineinkommen; aber sie hat auch damit zu tun, daß diese Eindrücke, Vorstellungen, Gedanken und Ideen ihren Ausdruck im Handeln des Kindes finden. Dadurch kann das Kind sein Innerliches in dem Außen gestalten. Die dazu notwendigen Fähigkeiten machen einen Prozeß durch, den Pestalozzi mit folgenden Stichworten umschreibt: Zunächst wird das Kind auf seine Handlungen aufmerksam; es kann sie dadurch so steuern, daß es sie richtig ausführt; die Übung seiner Fähigkeit wird die physischen Kräfte stärken; hat es so ein hinreichendes Potential an Kräften entwickelt, so kann es diese mit Leichtigkeit anwenden; die letzte Stufe wird erreicht, wenn es in Freiheit, d.h., gemäß seiner Selbstentscheidung seine Kräfte einsetzen kann, um geistige und sittliche Absichten zu realisieren.

Noch einen Gedanken, der pädagogisch von Wichtigkeit ist, entwickelt Pestalozzi in diesem Zusammenhang im „Schwanengesang". Mit „Gemeinkraft" bezeichnet er das „Streben zum Gleichgewicht aller menschlichen Kräfte unter einander" (XXVIII/155). Ein Mensch, der mehr will, als er kann, der mehr denkt, als er praktisch zu realisieren vermag, ist ein schlecht erzogener Mensch. Um glücklich zu sein, müssen Wollen, Denken und Handeln in Harmonie zueinander gebracht werden. Dabei ist es nicht ausschlaggebend, auf welchem geistigen, sittlichen „Niveau" sich ein Mensch befindet, sondern entscheidend ist die Balance der Kräfte. Pestalozzi schreibt deshalb: „Diese segensvolle Gemeinkraft der Menschennatur ist indessen bey mittlern und sogar bey schwachen Kräften eines Individuums ebenso möglich und eben so denkbar, als sie bey isolirten, abgeschnittenen, unverhältnißmäßig großen, selber gigantischen Einzelkräften oft schwierig und sogar unerreichbar ist." (XXVIII/158f)

„Das Leben bildet"

Wiederkehrende Überschrift im „Schwanengesang" ist das Schlagwort: „Das Leben bildet." Dieses läßt sich in verschiedener Hinsicht verstehen. Zunächst einmal in dem uns schon vertrauten Gedanken der Wohnstubenpädagogik. Für die gesunde Entwicklung eines jeden Kindes ist die erste und zentrale Bedingung, daß das häusliche Leben der Mittelpunkt ist, in dem es sich entfalten kann. Hier erfährt das Kind sich geborgen in dem kleinen Kreis es liebender Menschen, hier wird es als individuelle Persönlichkeit identifiziert, hier erlebt es die vertrauten Gegenstände und Verrichtungen als sinnvoll, da sie nicht künstliche Arrangements für didaktische Zwecke sind, sondern unmittelbar auf die Befriedigung von konkreten Lebensbedürfnissen bezogen bleiben. Die häusliche Familie ist der Mittelpunkt der kindlichen Entwicklung, wenn die Natürlichkeit ihres Lebens mit der pädagogisch reflektierten „Erziehungskunst" der Mutter und des Vaters gepaart wird. Gerade weil gesellschaftliche Tendenzen das selbstverständliche Band zwischen Eltern und ihren Kindern schwächen, bedarf es bewußter Überlegungen der Erwachsenen, damit sie ihren Kindern das geben, was diese zur Entfaltung ihrer Selbstentwicklungsbestrebungen benötigen.

Das Schlagwort „Das Leben bildet" weist darüber hinaus auf soziale Differenzierungen in der Elementarbildung hin. Hier ist es eine Verbindung von Argumenten einer ständischen Beschränkung der Erziehung, die für heute nicht mehr zu unterschreiben sind, mit realistischen Perspektiven, die uns zu denken geben mögen. Pestalozzi argumentiert, daß zu unterscheiden sei zwischen den allgemeingültigen Prinzipien der Elementarbildung und den konkreten Inhalten, die es zu vermitteln gilt. Erstere sind bei dem „Sohn des Staubs in den niedersten Hütten" ebenso wahr wie bei dem „Sohn des Glanzes in der Höhe seiner Marmorpaläste" (XXVIII/181f), weil sie auf grundsätzlichen anthropologischen und psychologischen Einsichten beruhen, die für alle Menschen gleich sind. Als solche methodischen Prinzipien nennt er: „von höchst einfachen Anfangspunkten ausgehend, in lückenlosen Stufenfolgen vom Leichtern zum Schwerern hinführen, mit dem Wachsthum der Kräfte der Zöglinge gleichen Schritt haltend, immer belebend und nie ermattend und erschöpfend aus ihm selbst hervorgehen und auf ihn einwirken“ (XXVIII/77). Auf der anderen Seite ist es für Pestalozzi eindeutig, daß der Kreis des Wissens für unterschiedliche Kinder verschieden bemessen sein muß. Es ist das Ziel der Erziehung, jedes Kind auszurüsten, daß es sein Leben selbständig und selbstbewußt führen kann, doch dies erfordert für die konkreten sozialen Situationen, in denen ein Kind sich befinden wird, unterschiedliche Fähigkeiten und unterschiedliches Wissen. Bei der Erfüllung der Zielsetzung, jedes Kind auf die Meisterung seines Lebens vorzubereiten, hilft das Schlagwort – „Das Leben bildet“ – weiter, da es die Erziehung rückbindet an die sozialen Verhältnisse seiner Familie. Der „Sohn des Staubs“ und der „Sohn des Glanzes“ werden in ihren häuslichen Lebensverhältnissen die für ihre Entwicklung jeweils notwendigen Hilfen erfahren, wenn die Familienbedingungen bei allen gemäß der Erziehungskunst der Elementarbildung gestaltet sind. Dieser standesmäßige Bezug der Erziehung bedeutet für Pestalozzi nicht den Ausschluß der armen Kinder von der Bildung, vielmehr tritt er auch im „Schwanengesang“ für deren Recht auf Erziehung ein, wohl aber eine Restriktion auf die Voraussetzungen der jeweiligen Herkunftsschicht.

„Das Leben bildet“ – wir wollen dieses Schlagwort noch auf einen dritten Aspekt beziehen. Wir leben heute in einer Zeit weit entwickelter didaktischer Arrangements. Im Kindergarten, in der Schule und im Hort wird Kindern eine spezifische Lernumwelt geboten, die auf ihre Entwicklungsbedürfnisse bezogen ist. Hinzu kommt auch im außerinstitutionellen Rahmen eine zunehmend spezialisierte Kinderkultur: Kindercomputerprogramme, Kinderfernsehn, Kinderzeitschriften, Kinderbücher, Kinderspiele etc. Dies alles kann sein Gutes haben, wenn es auf die spezifischen Möglichkeiten kindlichen Lernens und Erlebens bezogen ist. Doch neben dem pädagogischen Aspekt hat diese Didaktisierung noch einen anderen Sinn: Es trennt das Leben des Kindes von dem des Erwachsenen und verhindert so die Einsicht der Kinder in die Freuden und Leiden, die Hoffnungen und Enttäuschungen, das Fühlen und Denken der Erwachsenen. Vielleicht sind wir in der Künstlichkeit der didaktisierten und methodisierten Kinderwelt einen Schritt zu weit gegangen, so daß der Pestalozzische Mahnruf – „Das Leben bildet" – uns auffordern mag, die Mauern unserer pädagogischen Institutionen zu durchlöchern, um mehr von der Luft des realen Lebens in sie einströmen zu lassen.

11.2. Textauszug

Bildungsgang bei fehlender Elementarbildung

„in der ersten Epoche des Lebens mangelt dem Kind, das dem großen Naturgang in der Entfaltung seiner Kräfte kunstlos überlassen wird, vor allem ... eine Mutter, welche die Reize zu dem, was sie ihrem Kinde naturgemäß seyn sollte, belebt ... Unter diesen Umständen wird das unnatürlich geführte Kind durch die Ansprüche seiner Mißbildung, an denen die Mutter selber Schuld ist, ihr sehr bald selber zur Last." (XXVIII/266)

„Sie ergreift ... selber unnatürliche und dem Kinde durch seine Sinnlichkeit schädliche Stillungsmittel seiner unnatürlich belebten Unruhe; wenn sie aber leidenschaftlich ist, so versucht sie die Unruhe ihres Kindes durch Äußerungen ihrer eigenen Unruhe und ihrer eigenen Unbehaglichkeit zu stillen. Sie schieltet und straft das Kind, das nichts verschuldet, das nur so ist, wie es unter ihrer Führung hat werden müssen. Sie straft die Unschuld. Sie legt den ersten Samen der Leidenschaft, sie legt den ersten Samen des Verlustes der Unschuld in das arme Geschöpf. Das Göttliche und Reine, das aus der ruhigen Selbstthätigkeit der Kräfte der Kinder selbst hervorgeht, verliert sich allmählig. Das Leidenschaftliche und Ungöttliche, das aus der unnatürlich belebten, sinnlichen und thierischen Natur hervorgeht, verstärkt sich von Tag zu Tag." (XXVIII/266f)

„Sehen wir das Kind also aus der Epoche der Wohnstubenbildung austreten, so liegen in ihm keine natürlich belebten Reitze für irgend etwas, das die Schulbildung ihm naturgemäß geben sollte. Es hat keine naturgemäß belebten Anfangspunkte für das, was es in der Schule naturgemäß fortsetzen sollte. ... Es tritt eigentlich für die Vorschritte der Mißbildung, die es in der Schulführung zu machen Gelegenheit hat, wohl vorbereitet in die Schule. ... Die Frechheit unter vielen Kindern ist bald allgemein erzeugt." (XXVIII/267)

„Der Schulmeister kann unter diesen Umständen, so gerne er auch wollte, durchaus nicht naturgemäß auf die Fortbildung der sittlichen, geistigen und physischen Kräfte seiner Kinder einwirken: weil der Punkt dieser Bildung, der ihnen im häuslichen Leben schon hätte gegeben werden sollen, in ihnen nicht, wie er sollte, schon naturgemäß entfaltet und belebt vorliegt. Er kann sich unter diesen Umständen durchaus nicht als väterlicher Erzieher seiner Kinder fühlen und denken, im Gegentheil, er muß soviel als nothwendig als mühseliger Unterrichter und Abrichter von Kindern, deren Geist, Herz und Hand ferne von ihm und von alle dem ist, was er ihnen einüben sollte, ansehen und fühlen, und ist, um auch nur einen Scheinerfolg seiner Unterrrichts- und Abrichtungsmittel sicher zu stellen, in der traurigen Lage, zu Mitteln der höchsten Unnatur seine Zuflucht zu nehmen ... Eben so muß er sie mit der rohen Gewalt unnatürlicher Schulstrafen von Dingen abhalten ... Und treten solche erziehungshalber im häuslichen Leben nicht nur verwahrloste, sondern selber mißbildete Kinder in diesem Zustand aus den Kinderschulen in höhere und überhaupt in die verschiedenartigen Bildungs- und Unterrichtsanstalten für das wissenschaftliche oder praktische, bürgerliche Leben; so ist die in diesem Zeitpunkt sehr belebt wachsende Kraft ihrer physischen Entfaltung sehr geeignet, allen Reitzen der Zügellosigkeit, Selbstsucht, Frechheit und Gewaltthätigkeit des sinnlichen Lebens und seiner thierischen Ansprüche in einem hohen Grad starke, leidenschaftliche und gefährliche Nahrung zu geben, und sie dahin zu führen, auf das Fundament oberflächlicher Kenntnisse, unreifer Entfaltungen und halberlernter Kunst- und Berufsfertigkeiten anmaßungsvolle, alle Subordination mißkennende und auf leere Luftschlösser gebaute Ansprüche zu machen." (XXVIII/268f)

Bildungsgang bei angewandter Elementarbildung

„In der ersten Epoche des kindlichen Lebens ist keine elementarische, naturgemäße Bildung denkbar, ohne eine Mutter, die das Wesen der Mittel dieser Bildung entweder in ihren höhern Herzens- und Geistesanlagen individuell in sich selbst trägt, oder sie wirklich durch die solide Erlernung derselben sich genugthuend eingeübt hat. ... Das große erste Gesetz dieser Bildung ist die Ruhe des unmündigen Kindes. ... Die Sorge dieser Handlungsweise der Mutter führt dahin, daß die erste Belebung der Kräfte ihres Säuglings nicht aus äußern, zufälligen und zur Unruhe führenden, sinnlichen Reizen, sondern aus dem Selbsttrieb, welcher der Entfaltung aller seiner Kräfte allgemein zum Grunde liegt, selbst hervorgehe und sich ruhig und still durch ungestörtes und unverwirrtes Anschauen seiner Umgebungen in ihm selbst entfalte, bilde und stärke." (XXVIII/271f)

„Das Reine und Göttliche, das aus der ruhigen Selbstthätigkeit der Kräfte des Kindes selbst hervorgeht, wird durch das diesfällige Benehmen der Mütter von Tag zu Tag in ihm immer mehr gestärkt.

Seine Anschauungskraft wird durch dasselbe naturgemäß entfaltet und dadurch die Entfaltung seiner Sprachkraft naturgemäß begründet. Die Gegenstände, die dieses bezwecken, werden ihm mit Sorgfalt und Kunst in Übungen, die stufenweise auf einander folgen und sich so fortschreitend begründen, vor die Sinne zur Anschauung gebracht, und dadurch wird sein solides Redenlernen ein nothwendiges und unfehlbares Resultat seiner Anschauungsübungen und ihres in der Natur der Dinge selbst liegenden Zusammenhangs, über dessen Eindruck es sich wörtlich ausdrücken, d.i. reden lernen soll, und eben so wird dadurch die naturgemäße Entfaltung der Denkkraft mit derjenigen der Anschauungskraft so innig verbunden und so einfach und naturgemäß aus ihr hervorgehend gemacht ... So wie es bey dieser Führung aus der bisher genossenen, häuslichen Bildung in die Schulführung hinübergeht, findet es sich in alle dem, was die erste Stufe dieser Führung ihm einüben soll, durch das, was es in den bisherigen Übungen seines häuslichen Lebens schon genossen, vorzüglich und gut vorbereitet. Das, was die naturgemäß begründete Schulführung ihm geben will und geben soll, findet durch seine häusliche Führung in ihm schon belebte Reize, es selber zu wollen und sogar nach ihm zu haschen." (XXVIII/272f)

„Solche Kinder sind beym Eintreten in die Schuljahre und in die Schulstube eines lieblichen, freundlichen und wohlwollenden Benehmens, eben wie eines überlegten, besonnenen, thätigen, fleißigen Lebens gewohnt. Rohheit, Unbesonnenheit und Müßiggang ist auf keine Weise in ihr Fleisch und Blut eingewurzelt; wohl aber ist ihnen der milde sanfte Geist, die belebte Aufmerksamkeit, Überlegung und Thätigkeit eines naturgemäßen, unverdorbenen Wohnstubenlebens von der Wiege an eingeübt und natürlich geworden. ... Der Schulmeister hat in sehr vielen Rücksichten nur mit Sorgfalt auf das fortzubauen, wozu im häuslichen Leben die wirklichen Fundamente schon gelegt sind, und wozu sie jetzt im Schulleben nicht eigentlich erst empfänglich gemacht, sondern in ihrer gebildeten Empfänglichkeit nur gestärkt und weiter geführt werden dürfen. Der Schulmeister fühlt sich unter diesen Umständen als väterlicher Fortsetzer und Mithelfer der Erziehung von Kindern, die ihm innerlich wahrhaft nahe und mit dem ganzen Umfange seiner naturgemäßen Schulmittel in Übereinstimmung stehen und mit Geist, Herz und Hand freiwillig und mit Lust und Liebe daran Theil nehmen." (XXVIII/274f)

„Kommen dann also elementarisch gebildete, angehende Jünglinge aus den Knabenschulen in höhere, wissenschaftliche Bildungsanstalten oder als Lehrlinge in die Werkstätte bürgerlicher Berufe, so sind sie durch die naturgemäße Führung ihres Kindes- und ihres Knabenalters in einem hohen Grad fähig gemacht, diese Anstalten und Werkstätte für ihr künftiges Leben segensvoll zu benutzen." (XXVIII/275)

„Er hat in sich selber höhere Ansprüche des Geistes und des Herzens, denen er mit ernster Kraft, besonderer Ruhe und innerer Stille entgegenstrebt. ... und so tritt er im gereiften Segensgenuß der naturgemäßen Bildungsmittel seiner häuslichen Erziehung, seiner Schuljahre, seiner Standes- und Berufsbildung als Vater und Bürger in die Laufbahn, für welche die Epoche seines frühern Lebens als wesentliche Vorbereitungsmittel ihres gesegneten Erfolgs angesehen werden müssen. ... Er genießt als Vater und Bürger ihren bleibenden Segen in vollem Maße bis an sein Grab. ... Die Pflichten seiner Lage und seiner Verhältnisse sind mit der Richtung seines Geistes und seines Herzens und mit den Fertigkeiten und Gewohnheiten seines Lebens in Übereinstimmung. ... Sie fühlen sich als Menschen, als Väter, als Bürger, in der Erfüllung dieser Pflichten eben so gesegnet und glücklich, als sie dadurch Segen, Wohlstand und Befriedigung in ihren Umgebungen und Verhältnissen verbreiten. Die hohen, heiligen Fundamente des Guten, das sie thun, gehen in ihnen aus Liebe und Glauben hervor." (XXVIII/276f)

12. Bedeutung: „Werfet das Ganze meiner Lebensbestrebungen nicht als einen Gegenstand weg, der keiner weiteren Prüfung bedarf" – Pestalozzi heute

Bei einer längeren Beschäftigung mit einer pädagogik-geschichtlichen Persönlichkeit geht es einem wie der Erzieherin, die sich wirklich auf ein ihr fremdes Kind einläßt. Dieses mag ihr von Anfang an sympathisch gewesen sein, oder im ersten Augenblick hat sie Gleichgültigkeit oder sogar Widerwillen empfunden: Im Prozeß der andauernden Auseinandersetzung wird sich eine Beziehung aufbauen, die zunehmend an Intensität gewinnt. Das Bild der Erzieherin von dem Kind wird sich differenzieren, sie wird Annahmen bestätigt finden und überrascht sein, täglich neue, unerwartete Aspekte zu erleben. Schließlich wird sie das Kind nicht mehr nur für sich selbst betrachten können, sondern sie erlebt sich selbst in der Beziehung zu ihm. Ihre Hoffnungen und Wünsche, aber auch ihre Ängste und Befürchtungen gehen in ihr Bild von diesem Kind ein. Sie wird sich mit ihm freuen und mit ihm trauern, bereits nur gedachte Angriffe gegenüber dem Kind werden ihre Verteidigungshaltung hervorrufen, sie wird um das Glück seines gegenwärtigen Tages besorgt sein und vorsichtig einen Blick in die Zukunft werfen. Mit einem Wort: wenn sie es zuläßt, wird die Erzieherin im Verlauf der Beziehungsentwicklung das Kind lieben.

In der Auseinandersetzung eines Lesers mit einem geschichtlichen Autor findet ein ähnlicher Prozeß statt: Er tritt ihm als etwas Fremdes, das anzieht oder abstößt, entgegen; der Leser versucht zu verstehen, indem er nicht nach der Wiederholung des bereits Bekannten sucht, sondern sich auf das Neue des Gedankens und der Sprache einläßt. Das Bild, das von dem geschichtlichen Pädagogen und seinen Ideen im Kopf entsteht, differenziert sich immer mehr; es steht dem Betrachter in immer reicherer Materialfülle gegenüber. Schließlich vermischen sich die eigenen Gedanken mit den gelesenen Ideen so sehr, daß es der bewußten Anstrengung bedarf, mein und sein zu unterscheiden.

Neben den Akten der Identifikation findet auch der gegenläufige

Prozeß statt: Die Erzieherin wird nach Arbeitsschluß nach Hause gehen, sich anderen Menschen und Dingen zuwenden, die ihre Liebe und Aufmerksamkeit beanspruchen. Bis zum morgigen Tag wird sie das Kind vergessen, sie lebt ihr eigenes Leben. Es sind ihre Gedanken und Gefühle, ihre Vergangenheit, Gegenwart und Zukunft, und wie sehr sie das Kind lieben mag, sie geht nicht in dieser Beziehung auf. Auch die Auseinandersetzung mit einem Autor der Geschichte der Pädagogik hat Phasen der Distanzierung. Man ist nicht bereit, alles Zeitbedingte seiner Äußerungen mitzutragen, auf viele Fragen, die einen beschäftigen und bedrängen, gibt er keine Antwort. So weit ich ihm auch gefolgt bin: Es ist mein Leben, das ich lebe, es sind meine Probleme, denen ich mich stellen muß, es sind meine Aufgaben, von denen ich herausgefordert werde.

Die intensive Beschäftigung mit einem geschichtlichen Autor weist gegenüber der lebendigen Beziehung der Erzieherin zu dem Kind aber auch eine Besonderheit auf. In letzterer gibt es eine eindeutige Generationenverteilung: Die Erzieherin ist die Ältere, Überlegenere, Reflektierendere. In der historischen Auseinandersetzung dagegen vermischen sich die Blickrichtungen. Auf der einen Seite sind wir dem Autor überlegen – gerade einem solchen, der vor einem Vierteljahrtausend geboren wurde. Wir wissen, wie die Geschichte weitergegangen ist, wir können seinen Zeitbezug relativieren, ihn einordnen, eingruppieren, vergleichen mit anderen. Er mag uns dies oder jenes zu sagen haben, aber wir sind es, die entscheiden, daß er uns dies oder jenes zu sagen hat – und anderes eben nicht. Auf der anderen Seite verändert eine tiefergehende Auseinandersetzung diese Perspektive: Der Autor ist uns überlegen in der Souveränität seines bis zum Tod durchlebten Lebens; er lebte uns vor, was wir annehmen, bestätigen, relativieren, kritisieren, von uns stoßen; wir denken, was er denkt, oder wir lehnen ab, aber es sind seine Gedanken und seine Worte, die uns vorgegeben zur Auseinandersetzung einladen: Der Autor wird zu der Vaterfigur, an der wir uns reiben.

Welche der Ideen Pestalozzis haben heute Bestand, was ist zu kritisieren und zu relativieren, was mag für uns befruchtend wirken? In diesem abschließenden Kapitel wollen wir Fragen aufnehmen, die die Bedeutung Pestalozzis für unser heutiges Erziehungshandeln herausheben, aber auch Grenzen der Übertragbarkeit aufzeigen. Dabei kann es nicht darum gehen, uns Nachgeborene in die Position des Richters zu bringen, die ein abschließendes Urteil über „richtig“ und „falsch“ fällen. Vielmehr zeigt die Geschichte der Aufnahme Pestalozzischer Gedanken in die Pädagogik, daß zu unterschiedlichen Zeiten unterschiedliche Aspekte seines Denkens hervorgehoben oder beiseite gelassen worden sind. Die kritische oder bestätigende Einschätzung von „Pestalozzi heute“ wird auch in unserer Zeit getroffen vor dem Horizont der gegenwärtigen pädagogischen Probleme, und sie sagt deshalb vielleicht mehr über die 90er Jahre des 20. Jahrhunderts aus als über Johann Heinrich Pestalozzi. Noch eine letzte Vorbemerkung: Die in diesem Kapitel gestellten Fragen könnten ein eigenes Buch ergeben, würden sie in systematischer Weise bearbeitet. Darum kann es an dieser Stelle nicht gehen, sondern es sollen lediglich einige Schlaglichter auf „ein weite Feld“ geworfen werden.

Kritisches

Mit Pestalozzi fängt die Geschichte pädagogischer Erkenntnisse weder an, noch hört sie mit ihm auf. Er hat Fäden aufgegriffen, die vor ihm andere gesponnen haben – beispielsweise Johann Amos Comenius mit seiner Didaktik –, und nach ihm haben andere sein Webstück genommen, es umgefärbt und weitergewebt – beispielsweise Friedrich Fröbel mit seiner Spiel- und Kindergartenpädagogik. In dem schriftstellerischen Lebenswerk Pestalozzis gibt es Passagen, die zeitgebunden sind und deshalb für uns heute keine Bedeutung mehr haben, und in seiner Pädagogik fehlen wichtige Bausteine, die für erzieherisches Handeln in der Gegenwart wesentlich sind und deshalb ergänzt werden müssen.

1. Zeitbedingtes: Johann Heinrich Pestalozzi war ein schlechter Methodiker, wir haben es im 9. Kapitel bei der Beschreibung seines Buches der Mütter bereits angesprochen. Es ist viel Mechanisches und Künstliches in den vorgestellten Materialien, häufig wirkt es schematisch zusammengezimmert. Schon zu Lebzeiten Pestalozzis hat dieser Zug seiner pädagogischen Praxis eine Reihe von Zeitgenossen abgestoßen, und es wird vermutet, daß dadurch auch das ablehnende Urteil Goethes mitbedingt ist. Angesichts der Buntheit und Vielfältigkeit der Materialien und methodischen Hinweise, die wir heute für den Kindergarten, im heilpädagogischen Bereich und in den Grundschullehrgängen zur Verfügung haben, sollten wir die methodischen Veröffentlichungen Pestalozzis (auch diejenigen, die in seinem Burgdorfer und Yverdoner Institut entstanden sind) der Vergangenheit überantworten. Vielleicht ist der methodisch-materiale Teil einer Pädagogik immer derjenige, der am schnellsten vergeht. Dies würde dann nicht nur für die großen Pädagogen gelten, sondern jede Erzieherin mag über ihren methodischen Handwerkskasten, den sie vor zehn Jahren besessen hat, lächeln, und eventuell wird sie in zehn weiteren Jahren über ihr heutiges Repertoire ebenso schmunzeln. Falls diese These richtig ist, würde dies das Gewicht der Methoden relativieren, obwohl gerade auf ihnen die größten Hoffnungen von „Praxisrelevanz“ ruhen.

Zeitbedingtes findet sich auch in Pestalozzis Erziehungsstil. Einerseits hat er mit seiner unbedingten Forderung, die Grundlage des pädagogischen Verhältnisses sei die Liebe des Erwachsenen zu dem Kind, Richtung gewiesen in einer Zeit, in der Kinder als das Fremde, Unverständliche erschienen, das ihnen möglichst bald auszutreiben sei. Auf Grund seines Lebensschicksals war er lange ein groß gewordenes Kind geblieben, das auf der Suche nach annehmender Liebe blieb und deshalb dieses kindliche Urbedürfnis am eigenen Leibe spürte. Auf der anderen Seite ist sein konkretes Erziehungsdenken von patriarchalischen, manchmal auch autoritären Spuren nicht frei. In den uns erhalten gebliebenen Beschreibungen des Umgangs der Erwachsenen mit den Kindern finden sich viele Beispiele einer klaren, traditionellen Rollenverteilung zwischen befehlenden Erwachsenen und gehorchenden Kindern. Daß Johann Heinrich Pestalozzi auch vor körperlichen Strafen nicht zurückschreckte – in seinen Erziehungsinstituten soll er sie den Lehrern streng verboten haben, aber sie selbst das eine und andere Mal angewandt haben –, wurde bereits oben in dem Kapitel über Stanz erwähnt.

Ein dritter Aspekt zeitbedingter Beschränkung soll genannt sein: Pestalozzis standesmäßige Restriktion. Er tritt massiv für das Recht gerade des armen Kindes auf Bildung ein, ja, wir sahen, wie der Wunsch, an der Realisierung dieser Forderung aktiv mitzuwirken, für ihn durchgängiges und grundlegendes Motiv seines Handelns war. Doch es geht ihm nicht um eine allen Kindern gleichermaßen zugängliche und gleich geformte Bildung, so daß über ihre Realisierung soziale Aufstiegschancen neu verteilt werden, sondern um eine standesmäßig beschränkte Bildung. Das arme Kind bedarf der Bildung, um angesichts der Gefahren des aufkommenden Kapitalismus in Würde sittlich leben zu können. Daß es für Pestalozzi deshalb selbstverständlich war, Kinderarbeit mit deren Bildung zu verbinden, hat auch vor allem den Grund, daß sie lernen sollten, sich durch ihrer eigene Hände Arbeit das Brot zu verdienen, um nicht in einen Bettlerstatus abzusinken. Dies ist für die Zeit, in der Pestalozzi lebte, eine realistische Perspektive, die angesichts der Durchsetzung des demokratischen Rechtsstaats allerdings nicht hinreichend ist. Wenn soziale Positionen und Privilegien nicht durch Geburt vererbt werden sollen, sondern die individuelle Tüchtigkeit über sie entscheidet (so zumindest die liberale Forderung), dann hat jedes

Kind Anspruch auf eine möglichst weitgehende Förderung entsprechend seiner Fähigkeiten.

2. *Fehlendes:* Eine Erziehungskonzeption bedarf einer entwicklungspsychologischen Theorie. Ein Säugling, ein dreijähriges Kind, ein zehnjähriges, ein Jugendlicher, ein Erwachsener – sie unterscheiden sich nicht nur in quantitativer Hinsicht, so daß die jeweils vorhergehende Stufe ein „Weniger" an Wissen, Fähigkeiten, Gedanken etc. hat, sondern sie unterscheiden sich auch in qualitativer Hinsicht. „Kinder sind anders" (Montessori): Sie denken, fühlen und handeln anders als der Erwachsene. Eine pädagogische Theorie, die die erzieherische Beziehung zwischen dem Erwachsenen und dem Kind gestalten will, muß die Unterschiedlichkeit der Gefühls-, Denk- und Handlungsstrukturen in ihren qualitativen Ausprägungen zur Sprache bringen. Davon finden wir bei Johann Heinrich Pestalozzi sehr wenig. Er hat seine Sichtweise vom Kind: Es ist kleiner, schwächer, mit geringeren Fähigkeiten ausgestattet, es kann nicht mit unseren Erwachsenenbegriffen denken, sondern muß durch vielseitige „Anschauung" sich dazu erst ein Fundament schaffen, es lebt noch, solange es sehr klein ist, ganz im Körperlichen und muß erst zu der menschlichen Sphäre des Geistigen, Sittlichen, Religiösen gebildet werden. Dies sind quantitative Aspekte eines Entwicklungsprozesses, doch es fehlt eine pädagogisch fruchtbare Beschreibung der qualitativen Andersartigkeit, die auch Stufen innerhalb der kindlichen Entwicklung ausdifferenziert. Jean-Jacques Rousseau hat in seiner Genialität eine solche Entwicklungspsychologie empfunden, Friedrich Fröbel später einen pädagogischen Entwurf vorgelegt, doch erst durch die Psychoanalyse und später die Theorie Jean Piagets wurden die qualitativen Stufen kindlicher Andersartigkeit in einer Weise beschrieben, die für die unterschiedlichen Erziehungsgrundsätze von entscheidender Bedeutung sind.

Mit der fehlenden Entwicklungspsychologie hängt ein zweiter Punkt eng zusammen, an dem die Erziehungskonzeption Pestalozzis eine Lücke aufweist. Vom Beginn seines Lebens an ist das Kind eine eigenständige Persönlichkeit, die nicht nur Kräfte seiner Selbstentwicklung in den Erziehungsprozeß einbringt, sondern auf Darstellung seiner Individualität in der Welt außen drängt. Das Kind bringt nicht nur formale Kräfte mit, die sich entfalten wollen und müssen, sondern es hat inhaltliche Wünsche, Begierden, Ideen, Hoffnungen, die ihr „Recht auf den heutigen Tag" (Korczak) einklagen. Dieser Gedanke der inhaltlich substantiellen Persönlichkeit des Kindes hat entscheidende pädagogische Bedeutung, denn er setzt den Erziehungsbemühungen der Erwachsenen deutliche

Grenzen. Ein Kind ist nicht nach Belieben des Erziehers formbar – auch nicht innerhalb der Grenzen, die sein Kräftepotential setzen –, sondern der Erzieher hat mit „pädagogischem Takt“ (Nohl) die Eigenständigkeit der kindlichen Persönlichkeit zu respektieren. Von diesem Gedanken ist Pestalozzi noch entfernt. Er beschreibt die Bedeutung der Selbstentwicklung des Kindes, er weist seiner „Natur“ die erste Position zu, der gegenüber die erwachsene Erziehungs„kunst“ nur nachgehend ist, doch bei ihm sind es weitgehend formale Kräfte der Entfaltung, die einer inhaltlichen Bestimmung harren.

Damit hängt ein dritter Punkt zusammen, der für unser heutiges Erziehungsdenken zentral ist, bei Pestalozzi jedoch eine große Lücke aufweist. Es fehlt ihm eine eigentliche Pädagogik des Spiels. In seinem Institut wurde von morgens früh bis abends spät unterrichtet, unterbrochen von Pausen der Aktivität in der freien Natur und der erholenden Beschäftigung, so daß das Spiel als Lückenfüller, als Zerstreuung vorkommt, aber nicht als Mittelpunkt der pädagogischen Arbeit. Friedrich Fröbel wird später für das Kindergartenalter formulieren: „Spielen, Spiel ist die höchste Stufe der Kindesentwicklung, der Menschenentwicklung dieser Zeit; denn es ist freitätige Darstellung des Innern, die Darstellung des Innern aus Notwendigkeit und Bedürfnis des Innern selbst.“ (Menschenerziehung, S. 36) Wir sahen oben, daß Pestalozzi von diesem „Innern“ des Kindes, seinen Phantasien, Wünschen, Hoffnungen, Ängsten, Welt- und Selbstsichten, noch wenig Kenntnis genommen hat, und so erklärt sich, daß der Bereich des Spiels und der Spielförderung bei ihm wenig bedacht ist.

Konstruktives

Es würde sich wenig lohnen, ein Buch über einen Pädagogen zu schreiben, der in zeitbedingten Meinungen verhaftet wäre und die zentralen Eckpfeiler einer Erziehungstheorie außer acht ließe. Spezialisten einer pädagogischen Geschichtsschreibung sollten sich mit ihm befassen, doch für die Lösung unserer gegenwärtigen Erziehungsprobleme würde er wenig bedeuten. Wir haben einige kritische Punkte der Pädagogik Pestalozzis bezeichnet, weil ihre Nennung zu einer redlichen Auseinandersetzung gehört. Pestalozzi ist nicht der zeitentrückte Autor, der ewig gültige Aussagen abschließend zu Papier gebracht hat, die es nur noch gälte, von uns Gegenwärtigen nachvollzogen zu werden. Doch neben dem Zeitbedingten und Lückenhaften hat er viele Ideen entwickelt, die uns zu denken geben, an denen wir uns reiben können, um zu eigenen Antworten zu gelangen. Wir können ihn als Provokation lesen, die uns hilft, unsere Erziehungswirklichkeit in neuem Licht erscheinen zu lassen. Durch das Studium der Schriften Pestalozzis können Fragen aufgeworfen und vertieft werden, die wir uns stellen müssen, wenn wir an einer Verbesserung der gegenwärtigen Erziehungspraxis im Interesse unserer Kinder interessiert sind. Wiederum sind es nur einige Aspekte, die herausgehoben werden sollen.

1. Anschauung: Der noch nicht ganz Zweijährige sieht auf den Bildschirm des Computers. Der Bildschirmschoner zeigt eine Reihe fliegender Fische. Die Faszination des Jungen ist riesig: „Da, da, da“, ruft er, immer wieder seinen Blick auf die bewegten Bilder richtend. Der Fünfjährige kann schon selbständig das Dinosaurierprogramm starten. Mit ein paar Mausklicken an der richtigen Stelle öffnet sich die Übersichtskarte und präsentiert eine erste Wahlmöglichkeit. Der Junge klickt einen Dinosaurier an, er erscheint groß auf dem Bildschirm, der Lautsprecher vollbringt nicht identifizierbare Geräusche, und eine Schrifttafel gibt Informationen über Herkunftsland, Größe, Gewicht, Lebenszeitpunkt. 30 Meter, 12 Tonnen, 135 Millionen Jahre. Was bedeutet das?

Es ist oft beklagt: Unsere Kinder sehen zu viel fern, sie erhalten Informationen aus zweiter Hand, denen ein sinnliches Fundament fehlt, der zweite Schritt (das Reden) wird vor dem ersten (dem Begreifen) gemacht. Es ändert sich nicht: Die Kinder werden weiter fernsehen (und was wollt Ihr Pädagogen denn, seht Ihr nicht, wie begeistert die Kleinen von den flimmernden Bildern sind, sie scheinen also ihr Bedürfnis zu befriedigen), der Trend zu immer mehr vermitteltem Leben wird in Zeiten von Multimedia sich rasent verstärken. Schließlich läßt sich das Fernsehen auch pädagogisch nutzen: von der erzieherisch wichtigen Kindersendung bis hin zu der nicht unwesentlichen Funktion als Babysitter – nicht nur für Eltern, sondern auch für die Erzieherin im Heim.

Zwei Stichworte setzt Pestalozzi unserer Kinderrealität entgegen: „Einfachheit“ und „Anschauung“. Lernen setzt voraus, daß ich den Gegenstand, um den es geht, konkret, handfest in mich aufnehmen kann. Mit meinen Sinnen muß ich ihn umfassen, bevor ich über die Sprache, durch Worte, die die Sachen ersetzen, zu lernen vermag. Dabei geht es nicht um die Fülle der Dinge, sondern nur um die wenigen, die für mich wichtig sind, weil sie in meinem Leben Sinn haben. Auf das wirkliche Begreifen der bedeutungsvollen Gegenstände meines mir vertrauten Lebenskreises bauen die späteren Lernprozesse auf, die das Bekannte zunehmend differenzieren. Diese Handfestigkeit ist für die kognitive Entwicklung wichtig, weil nur so gewährleistet ist, daß ich bei zunehmender Verbalisierung und Abstraktheit weiß, wovon ich rede und worüber ich nachdenke. Sie ist auch für die emotionale Entfaltung wesentlich, weil die Bodenhaftung eine „Heimat“ schafft, Sicherheit und Geborgenheit vermittelt, von denen aus später die selbstsicheren Schritte in die weite Welt möglich werden.

Die Forderungen Pestalozzis von Anschauung und Einfachheit erfüllen sich in unserer Zeit noch weniger als zu der seinigen von selbst. Gerade weil unser normales Erwachsenenleben ihnen zunehmend widerspricht, bedarf es einer künstlich hergestellten Erziehungswelt, die von den Erwachsenen bewußt geplant und gestaltet wird. Beseitigung der Überfülle an Material, Spielekram und buntem Kinderkitsch, mit denen wir sowohl das familiäre Kinderzimmer wie die meisten Kindergärten angefüllt sehen, ist dabei die erste Forderung. Die zweite lautet: Konzentration auf die Gegenstände, die Kindern einen handelnden Umgang mit all ihren Sinnen erlauben. Nicht das perfekte Spielzeug, sondern die elementaren Materialien – Sand, Wasser, Holz etc. – sollen den Mittelpunkt unserer Kindergartenwelt bilden. Wenn wir dabei von der künstlichen Herstellung einer solchen Erziehungsumgebung gesprochen haben, so ist dies nicht in dem Sinne einer entfremdeten Kinderwelt gemeint, die sich durch Beliebigkeit und Zufälligkeit auszeichnet. Kinder müssen vielmehr in einer realen Welt leben, die Bedeutung und Sinn durch Beobachten und Mittun vermittelt.

„Einfachheit“ und „Anschauung“ lassen sich nicht nur auf das kindliche Leben und Lernen beziehen, sondern auch auf uns Erwachsene. Auch unser Reden muß erfahrungsgesättigt sein, muß ausgehen von einem festen Fundament an Realität, auf das sich die Sprache erst aufbaut. Ist dies nicht der Fall, so bleibt es ein leeres Gerede, ein Spiel mit Worten, das bis zu einer Begriffsakrobatik reicht, die niemand verstehen kann, weil sie keinen wirklichen Sinn hat. Viele „wissenschaftliche“ Abhandlungen sind voll davon: die Länge der Sätze, die Vielzahl der Fremdworte, die Menge der Zitate – sie leben in dem Schein, dem keine Erfahrung zu Grunde liegt.

2. *Lebensbildung:* Eine Heilpädagogin mit drei sehr schwer geistig und körperlich behinderten Kindern im Alter von acht Jahren; „Kommunikationstraining“ steht auf dem Stundenplan der Übung. Sie hat den Raum hergerichtet, entspannende Musik läuft im Hintergrund.Die Kinder sind auf weichen Matten eng zusammengebettet. Die Heilpädagogin berührt vorsichtig die Kinder und versucht, deren Körper zusammenzuführen. Es scheint ihnen Freude zu bereiten – ein Lächeln ist zu sehen, Laute der Zustimmung sind zu

hören. Die Übung ist vorbei, die Kinderkörper werden in ihre Rollstühle verfrachtet und in die Heimgruppe zurückgeschoben, wo sie das Übliche erwartet. In der nächsten Woche werden sie wieder ihre „Stunde“ mit der Heilpädagogin haben.

Das Leben ist das eine, die didaktisch geplante Übungsstunde das andere. Durch das andere sollen Kompetenzen entwickelt werden, die in dem einen angewendet werden können. Der Aufwand des anderen rechtfertigt sich durch die Erfolge, die es in dem einen haben wird. Nur: ist dies so? Wird eines der drei Kinder nach dem Training im Heimalltag kommunikativer sein? Wird sich irgend etwas dort ändern oder ändern können? Oder ist es nicht anders herum: Weil es das spezielle Angebot „Kommunikationstraining“ gibt, wird das alltägliche Heimleben eher unkommunikativer werden, seine Unkommunikativität zumindest weniger schmerzlich auffallend sein? Polemisch gesagt: Wenn es das professionelle Angebot „Atmen“ gäbe – entsprechende didaktische Einheiten, die mit viel kreativem Aufwand geplant und von Fachleuten durchgeführt würden –, dann könnte im Verlauf der normalen Woche das Atmen doch eingestellt, zumindest reduziert werden.

Die durch das Beispiel angedeutete Problemlage bezieht sich nicht nur auf behinderte Kinder im Heim. Unsere Gesellschaft hat sich zunehmend eine Lebensweise geschaffen, die für Kinder nicht bildend ist. Es kommt zu einer immer stärkeren Absetzung zwischen dem Erwachsenenleben, das kinderfrei zu sein hat, und den Einrichtungen und Betreuungsarrangements, denen Kinder unterworfen werden. Die Ausgestaltung der letzteren wird deutlich kinderfreundlicher, aber auch immer distanzierter von den Spielregeln der Erwachsenengesellschaft. Die Brücken zwischen beiden werden komplizierter. Innerhalb der Kinderwelten findet eine weitere Ausdifferenzierung statt: Inseln eines immer perfekter geplanten und gestalteten Lernarrangements steht ein zunehmend inhaltlich entleerter Alltag gegenüber. Je mehr das erste gesehen wird, desto mehr verschwindet der zweite aus dem pädagogischen Blick. Diese Tendenz läßt sich sozial-, heil- und schulpädagogisch in gleicher Weise feststellen: Es gibt die personen-intensiven, materialreich ausgestalteten Pädagogen-Highlights einerseits und die Fülle von Stunden des realen Lebens andererseits, in denen Kinder verwahrt, vor dem Fernsehen abgestellt, alleine gelassen, mit Spielekram ruhig gestellt werden.

„Das Leben bildet“ – diese Forderung setzt Johann Heinrich Pestalozzi dieser schizophrenen Kinderwelt gegenüber. Er würde damit sicherlich nicht unsere plastikhafte, buntschillernde, entfremdete Gegenwart meinen, sondern das Leben ursprünglicher menschlicher Empfindungen und elementarer Handlungsvollzüge. Dieses Leben gibt Sinn, weil es auf die Befriedigung realer Bedürfnisse bezogen ist, weil die Generationen sich hier in gegenseitiger Vertrautheit begegnen und weil seine Bedeutung durch die eigene Erfahrung einleuchtet. Man kann und sollte den Satz – „Das Leben bildet" – provokativ lesen: Wie läßt sich das Leben der Erwachsenen und das der Kinder wieder zusammenführen? Wie läßt sich der Alltag der Kinder pädagogisch wieder in den Blick bekommen? Angesichts der zunehmenden Spezialisierung unserer Gesellschaft wäre es naiv zu erwarten, daß sich Antworten auf diese Fragen von selbst, „natürlich", ergäben, sondern es bedarf einer bewußten, pädagogischen Reflexion, die jedoch die Entfremdung der gegenwärtigen Didaktisierung vermeidet.

3. Professionalität: Man beobachte einen Kreis ernsthaft über pädagogische Themen diskutierender Erwachsener. Es wird nicht lange dauern, bis das Stichwort „Professionalität" fällt. Der Gesichtsausdruck der Beteiligten, es sind dann vor allem Männer, ändert sich, er nimmt Züge einer Politiker- oder Managerrunde an. Man weiß, daß man über etwas Wichtiges redet, und man wird selber wichtig. Das Lächeln verschwindet, abweichende Nebengespräche tauchen nicht mehr auf. Es gibt ein klares „Erstens, Zweitens, Drittens", und zwischen Ursachen von Problemen, ihren Erscheinungen und Behebungsmöglichkeiten wird wohl unterschieden. Der Schlachtplan einer Lösungsstrategie wird entwickelt. Es gilt zu differenzieren zwischen Hierarchieebenen und deren Aufgabenverteilung, Erziehungsprojekte sind zu entwickeln, die an die Therapieplanung einer Ärztegruppe bei einem Schwerkranken erinnern. Die leitenden Mitarbeiter einer Transportfirma, die die unförmige Maschine von ihrem Herstellungsort „A" zu ihrem Anwendungsort „B" befördern müssen, liefern in Bezug auf Körperhaltung, Gesichtsausdruck, Kleidung und Sprache ein vergleichbares Bild wie über „Professionalität im Sozialwesen" diskutierende Männer. Man fühlt sich wichtig und will, daß endlich die anderen einen auch für wichtig nehmen. Und der Blick auf die Realität erzieherischer Tätigkeit: Nase putzen, Tränen trocknen, den Streit um das geklaute Auto schlichten, Hintern abputzen, das Mittagessen auf den Tisch bringen.

Johann Heinrich Pestalozzi spricht von der Notwendigkeit, „meinen Kindern alles in allem zu seyn". Die konkreten erzieherischen Handlungen eignen sich nicht zur Arbeitsteilung. Es macht keinen Sinn, zwischen der pädagogisch wertvollen sozial- oder heilpädagogischen Einflußnahme, die nur Fachleuten zu übertragen ist, und den niederen pflegerischen Handlungen, für die es die Hilfskräfte gibt, zu unterscheiden. Die pädagogische Profession findet nicht jenseits der alltäglichen Besorgung der kindlichen Grundbedürfnisse statt: Ich habe zwar nicht die Verantwortung für „alle", aber für „alles" der mir anvertrauten Kinder. Dies hemmt das Karrierestreben, weil es mich zäh an die hunderttausend Kleinigkeiten bindet, die mein Handeln nicht überfliegen kann, um sich den großen, von außen beobachtbaren Taten zuzuwenden. Ein Starjockey wird eingeflogen, um zwei Minuten auf dem Pferd sitzend den auf allen Fernsehkanälen übertragenen Sieg zu erringen. Nach der Siegerehrung zieht er weiter, von Sieg zu Sieg. Und das sieht der Fernsehzuschauer nicht: die stetige Arbeit der Pferdepflegerin, das tägliche Training vor dem Rennen. Erzieherische Arbeit besteht in unendlich vielen kleinen Handlungen. Wer etwas Spektakuläres will, sollte besser Pferdejockey werden.

Bei aller Ernsthaftigkeit der Debatte um Professionalisierung im Sozialbereich: Die wichtigste professionelle Kompetenz einer Erzieherin, Sozial- oder Heilpädagogin ist die Spontaneität ihres Lachens – über sich selbst, das Kind oder einfach so. Sozialpädagogisches Handeln verträgt sich schlecht mit der ernsthaften Miene, dem dunklen Anzug und dem gefüllten Terminkalender. Es erfordert eine andere körperliche Haltung, einen anderen Gesichtsausdruck, eine andere Kleidung als die der wichtigen Erwachsenen. Es erfordert die Begeisterung über die einhunderttausend Kleinigkeiten, die Bewunderung über den Mut des Sprungs von dem niedrigen Kinderstuhl, das Lachen über sich selbst. Vielleicht ist Ironie zu sich selbst – nicht in Bezug auf den Umgang mit dem Kind – die wichtigste Kompetenz pädagogischer Professionalität.

4. Sozialpädagogik: Auf Grund seines Lebensschicksals nimmt Johann Heinrich Pestalozzi eine Zwischenstellung zwischen den sozialen Schichten ein: von Geburt Sproß einer Familie, die Züricher Bürgerrechte besitzt, aber schon als Kind materiell ungesicherte Verhältnisse erfahrend; der Städter will als Landwirt auf dem Dorf leben; er besitzt ein recht stattliches Anwesen, das durch sein bäuerliches Scheitern bedroht ist; als Unternehmer versucht er die Armen als billige Arbeitskräfte zu benutzen und lebt schließlich selbst als einsamer Armer auf dem Hof; er hat als Romanschriftsteller Erfolg, die ihm dafür zugedachte Goldmedaille versetzt er jedoch alsbald im Pfandhaus, um seine Grundbedürfnisse und die seiner Familie befriedigen zu können; als die politischen Umwälzungen ihm einflußreiche Freunde bescheren, wird er für kurze Zeit mit einem nicht unbedeutenden Redakteursposten ausgestattet, geht dann aber als Waisenerzieher nach Stanz; der publizistisch immerhin schon erfolgreiche Pädagoge beginnt seine Schulkarriere als

Hilfslehrer eines Schuster-Lehrers; seine Erziehungsinstitute schließlich werden europaweit berühmt, aber sie bleiben immer vom Bankrott bedroht.

Es ist diese Zwischenstellung Pestalozzis zwischen Einfluß und Armut, die ihn dazu prädestiniert, als Pädagoge nicht den Weg zu gehen, den andere Zeitgenossen gingen: Nicht die Bildung der privilegierten Kinder liegt ihm am Herzen, sondern die der unterdrückten Volksschichten; er will keine Gymnasien gründen, an der Reform der Universitäten beteiligt er sich nicht, sondern er will Einrichtungen für die Kinder der Armen schaffen. Mit seinem Einsatz für die elementare Bildung Benachteiligter wird er zu einem der Gründungsväter des sozialpädagogischen Gedankens innerhalb der Allgemeinen (d.h. für alle gültigen) Pädagogik. Einige wenige Splitter seines sozialpädagogischen Konzepts seien herausgehoben.

Die Zielsetzung der sozialpädagogischen Arbeit unterscheidet sich nicht von dem generellen Ziel: es gilt, Kinder auszustatten für ein selbstbewußtes und selbstbestimmtes Leben, das sie dann werden führen können, wenn sie sich als Erwachsene selbständig, d.h., durch ihrer eigenen Hände Arbeit erhalten können. Es macht deshalb keinen Sinn, ein behindertes Kind in einem Heim vorzubereiten auf das Leben in einem Heim bis zum Lebensende hin; es macht keinen Sinn, einen verhaltensauffälligen Jugendlichen so zu versorgen, daß er lernt, sich als zukünftiger Sozialhilfeempfänger versorgen zu lassen. Eine solche Perspektive, so bequem sie für beide Seiten manchmal zu sein scheint, erhält nur die Abhängigkeit und Entmündigung, die selbst dann sozialpädagogisch nicht statthaft sind, wenn sie den Betroffenen in einem goldenen Käftig sitzen ließen.

Das generelle Ziel der Befähigung zu einem selbständigen Leben bedeutet nicht, alle unterschiedslos auf den gleichen Lebensplan zu verpflichten. Einem Kind Kenntnisse zu vermitteln, die es nicht brauchen wird, bedeutet, ihm andere vorzuenthalten, die für diesen Menschen wesentlich wären; ein Kind auf liebe, sozialintegrative soziale Tugenden festzulegen, wenn sein „Leben Krallen erfordert“ (Korczak), heißt, es schwach und hilflos zu machen. Jedes Kind benötigt eine Erziehung, die es auf ein selbständiges Leben in menschlicher Würde vorbereitet, und dieses Ziel wird nur erreicht, wenn die damit angesprochene Perspektiverweiterung für dieses Kind realisierbar ist. In diesem Sinne ist der Pestalozzische Satz zu verstehen: „Der Arme muß zur Armuth gezogen werden“ – wenngleich die Grenze zu der aus heutiger Sicht zu kritisierenden standesmäßigen Restriktion leicht überschritten ist und von Johann Heinrich Pestalozzi auch mehrmals überschritten wurde (s.o.).

Die Orientierung sozialpädagogischen Handelns an der realisierbaren Lebensperspektive dieses Kindes setzt die Befreiung der Erzieher von Mittelschichtnormen voraus, eine Aufgabe, die nicht immer leicht zu bewältigen ist. Allgemein ist dem Menschen ein natürlicher Egozentrismus eigen: was mich freut, freut die anderen; was ich hoffe, hoffen die anderen; was mich ängstigt, ängstigt die anderen. Und dann der Blick auf diese anderen: das behinderte Kind, das im Heim sein Zimmer mit drei Schicksalsgenossen teilen muß; der kleine Junge, der inmitten des Chaos seiner drogenabhängigen Mutter lebt; das sexuell ausgebeutete Mädchen, das seinem Peiniger in der täglichen Familie begegnet. Es ist nicht einfach, seinen spontanen Abscheu zu überwinden, nicht die eigene Lebensvorstellung in den Vordergrund zu stellen, sondern „objektiv" danach zu fragen: Was bedeutet für diese Kinder ein selbstbewußt entschiedenes Leben in menschlichem Glück und menschlicher Würde? Welche Perspektive hat dieses Kind, und welchen Beitrag kann ich durch meine sozialpädagogische Hilfe dazu leisten, daß es diese realisieren kann? Es ist eine zentrale Qualifikation des professionellen Erziehungshandelns, aus der Perspektive des einem selbst Fremden, vielleicht sogar zutiefst Abstoßenden und Ängstigenden heraus zu handeln.

In sozialpädagogischen Arbeitsfeldern haben gegenwärtig Erziehungsvorstellungen Konjunktur, die das augenblickliche Glück des Kindes in den Vordergrund stellen. Korczaks Formulierung von dem „Recht des Kindes auf den heutigen Tag" wird in diesem Zusammenhang gerne zitiert. Pestalozzi setzt die Akzente hier anders: Es ist nicht hinreichend, das „Hier und Jetzt" des Kindes im Blick zu haben, sondern es bedarf darüber hinaus der Ausrichtung auf das, was durch die Erziehung aus diesem Kind werden kann. Das Kind benötigt die pädagogisch zu vermittelnden Möglichkeiten, damit es seine Kenntnisse und Kompetenzen erweitern, damit es psychische Stabilität entwickeln, Fähigkeiten aufbauen und Sittlichkeit erreichen kann. Eine Erziehung, die sich auf die Befriedigung aktueller Bedürfnisse reduziert, wäre für Pestalozzi eine schlechte, wenngleich keine Erziehung ohne ein vollständiges und gutes „Wohlbesorgen" der Kinder erfolgreich sein könnte. Es gilt Gegenwart und Zukunft pädagogisch gleichermaßen in den Blick zu bekommen.

Aus diesen Gedanken ergibt sich für Pestalozzi auch, daß es keine systematische Trennung von schul- und sozialpädagogischen Institutionen geben kann. Die Schule hat vielmehr durch die Vorbereitung der armen Kinder auf ein selbständiges Leben eine eminent wichtige sozialpädagogische Funktion, und in seinem Stanzer

Waisenhaus war die Vermittlung der elementaren Kenntnisse in den Kulturtechniken ein wesentlicher Bestandteil.

Grundsätzliches

Nach all den vielen Einzelheiten der biographischen Daten, nach dem Durchgang durch die Hauptschriften eines langen literarischen Schaffens, nach der Benennung von kritischen und konstruktiven Punkten aus unserer heutigen Sicht: Was ist das, was unverlierbar Bestand hat, wo ist die Spur, die Johann Heinrich Pestalozzi fest in den Boden pädagogischen Denkens grundgelegt hat? Ein Dreifaches sei abschließend herausgehoben:

- Johann Heinrich Pestalozzi war jemand, der sich tief in das Wesentliche des Menschen hineingedacht und hineingefühlt hat: „Sieh' den Menschen so, wie er tatsächlich ist, auch mit all seinen Fehlern und Unzulänglichkeiten; aber sieh' ihn gleichzeitig so, wie er sein möchte und sein kann, wenn eine richtige Erziehung und eine richtige Politik ihm zu Hilfe kommen."
- Johann Heinrich Pestalozzi war jemand, der sich durch viele tastende Versuche des praktischen Handelns und des theoretischen Nachdenkens zu dem Begriff der Erziehung durchgerungen hat: Nicht in den gesellschaftlichen Ansprüchen liegt das Wesentliche, nicht in der Sozialisation des Kindes, sondern in der Entfaltung der Individualität. Erziehung ist keine Massenveranstaltung, und sie zielt nicht auf den Massenmenschen, sondern sie findet statt in der individuellen Beziehung eines Kindes mit einem Erwachsenen. Es ist ihr Ziel, die Individualität eines jeden Menschen als „Werk seiner selbst" bilden zu helfen, und sie ruht auf der pädagogischen Liebe des Erwachsenen zu dem Kind.
- Johann Heinrich Pestalozzi war jemand, der den Widerspruch zwischen Familienwunsch und Familienrealität am eigenen Leibe schmerzhaft erlebt, der aber gerade deshalb an dem Ideal der Familie festgehalten hat: Nur hier findet dauerhaftes, sinnerfülltes Leben statt, das jeden einzelnen als bedeutsame Persönlichkeit herausstreicht, nur hier kann das Fundament für eine richtige Erziehung gelegt werden. Die hohe Zielsetzung ist bei ihm nicht Ausdruck bürgerlicher Ideologie, sondern getragen von tiefen menschlichen Sehnsüchten

Ein beruhigendes Familienleben, das sinnhafte Geborgenheit vermittelt, eine gerechte Gesellschaft, in der auch die benachteiligten Menschen zu einem selbsttätigen Leben gelangen können, eine liebende Beachtung der Kinder, die ihre natürlichen Selbstentfaltungskräfte zum Guten aufnimmt – diese Ziele ergeben sich nicht von selbst. Durch ein langes Leben mit Höhepunkten und Einsamkeit, mit Hoffnungen und Enttäuschungen hat Johann Heinrich Pestalozzi sich durchkämpfen müssen, um seine Grundüberzeugung festhalten zu können: Durch Erziehung läßt sich ein wesentlicher Beitrag zu dem Ziel des Menschen leisten.

Literatur

Die Fülle des schriftstellerischen Materials, das Johann Heinrich Pestalozzi uns hinterlassen hat, ist reichhaltig. Kaum noch überschaubar ist die Literatur, die in den Jahrhunderten nach seinem Leben über ihn verfaßt wurde. Um nicht zu erschlagen, beschränken wir uns deshalb auf Werke, die zu einem Weiterlesen animieren sollen.

A. Zitiert wird in diesem Buch aus folgender Pestalozzi-Ausgabe:

(1) Pestalozzi, Johann Heinrich, Sämtliche Werke (Kritische Ausgabe), Berlin (später Zürich) 1927ff (28 Bd.)
(2) Pestalozzi, Johann Heinrich, Sämtliche Briefe, Zürich 1946ff (13 Bd.)

B. Bücher, in denen sich reichhaltiges biographisches Material finden läßt:

(1) Liedtke, Max, Johann Heinrich Pestalozzi, Reinbek 1995
(2) Soëtard, Michel, Johann Heinrich Pestalozzi. Sozialreformer – Erzieher – Schöpfer der modernen Volksschule. Eine Bildbiographie, Zürich 1987
(3) Stadler, Peter, Pestalozzi – Geschichtliche Biographie, Zürich 1988 und 1993 (2 Bd.)
(4) Widmer, Christian, Pestalozzis Burgdorfer Zeit 1799 – 1804. Die Geburtsstunde unserer Volksschule, Bern 1973

C. Wenige Angaben zur Sekundärliteratur:

(1) Schönebaum, Herbert, Der junge Pestalozzi. Kampf und Klärung, Kennen, Können, Wollen, Ernte und Ausklang, Leipzig u.a. 1927ff (4 Bd.)
(2) Spranger, Eduard, Pestalozzis Denkformen, Stuttgart [2]1959
(3) Litt, Theodor, Der lebendige Pestalozzi, Heidelberg [3]1966
(4) Rang, Adalbert, Der politische Pestalozzi, Frankfurt a.M. 1967
(5) Gruntz-Stoll, Johannes (Hrsg.), Pestalozzis Erbe – Verteidigung gegen seine Verehrer, Bad Heilbrunn 1987
(6) Oelkers, Jürgen und Osterwalder, Fritz (Hrsg.), Pestalozzi – Umfeld und Rezeption, Weinheim 1995

D. Der in diesem Buch zitierte große Vorgänger Pestalozzis und zwei der ihm „Nachfolgenden“:

(1) Rousseau, Jean-Jacques, Emil oder Über die Erziehung, Paderborn [8]1987
(2) Fröbel, Friedrich, Die Menschenerziehung, Düsseldorf [3]1968
(3) Korczak, Janusz, Wie man ein Kind lieben soll, Göttingen [3]1972